Lili dan yr Eira

MEINIR PIERCE JONES

Lili dan yr Eira

Gomer

Dychmygol yw holl gymeriadau'r nofel hon ac anfwriadol yw unrhyw debygrwydd ynddi i gymeriadau o gig a gwaed.

Cyhoeddwyd yn 2007 gan
Wasg Gomer, Llandysul, Ceredigion SA44 4JL

Ail argraffiad – 2008

ISBN 978 1 84323 703 7

Dymuna'r cyhoeddwyr gydnabod cymorth
Cyngor Llyfrau Cymru.

Argraffwyd a rhwymwyd yng Nghymru gan
Wasg Gomer, Llandysul, Ceredigion

I Ann, Gwyneth a Bleddyn a'r tri theulu

1

Pan gyrhaeddodd Nant y tŷ, a thaflu côt ei siwt ar gefn y gadair dderw yn y cyntedd, a goriadau ei rhacsyn Astra i'r ddesgl wydr ar y seidbord, roedd hi'n cyrraedd adra. Ciciodd ei hesgidiau du, sodlau uchel oddi am ei thraed hefyd a mynd trwodd ar ei hunion i'r gegin i nôl dŵr. Byddai wisgi malt sengl yn y dŵr wedi bod yn well byth, ond wyddai hi ddim lle'r oedd o'n cael ei gadw erbyn hyn. Hynny oedd un o'r pethau a wnaeth iddi deimlo nad oedd hi ddim adra.

A'r dŵr yn ei llaw, dechreuodd grwydro i chwilio am y wisgi. Un o genhedlaeth y wisgi oedd ei thad – gyda dŵr neu heb ddim dŵr, yn dibynnu ar ei dempar a pha mor bell oedd ganddo i yrru. Fel meddyg teulu, roedd o uwchlaw'r gyfraith trwy ddiwedd y chwedegau a'r saithdegau pan oedd gweddill meidrolion y cylch yn ei mentro hi drwy dywyllwch nos Sadyrnau ar wyth peint o feild a dim ond y seidleits ar eu Cortinas a'u Triumphs a'u Landrovers i'w harwain tua thre. Gallai ei thad, ar y llaw arall, adael parti pan gâi alwad i ddamwain yfed a gyrru ac, ar ôl rhoi sylw i unrhyw glaf, helpu'r plisman i roi swigan lysh i'r gyrrwr. Dybl tsiecio wedyn efo prawf dŵr yn y stesion. A chymryd panad go gryf o goffi i sadio cyn ei chychwyn hi'n ôl i'r parti.

Cerddodd Nant drwy'r cyntedd llydan, gan fwynhau cynhesrwydd y teils coed dan ei thraed, heibio i hen syrjyri ei thad, a'i enw ar y drws –

Dr Cynfal Lewis MD (Liv.) – a syrjyri lai Dr Loughton wrth ei hymyl. Y stafell aros wedyn, efo'i meinciau pîn o un o'r capeli cynta i gau ddiwedd y pumdegau, y dderbynfa a'i drws Pwnsh a Jiwdi a chwtsh Nyrs Beti a Nyrs Alwena yn y cefn. Ac yn ei blaen â hi gan droi ar y dde i'r unig stafell braf roedden nhw wedi'i chadw iddyn nhw'u hunain fel teulu – y parlwr ffrynt efo'r ffenest gron fel gwên lydan gynnes. Aeth Nant ar ei hunion am y cwpwrdd dresel, lle'r oedd gobaith reit dda o ddod o hyd i hoff ffisig y meddyg ei hun.

'Peidiwch â dychryn . . .'

'Euros! Be ddiawl . . .'

'Sori, dod i lawr i fan'ma i edrach ar y llestri wnes i . . . i basio'r amser nes daw pawb yn ôl.'

Stopiodd Nant yn ei thracs ac edrych ar y llond dresel o blatiau Nantgarw ac Abertawe'n gynta – yn eu pinc a'u gwyrdd a'u haur cain – ac wedyn ar wyneb Euros, yn llwyd ar ôl treulio'r holl fisoedd diwetha dan do, ac yn llawn braw. Roedd o'n edrych fel rhywun wedi cael ei ddal, neu efallai'n annifyr am mai fo oedd wedi dal.

'Be ti'n da yn dal i wisgo'r blydi iwnifform 'na? Does 'na neb i'w nyrsio rŵan, Euros. Mae'r claf wedi marw. Cofio? Rydan ni newydd fod yn ei gynhebrwng o, pawb ond chdi . . .'

'Doedd o ddim yn lle i mi. Nyrsio'ch tad yn 'i waeledd ola wnes i. Gofalwr proffesiynol.'

'Ac mi fasa wedi gorfod mynd i'r ysbyty heblaw amdanat ti. Sori. Syrthio ar 'y mai.'

'A 'di gorfod dysgu cadw pellter. Er, plisgyn oedd 'na bron at y diwadd. Mwy o gorff nag o enaid. A dim llawer o hwnnw chwaith.'

'Plisgyn? Dim peryg! Doedd o'n ffonio am 'i dwrna lai nag wythnos yn ôl! I tsiecio fod pob dim mewn trefn. Fel tasa ots! O leia, mi fasa marw'n ddiewyllys 'di sbario'r sglyfaeth nesa sy o'n blaena ni.'

'Sglyfaeth?'

''Mrawd a'r twrna'n dŵad yma i ni gael darllan y 'wyllys. A 'ngŵr a'm mab i wedi gweld yn dda i beidio mynd yn syth yn ôl i ben tractors o'r te cynhebrwng efo oferôls dros eu siwtia, ac yn lle hynny'n dŵad yma atan ni. Yn gefn i mi.'

'Sa well i mi fynd.'

'Basa.'

'Ond roeddwn i am gael gweld Owen – cyn iddo fo fynd yn ôl i Lundain.'

'Wel dos am dro, dos am beint neu dos am Tsienîs a tyd yn d'ôl 'mhen tua dwyawr i weld dy "gyflogwr". Oeddat ti isio dy bres heno?'

Edrychodd Euros yn syn arni am funud, a gweld nad oedd yna ddim bustl yn agos i'w cheg na'i gwefusau llydan. Dweud rhywun wedi gorfod byw gan ddal llygoden a'i bwyta yn rhy hir oedd o. Mynd yn syth at y busnas fel mater o raid. A dweud mater o ffaith heb ddim nythod llygod. Doedd 'na ddim dannod ar gyfyl Nant, ond roedd profedigaeth yn gallu gwneud i'r gwefusau lleta dynhau.

Unig ateb Euros oedd winc glên wrth ei chychwyn hi am y drws.

'Cyn i ti fynd . . .'

'Ia?'

'Ti'm yn digwydd gwbod lle'r oedd o'n cadw'r wisgi?'

'Nac 'dw. Ond mae gen i botel o Campari yn y cefn,

os nad ydi hwnnw'n rhy ffansi ar adeg fel hyn. Efo rhew a sudd oren a sleisys o lemon. Gym'rwch chi?'

'Un mawr, os gnei di – a plis, plis, plis stopia 'ngalw i'n "chi"...'

'Iawn, i *ti,* Nant.'

'A'i neud o'n gry, nes bydd o'n fy sythu fi tu mewn.'

'Iawn 'ta, un Campari cry fel gwaed tarw, cyming yp.'

A hithau wedyn ar ei phen ei hun yn y parlwr gwenog yn disgwyl yr holl ddynion a fyddai'n dod fel jac-dos yn eu dillad parch toc i droi hynny o fyd oedd ganddi din dros ben.

Gogoniant Campari ydi ei chwerwder digyfaddawd. Roedd yr holl safonau fu gan Nant yn ferch ifanc am win melys o Alsace, a Pimms gyda ffrwythau a rhew, a *cognac* yn hytrach na brandi, mewn gwydryn *cut glass,* wedi cael eu sugno ohoni mewn ugain mlynedd o yfed lager ac ambell botelaid o'r gwin rhataf oddi ar y silff cynigion arbennig yn Spar. Ond deffrôdd y Campari hiraeth ar ei phalet am rai o bleserau'r cyfnod cyn-Edwardaidd, a chafodd ei hun yn mynd i'r gegin ar ôl i Euros adael i weld a oedd pris ar y botel. Ac a oedd digon ar ôl ynddi iddi fentro gymryd gwydraid arall. Gwnâi hwn well job o godi'i hyder na'r un botel o bersawr na ffisig. Joch helaeth. Hanner gwydraid, yn wir. Erbyn iddi glywed ceir y dynion yn sgrialu i mewn ac yn parcio strim stram, yn hollol ddi-hid o'r arwyddion *Doctor Here, Nurse Here* ac *Ambulance Here* oedd, mae'n wir, wedi hen ffêdio – roedd ei cheg yn goch fel mefusen fawr a'i chefn yn syth fel sowldiwr.

Prin ddigon o amser gafodd hi i wasgu'i thraed yn ôl i'w stiletos a chau botymau'i siaced cyn i'r siwtiau swampio'r cyntedd. Un. Dwy. Tair siwt ddu.

'Lle mae Peredur?' gofynnodd i'w gŵr. 'Ed, ddaeth Peredur ddim?'

Owen atebodd.

'Dan ni'n iawn fel rydan ni, Nant.'

'Ond lle mae Peredur?'

Daeth ei gŵr i sefyll rhyngddi a'r ddau arall, yn ddwy droedfedd o glawdd terfyn. Gostyngodd ei lais. 'Fuo raid iddo fo fynd. Peipan 'di byrstio yn Llain Bella. Mi ddaeth i'r cynhebrwng, do? Hwnnw oedd bwysica, 'de? Claddu'i daid.'

'Ond mae o'n un o'r etifeddion. Rhaid iddo fo fod yma.'

Dros y misoedd diwetha o eistedd wrth wely angau ei thad, tra oedd Euros yn cael seibiant i gysgu, neu i fynd i'r dre neu i'r traeth, roedd Nant wedi dychmygu'r olygfa rownd y bwrdd yn y parlwr fwy nag unwaith. Byddai'n ddyfod ynghyd digymar. Yno, yn eu dillad gorau o gwmpas y bwrdd derw, byddai'r dynion pwysica yn ei bywyd. Pawb ond ei thad na fyddai, erbyn hynny, ddim hyd yn oed yn ei amdo, ond yn llwch gwynias yn yr amlosgfa ac yna'n araf, araf oeri dros yr oriau nesa nes y byddai'n ddigon claear iddi ei nôl a'i roi yn yr wrn chwaethus roedd Owen wedi'i phrynu mewn oriel yn Llundain. Wedyn, câi ei thad ddod adra ac aros ar y silff ben tân hyd nes y gwneid penderfyniad am ei hynt.

Ac roedd Nant wedi edrych ymlaen at weld ei mab yno, yn grymffast a'i siwt fel gwain am dwca amdano. Ei wallt wedi'i dorri yng nghroen y baw a lliw haul y trip sgïo efo'i fêts yn dal ar ei war. A thei am ei wddw. Ac Edward, ei gŵr, am unwaith mewn dillad heblaw dillad gwaith, am unwaith yn eistedd yn llonydd, ac yn eistedd wrth ei hymyl hi, ac am unwaith yn yr un stafell ag Owen ei brawd. Roedd hi wedi treulio cymaint o amser dros y blynyddoedd yn ceisio cadw'r ddau yma wrth ei hochr ond eto ar wahân. Roedd hynny wedi cymryd llawer o'i nerth hi, ei hamser a'i hegni, a'i holl sgiliau perswadio a bacstandio. Heddiw, roedd dalen neu ddwy o bapur sgwennu ffansi twrna yn gwneud hynny'n fwy effeithiol nag y llwyddodd hi erioed. Oedd, roedd hi wedi bod yn edrych ymlaen at ddiwedd a allai fod yn ddechrau newydd iddyn nhw i gyd.

Y twrnai a fyddai'n dod â phawb ynghyd yno o gwmpas y bwrdd derw oedd yr ola o'r dynion – Iestyn Richards, hen ffrind golffio'i thad. Erbyn hyn roedd o mewn oed ymddeol, a phawb o'i gyfoedion – yn athrawon a chyfrifwyr a meddygon a bildars – wedi hen roi'r gorau iddi. Ond daliai Iestyn ati, er yn arafach nag mewn dyddiau a fu, a'i faich gwaith yn ysgafnach. Roedd hynny'n siŵr o fod yn well ganddo na mynd i Marks & Spencer yn Llandudno efo'i wraig Pat unwaith neu ddwywaith yr wythnos ac eistedd adra mewn siwmperi Dolce & Gabbana yn darllen nofelau antur ac yn cael ei symud o'r naill soffa ledr i'r llall wrth i'w wraig llnau o'i gwmpas gyda sêl morwyn ugain oed.

Roedd y cysylltiad rhwng Nant ac Iestyn yn edau deneuach na'r perthnasau eraill cadarn – mor ysgafn a main yn wir fel nad oedd neb ond y hi'n gallu'i weld erbyn hyn, nac wedi'i weld erioed o ran hynny. Oedd o'n cofio, meddyliodd Nant, wrth edrych arno trwy gil ei llygad, mewn siwt a chŷt gwerth cannoedd, a'i wallt yn lliw arian ond yn dal yn drwchus – neu a fu o erioed yn gwybod – am y gwirioni hwnnw a ddaeth dros ei phen ugain mlynedd a mwy yn ôl, pan fyddai o'n dod yma efo'i thad i gadw cwmpeini iddo ar ôl i Cathy ei mam farw?

Hwn oedd y dyn oedd â mwy o amser na'i thad i siarad efo hi, i holi sut roedd pethau'n mynd yn yr ysgol ac wedyn yn y gwaith, i gofio cynnig paned iddi hithau hefyd, ac a fyddai bob amser yn taro'i ben heibio'r drws i ddweud 'Nos Dawch' wrthi. Erbyn heddiw, dŵr dan y bargod oedd hynny i gyd – y ffantasi, y dyheu, y crio gefn nos, y cariad a'r caru na ddigwyddodd erioed ond yn ei dychymyg trallodus hi. Ond ffantasi, serch hynny, a fu'n gysur rhyfedd iddi trwy hirlwm ei phrofedigaeth.

Yn y penfeddwi hwnnw roedd hi wedi sylweddoli gynta ei bod hi'n wraig ifanc, nid yn ddim ond hogan ysgol a dim ond merch Doctor Cynfal a dim ond chwaer Owen a dim ond llances heb fam. Yn ddiweddarach y daeth Ed.

Damia'r Campari yna, meddyliodd Nant, y diafol coch yn y botel yn deffro hen feddyliau a hithau'n amser rhoi pethau felly heibio. Hen bethau fel ei thad. A hen bethau fel yr elyniaeth hir rhwng ei brawd a'i gŵr. Dyma'r diwedd a fyddai hefyd, gobeithio, yn ddechrau.

'Dowch heibio i gyd,' meddai Owen ar draws ei meddyliau, mewn llais mor gartrefol â phe bai o adra. Heb air o brotest ymhellach, dilynodd Nant y jac-dos i mewn i'r parlwr siriol a'i chalon, yn gynnes gan Gampari, yn edrych ymlaen at gael dechrau eto, o'r diwedd.

Aeth Iestyn Richards ar ei union at ben y bwrdd derw, gosod ei bethau arno, a'i friffces lledr ar lawr wrth ei ymyl ac eistedd i aros nes bod pawb arall yn barod. Yn llun ei dychymyg o'r cyfarfod hwn, roedd Nant wedi'i gweld ei hun yn eistedd yn glyd rhwng ei gŵr a'i mab ond, a'i mab ddim yno, wyddai hi ddim lle i'w rhoi ei hun. Eisteddodd y ddau ddyn o boptu'r twrnai, yn wynebu'i gilydd, ac felly aeth hithau i ben arall y bwrdd a'i gollwng ei hun i'r gadair gerfio lydan gyferbyn ag Iestyn.

Camgymeriad, meddyliodd Nant, oedd gyrru Euros i ffwrdd. Byddai wedi bod yn dda cael y gofalwr proffesiynol wrth law, rŵan yn fwy nag yn y dyddiau cyn i angau ddod i'r tŷ hwn lle na bu erioed groeso iddo. Byddai wedi bod yn dda cael rhywun di-berthyn a di-gysylltiad a'i ofal yn ymestyn ymlaen at y byw, y cleifion nesa. Digon posib mai Peredur oedd y calla, wedi diosg ei siwt a mynd i drwsio peipan ddŵr Llain Bella. Erbyn i Ed a hithau gyrraedd adra i Gyndyn, byddai o wedi atal llif y dŵr; os na allai drwsio'r hen un, byddai wedi nôl darn newydd i'r beipan o Jewson's, a'i osod, wedi gwneud ei fîl ac yn hwylio'i daclau at waith drannoeth. Yr etifeddiaeth wirioneddol roedd o wedi'i chael gan ei daid oedd y gallu yna i fynd amdani, i blannu trwy waith, i drwsio lle'r oedd modd trwsio ac i ddweud yn sdrêt ac yn onest lle nad oedd.

'Chadwa i monach chi'n hir, gyfeillion,' meddai'r twrnai. 'Mae hi'n ewyllys ddigon syml, os nad dim arall.' Edrychodd ar Owen ac wedyn i fyw llygaid Nant a rhoi rhyw wên fach gryptig. 'Ymbaratowch.' Agorodd yr amlen o'i flaen ac estyn y papurau allan, troi'r ddalen gyntaf a dechrau darllen.

'Dyma ewyllys olaf Cynfal Lewis, y Glyn, Lôn Rhydderch, Llanrhaeadr. Penodwyd fi, sef John Iestyn Richards, Ll.B., Richards & Roberts, Stryd Llyn, Llanrhaeadr, yn sgutor.

'I'm mab, Owen Cynfal Lewis, rwy'n gadael fy holl arian a'm cyfranddaliadau, yn cynnwys PEPS, ISA's a *dividends*.'

'Ond dydi hynna ddim yn deg!' Owen oedd yn protestio. 'Tydi o ddim yn gneud sens.'

O enau Ed ni ddaeth ond un gair: 'Basdad.'

Trwy feddwl Nant aeth mymryn o ryddhad nad oedd hi wedi gwagio'r botel Campari gynnau, am y byddai'n dda wrthi yn fuan iawn. Unwaith y byddai hyn drosodd.

Cododd Iestyn Richards ei law rhag iddi fynd yn ymryson cyffredinol. Doedd o ddim wedi gorffen eto.

'Ac i Nant Catherine Owen, fy merch, gadawaf fy nghartref, y Glyn, a phob dim sydd ynddo, yr ardd a'r cae tu ôl i'r tŷ.'

Edrychodd pawb ar ei gilydd yn disgwyl mwy. Ond doedd dim mwy. Dyna'r cyfan oedd.

'Ffycin basdad!' Roedd Ed yn lloerig. 'Pwy fuo yma ar hyd y blynyddoedd yn cadw cwmpeini iddo fo ac yn tendiad arno fo, yn golchi'i ddillad o, yn nôl 'i bapur o, yn llnau iddo fo?'

'Wel, nid y chi, Edward,' atebodd Iestyn Richards yn gwta. 'Dyna oedd o'n wybod, mae'n beryg 'te.'

'Ond Nant ddyla fod wedi cael y pres. Y pres a'r blydi tŷ! A sut ydan ni'n mynd i werthu'r dam lle? Mae o ar 'i draed ôl, heb weld brwsh paent ers ugian mlynadd, heb sôn am saer a phlymar, ac yn berwi o dwll pry, fetia i.'

Edrychodd Edward o'i gwmpas yn wyllt, fel petai o erioed wedi gweld y lle o'r blaen ac yn ei ffieiddio ar yr olwg gynta. Hyd yn oed y platiau Nantgarw ac Abertawe mor gain ar y dresel.

Edrychodd Iestyn Richards ar Owen ac wedyn ar ei chwaer. 'Ydach chi'ch dau yn derbyn yr ewyllys? Dyna'r unig beth sy'n cyfri. Os ydach chi, dyna ddiwedd y mater.'

'Nid fy lle i ydi deud,' meddai Owen. 'Efo difôrs i'w sortio pan a' i adra i Lundain – fel mae Nant ac Ed, am wn i, yn gwbod – 'deith y pres, faint bynnag ydi o, ddim yn bell iawn. Wel, dim ond o 'nghyfri banc i . . .'

'Pan gewch chi nhw . . .'

'Ia, i handbag enfawr Sioned.'

'Nant?'

Trodd Ed at ei wraig ac ateb dros y ddau ohonyn nhw, a Peredur.

'Am faint o bres ydan ni'n sôn? Rhyw syniad, 'lly? Yn fras?'

'Yn fras, yn cynnwys y cyfranddaliada a phob dim, tua phedwar cant a hanner o filoedd. Ar ôl talu'r dreth etifeddiaeth. Mi adawodd o hi'n rhy hwyr cyn newid petha. Nant, mi fasa'n rhaid i chi dalu *capital gains* hefyd tasach chi'n gwerthu'r Glyn.'

Y tro hwn, trodd Ed i ffwrdd oddi wrth ei wraig, a'i gefn tuag ati, i wynebu'r twrnai.

'Wel, cyn bellad na fydd blydi twrneiod ddim yn ein blingo ni am 'u hannar nhw. Herio, medda fi! Bob blydi cam i'r llys!'

Anwybyddodd Iestyn Ed yn llwyr a throi ei olygon at Nant. Felly hefyd y gwnaeth Owen. Ac Ed yn ola anfoddog.

Roedd y sioc wedi gyrru'r lliw i gyd o'i hwyneb hi a dim ond mefusen goch ei gwefusau a gwyrdd ei llygaid oedd yn goleuo'i hwyneb.

'Dwi'n derbyn yr ewyllys.'

'Na, dwyt ti blydi ddim! Nant, dydi o ddim jest i chdi, mae o i mi ac i Peredur 'fyd. Chei di ddim gneud hynna.'

'Caf. A dwi ddim yn mynd i golli 'nghartra a 'mrawd, sy a'i fywyd ar chwâl yn barod ac sy'n mynd i orfod cael gorchymyn llys i gael gweld ei blant, am bedwar cant a hannar o filoedd.'

'Iesu, dwi ddim gwerth chwartar hynny!'

'Ond be amdanan ni? Bob dim dan ni wedi gweithio amdano fo? 'Di stryglo ar hyd y blynyddoedd. Mi fasa hynna'n prynu ffarm i ni, gosod busnas Pereds ar 'i draed. Dim ots amdanan ni?'

'Paid â dechra, Ed. Plis. Rydan ni'n cael y tŷ. Fel'na roedd hi i fod.'

'Peidiwch â meddwl fy mod i'n busnesu rŵan,' cynigiodd Iestyn ei gyfraniad yn bwyllog, gan ffidlan efo'r papurau o'i flaen, 'ond mae herio ewyllys yn broses ara boenus, heb sôn am gostus a chyhoeddus.'

'Gwneud sôn amdanan ni'n hunain,' meddai Owen. 'Yr hanas i gyd yn y wasg a phawb yn gwbod ein busnas ni.'

'A gwbod mai *ni* sy'n iawn.'

'Dwi'n derbyn yr ewyllys,' cadarnhaodd Nant eto, 'am nad ydw i ddim isio colli Owen. Nac isio colli'r tŷ 'ma chwaith.'

'Os nad ydan ni'n herio'r ewyllys . . .' Roedd Ed ar ei draed erbyn hyn yn bygwth uwchben pawb.

'Mae'r tŷ'n 'ma'n cael 'i werthu. Does 'na ddim byd sicrach na hynny. Beth bynnag fedrwn ni neud efo fo – fflatia, cartra hen bobol, offisys – fel'na fydd hi. Chei di moni bob ffor', Nant.'

'Gyfeillion,' torrodd Iestyn ar eu traws. 'Nid dyma'r lle i drafod hyn. Mae o wedi bod yn ddiwrnod hir ac anodd ar ddiwedd misoedd o ofalu a gofidio. Gadael petha am y tro sy ora, gadael i bawb ddod at 'u coed, a chael amser i ystyried a phwyso a mesur.'

'A thrafod efo Peredur,' mentrodd Owen. 'Yndê, Nant?'

'Gawn ni siarad heno. Fyddi di'n teimlo'n wahanol ar ôl mynd odd'ma. Tyrd adra, wir Dduw. Iesu, ti'n byw ac yn bod yma ers hannar blwyddyn.'

'Ond rwyt ti wedi penderfynu, Ed. Ac os felly . . .' heriodd Nant yn gadarn gan rythu yn ei blaen, achos fentrai hi ddim edrych i wyneb yr un o'r dynion yma fu ac a oedd mor bwysig yn ei bywyd. Y tri yma a Peredur. Y dynion oedd wedi llenwi'i bywyd mor gyforiog nes nad oedd yna ddim lle hyd yn oed iddi hi ei hun ynddo fo. A hyd yn oed rŵan fod y pumed, ei thad, o'r diwedd wedi mynd, roedd o'n dal yma. Roedd o wedi'u cyffwrdd – os nad eu trywanu – gyda'i ewyllys groes. Dacw'i ddwylo meddyg mor debyg i rai Owen ar y bwrdd derw, ac yn wir roedd ôl ei ddwylo ym mhob man o'i chwmpas. Fo fuo'n casglu'r llestri mewn ocsiynau a ffeiriau hen bethau, a fo hefyd fyddai'n arfer peintio'r parlwr bob yn ail flwyddyn – er y gallai fod wedi fforddio talu i rywun arall wneud lawer gwaith drosodd.

Roedd yno hefyd yn ei hystyfnigrwydd hi ei hun.

Yng nghanol y dynion yma, y penderfyniad cyndyn hwnnw ynddi (ei gwir etifeddiaeth) oedd yr unig beth oedd yn ei chadw rhag crino'n ddim ond cysgod o'r hyn y gallai hi fod wedi bod. Petai pethau wedi bod yn wahanol.

'. . . os felly, dwi ddim yn mynd odd'ma.'

Cychwynnodd Ed ei ffwtwocio hi am y drws yn sicr y byddai hi wedi codi i'w ddilyn cyn i goch a glas gwydr lliw y drws ffrynt golli eu lliw arno. Ond, na. Symudodd hi'r un bodyn.

Bu'n rhaid iddi ganolbwyntio mor galed i'w hewyllysio'i hun i beidio â chodi fel bod ei dwylo wedi cloi'n ddyrnau glaswyn am freichiau'r gadair. A phrin, prin y teimlodd hi law Iestyn ar ei hysgwydd hi, a blaen ei fysedd yn cyffwrdd ei gwddw o dan ei chlust.

'Nant, cer adra. Dyna sy ora. Does yna ddim byd i dy gadw di yma bellach.'

Clywyd drws y ffrynt yn clindarddach.

'Mae o'n iawn, Nant 'rhen chwaer. Mi fydd Euros yma am rai dyddia eto, yn clirio a threfnu i'r stwff gofal hosbis fynd yn ôl. Fydd bob dim yn iawn yma. 'S dim angan i ti fod yma.'

'Mae'n rhaid i mi aros. Ewch chi i gyd, mi fydda i'n iawn.'

Tu allan yn y dreif, clywsant Ed yn dringo i'w 4 x 4, yn rhoi clep anferth i ddrws y gyrrwr, ac yn gosod ei benelin ar y corn.

'Na,' mynnodd Nant. 'Ewch i ddeud wrtho fo. Na.'

Erbyn hyn roedd y Campari wedi dechrau codi'n donnau yn ei stumog ac yn bygwth codi'n ddŵr poeth llawn chwd allan dros y bwrdd derw a thros

Owen ac Iestyn. Bu hynny hefyd yn help i galedu ei phenderfyniad ei bod am aros yn union ble'r oedd. Roedd hi'n mentro hyd yn oed wrth agor ei cheg ac yngan yr un gair bach hwnnw oedd yn crisialu'i phenderfyniad yn wyneb yr holl destosterôn. Ond daeth allan yn glir ac yn gryf.

'NA.'

2

'Nant, Nant ydach chi'n iawn?'

'Y, be? O, mae 'mhen i'n hollti!'

'Nant, gymrwch chi tsips?'

'Na.'

'Na? Panad?'

'Na, Nant gymri *di* tsips . . ?'

Agorodd Nant un llygad blinedig oedd yn edrych yn dduach nag arfer gyda'r holl fasgara wedi smyjo o'i gwmpas (roedd y llygad arall o'r golwg rhwng ei dau benelin ar y bwrdd). Edrychodd yn hurt ar y tsips a'r botel sos coch. Ond cyn i Euros gael cyfle i ddal ei sylw, a'i bachu gyda sgwrs, roedd yr un llygad hwnnw wedi cau'n glep yn ei ôl.

Ei ffroenau oedd y synwyryddion nesa i ymateb i'r saim a'r arogla heli'r môr i ganlyn y pysgodyn. Agorodd y llygad eto, ac aros yn agored y tro hwn, a chododd hithau'n araf ar ei heistedd.

'Ydi pawb wedi mynd?'

'Nant, mae hi'n hanner awr wedi saith. Edrycha drwy'r ffenest, mae hi'n dywyll. Ti 'di cysgu ers oria. Mae dy ffôn bach di wedi bod yn crynu ac yn canu bob yn ail. Doeddwn i ddim yn licio atab.'

'Ers oria? Ydi pawb wedi mynd, felly? Ed? Owen? Iestyn?'

'Roedd Ed ac Iestyn Richards wedi gadael pan gyrhaeddes i. Newydd fynd mae Owen – mi es i ag o at y trên. Roedd o'n deud cym ofal ac mi ffonith yn fuan.'

'A dim ond ni sy ar ôl?' Edrychodd Nant o'i chwmpas yn anghrediniol. Estynnodd am ei ffôn, fflicio'n sydyn drwy'r rhes o alwadau a negeseuon roedd hi wedi'u colli dros y tair awr ddiwetha ac wedyn rhoi ffling iddo ar hyd y bwrdd.

'Chysges i ddim fel'na ers y noson cyn i Dad gael y strôc fawr ddwaetha 'na. Mi fasa un dincl ar y ffôn wedi fy neffro i cynt.' Gwenodd ac wedyn dal ei llaw ar ei phen. 'Y Campari 'na'n stwff peryg bywyd.'

Rhoddodd Euros y bagiau tsips a physgod ar y bwrdd, a ffyrc plastig a halen a sos coch mewn pacedi i'w canlyn.

'Ti ddim isio diferyn o wisgi efo'r tsips 'ma, felly?'

'Ha ha. Mae 'na rywfaint o'r Ribena 'na roeddan ni'n trio cael Dad i'w yfed ar ôl yn y gegin, does? Mae 'ngheg i fel cesail camal.'

Cododd a theimlo'i choesau'n rhoi odani. Aileisteddodd yn blwmp. 'Er, erbyn meddwl, ella na fasa fo ddim yn syniad da, fasa'i ogla fo'n ddigon. Dwyn atgofion yn ôl. A deud y gwir, dwi ddim yn meddwl yr yfa i Ribena byth eto.'

Estynnodd Euros ddau gan o Coke o bocedi ei gôt a'u gosod ar y bwrdd.

'Tyd, byta. Gei di sbario gneud ar ôl mynd adra wedyn. Mwy na thebyg y bydd y dynion 'na wedi gneud tamaid iddyn nhw'u hunain cyn y llwgan nhw.'

'Ond Euros,' meddai Nant yn araf, 'dydw i ddim yn mynd adra. Ddeudodd Owen ddim?'

'Do, mi ddeudodd rywbath. Ond roedd o'n meddwl ella y basat ti'n meddwl yn wahanol yn nes ymlaen.'

'Hy! Pasia'r sos coch, plis. Dwi'n llwgu. Na, dwi ddim yn teimlo'n wahanol ac mae hi yn "nes ymlaen".'

'Ti'n gneud i mi deimlo'n lletchwith rŵan. Dwi ddim awydd fy tsips.'

'Pam?'

'Wel, dim isio gneud traffarth a bod yn hunanol ar adeg fel yma . . . Ond roedd Owen wedi deud ddechra'r wythnos, y noson ar ôl i'ch tad farw, y basai'n iawn i mi aros yma am ychydig . . . tan ddechrau'r flwyddyn . . . nes fy mod i'n symud ymlaen i'r job nesa. Efo'r *agency,* felly.'

'O, ia.'

'Mae'n fflat i wrthi'n cael ei ail-neud. Rhoi cegin a bathrwm newydd i mewn. Llanast ofnadwy. Ond rŵan . . . wel? . . . roedd Owen yn deud mai dy dŷ di ydi o.'

'Yn dechnegol ia, er nad ydw i wedi torri'n enw ar ddim byd.' Stopiodd Nant rofio'r tsips i'w cheg am funud. 'Aros di yma, Euros, nes bod y fflat yn barod neu'r alwad yn dŵad i fynd at y claf nesa. Croeso.'

'Diolch, dwi'n ofnadwy o ddiolchgar!'

Daliodd Nant ei llaw i fyny iddo dewi ac un tsipsan hir, lipa yn hongian ynddi.

'Na, *dwi'n* ofnadwy o ddiolchgar. Chdi wnaeth y jobsys codog i gyd – ei roi o yn y bath, newid ei ddillad o, gosod y catheter, llnau'r budreddi. Y petha na allwn i mo'u gneud.'

'Y petha roeddwn i'n cael fy nhalu i'w gneud. A phrun bynnag, fedar pawb ddim bod yn ddoctor neu nyrs neu hyd yn oed yn *auxilliary.*'

'Gwir y gair. Ac erioed yn fwy gwir nag yn f'achos i, fel y cei di glywad yn y munud ar ôl i mi orffen y tsips yma. Siŵr o fod y tsips gora erioed, tydyn.'

'Gwanc angau?' gofynnodd Euros, wedi clywed yr

ymadrodd ryw dro yng nghartre claf ac yn meddwl yn siŵr mai at amgylchiad fel hyn roedd o'n cyfeirio. Y blas newydd ar fwyd a'r rhyddhad ar ôl straen profedigaeth.

'Naci, wir,' meddai Nant. 'Neu o leia, gobeithio ddim! "Gwanc angau" ydi isio bwyd yn ofnadwy ar rywun sy bron â marw. Bwyd ydi o i gludo'r darpar ymadawedig, yr hwn sy ar y dŷd o farw, ymlaen i'r byd nesa, yli. Neu o leia dyna hen goel gwlad.'

Stopiodd Euros fwyta a dechrau cribinio'n ôl drwy ffeiliau'i feddwl. Dal i chwilio roedd o, ond cyrhaeddodd Nant o'i flaen.

'*Beef Wellington*,' meddai hi.

'O ia, sut gallwn i anghofio? *Beef Wellington*! Ac mi ddoist ti yma i'w neud o achos doedd gen i, hogyn wedi'i fagu ar *fish fingers* a phot nŵdls, ddim syniad. Ro'n i'n meddwl mai bwyd ffarmwrs oedd o. Ti'n gwybod, y gair *wellington* 'na daflodd fi!'

A chwarddodd y ddau wrth gofio. Nhw ill dau oedd wedi bwyta'r rhan fwyaf o'r pryd yn y diwedd, achos bu un sleisen denau o'r bîff a'r pestri brau a'r *pâté* iau cyw iâr tu mewn iddo, yn ddigon bron i yrru ei thad i'r byd arall dridiau neu bedwar cyn ei amser.

Perodd y gair 'ffarmwr' yna i Nant ailsbio i gyfeiriad ei ffôn oedd wedi dechrau dirgrynu'n daer eto. Cododd o efo'i llaw rydd, darllen y neges ddiweddara, ei ddiffodd ac yna ei daflu'n ôl yn llonydd a mud i nos fawr ddu ei bag lledr. Y cwbwl oedd ar ôl i'w wneud wedyn oedd llyfu'i bysedd at y bôn cyn eu sychu yn ei hances ffansi a rhoi clec i weddill y Coke.

'Ti'n barod, ta, am y daith dywys? Mi ddechreuwn ni yn y tŵr lle treuliodd Owen a finna flynyddoedd 'yn plentyndod yn chwarae Subbuteo a Battleships ac yn ffeirio straeon ysgol – ysgol dre 'ma lle bues i efo'r rafins i gyd ac ysgol breifat Owen . . ?'

'Hampton Hall.'

'Ia. Sut wyt ti'n gwbod?'

'Ia, sut dwi'n gwbod? Random 'de. Mae'n rhaid mai fo soniodd ar y daith o Lundain yma. 'Na chdi Virgin i ti. Digon o stops i ti gael amser i ddeud dy *life history.*'

Rhoddodd Nant gynnig ar godi eto, a'r tro yma – gyda'r tsips a'r pysgodyn yn falast solat yn ei bol, a heb ei hesgidiau dal cocos – roedd hi'n gadarn ar ei thraed.

'Rŵan 'ta,' meddai hi gan ddal ei braich ar led i gyfeiriad y cyntedd a'r grisiau derw llydan. 'Ymlaen mae Canaan dir!'

Cychwynnodd Euros o'i blaen yn ufudd am y grisiau roedd o wedi'u troedio gannoedd o weithiau yn ystod y misoedd diwetha, ond heb frys na phwysau y tro yma, dim ond chwilfrydedd.

Roedd o tua hanner y ffordd i fyny ac wedi cyrraedd y tro crand lle'r oedd y grisiau'n gwahanu i arwain at ddwy ochr y landin cyn i Nant gychwyn ei ddilyn. Mynnai un llaw iddi chwilio am gadernid y canllaw i'w chynnal bob cam i fyny. Nid y sigledigrwydd wedi dod yn ôl oedd hynny, dim ond na thalai hi ddim iddi godymu ar ddechrau'i siwrna.

'Alla i ddim credu,' meddai Euros wrth edrych o gwmpas llofft y tŵr gyda'r silffoedd pren wedi'u hadeiladu ar dro yn y waliau, a'r gwaith plastr addurnedig cain yn y nenfwd, a'r ffenestri â chwareli bach, 'mai tŷ doctor oedd fan'ma erioed. Mae o fel plasty. Mi wariodd rywun ffortiwn bach i'w godi.'

'Na, nid tŷ doctor oedd o'n wreiddiol,' cytunodd Nant. 'Rhyw hen foi o'r dre oedd wedi bod yn cadw siop grosar yn Llundain a dod yn 'i ôl yma i ymddeol dalodd am 'i godi. A dod â phensaer o Lundain efo fo, yn ôl y sôn.'

'A dy dad brynodd y lle gynno fo?'

'Iesgob, naci, mae dy hanes di'n waeth na f'un i. Mae'r tŷ 'ma dros gant oed – wedi'i godi sbel cyn y Rhyfel Byd Cyntaf. Tŷ Edwardaidd ydi o. Fy nhaid i wnaeth 'i brynu fo rywdro yn y pumdega gan ryw gwpwl oedd yn cadw fusutors yma. Cofia, weles i 'rioed mo Taid. Mi gafodd 'i ladd mewn damwain awyren – roedd o'n beilot yn y rhyfal, ac wedi cadw'i leisans. Mi gafodd 'i ladd mewn awyren fach uwchben 'i filltir sgwâr. Mi ddaeth y niwl i lawr yn sydyn, a fynta'n hedfan ar 'i ben i ryw greigia.'

'Dy daid, dy dad ac Owen. Ydach, rydach chi'n deulu o ddoctoriaid.'

'Nac ydan, rydan ni'n deulu a doctoriaid *ynddo* fo.'

'Beth am dy fam?'

'Nac oedd.'

'Be oedd hi 'ta?'

'Mae hwnna'n gwestiwn rydw i'n dal i'w ofyn i mi fy hun. Ond nid heno.'

'Tir preifat? Dallt yn iawn.'

'Roedd fy nhad i'n feddyg ifanc yn y Royal yn Lerpwl, ti'n gweld,' aeth Nant yn ei blaen, 'pan laddwyd Taid. Fan'no roedd o wedi cwarfod Mam. Un o Gymry Lerpwl – y genhedlaeth ola, 'swn i'n deud, 'fyd. A hynny 'mond jest abowt. Fasa'r un o'u traed nhw wedi dod yn ôl yma, siŵr, 'blaw am y ddamwain. Taid wedi codi practis, wedi dod yn ôl at 'i bobol, ac mor falch o hynny, fel y clywish i Nain yn deud fil a mwy o weithia. Yn 'i weld ei hun fel rhyw fath o Iesu Grist bach yn iacháu (fi sy'n deud hynna, dim Nain), ac wedyn bang! Un pnawn niwlog ac mae'r meddyg ei hun tu hwnt i iachâd, heb sôn am atgyfodiad.'

'Biti.'

'Biti! Ac felly mi ddaeth fy nhad i adra yma o ddyletswydd, i blesio'i fam, ac er cof am 'i dad. A dŵad â Mam, nymbar wan Beatles ffan oedd wedi treulio'i hoes waith ar y cownter dillad isa yn siop Lewis's, yma efo fo.'

'Mistêc.'

'Doedd hi'n un blydi mistêc ar ôl y llall, doedd?'

Edrychodd Euros allan drwy'r ffenest i'r ardd islaw oedd i'w gweld yn glir yng ngolau'r llofft. Ganol Rhagfyr fel hyn, roedd y coed wedi colli'u dail a holl liwiau'r haf wedi hen gilio. Ond roedd yno ehangder dilyffethair o le rhwng coed afalau a choed gellyg, a'r coed mwy yn is i lawr – y derw a'r criafol a'r bedw a'r coed masarn; digon o le i chwarae rasys, i chwarae bloc won-tŵ-thrî, i chwarae criced neu bêl-droed, i guddiad.

'Ond mi gawsoch chi le braf i dyfu i fyny ynddo fo, Nant.'

'Do. Diolch am yr ardd 'na. Mam brynodd y tir i neud yr ardd, sti, gan y boi oedd pia'r cae tu ôl. Dwi'n deud prynu, ond dwn i ddim sut dalodd hi. Doedd ganddi ddim pres 'i hun.'

Trodd Euros i edrych arni pan glywodd hyn, ond gan nad oedd dim mwy o esboniad i'w gael ar y sylw cynnil trodd yn ôl at y ffenest.

'Yr ardd. A'r tŵr 'ma. Y ddau le dengid. Y ddwy ddihangfa.'

'Oddi wrth dy rieni?'

'Naci. Doedd *quality time* ddim yn bod 'radag hynny – wel, dim i mi gofio beth bynnag. Dwi ddim yn meddwl fod y syniad y dylan nhw fod yn treulio amser efo ni rioed wedi taro yn 'u penna nhw. Roeddan ni'n cael llyfra, tegana a stwff fel meicrosgop a sbienddrych a chamera a phrojector, ac wedyn gadael i ni, mwy neu lai. Na, oddi wrth y staff erill a'r cleifion tragwyddol roeddan ni angan dengid. "Faint ydi d'oed ti, rŵan, 'mechan i?" a "Dach chi am fod yn ddoctor fel eich tad?" a "Cadwch eich lleisia i lawr, mae 'na syrjyri." A "Dim rhedag yn yr hôl" ac eto, "Faint ydi'ch oed chi, cariad? Tydach chi'n hogan fawr?"'

'Diflas.'

Chymerodd Nant ddim sylw o'r cydymdeimlad.

'Ac ydw, mi rydw i yn hogan fawr. Dwi'n dri deg naw oed. Dwi'n hogan fawr iawn, mewn gwirionedd. Yn hogan fawr iawn amddifad.'

'Gadael petha fasa ora rŵan,' meddai Euros gan droi ati a rhoi braich ffeind y nyrs am ei hysgwydd. 'Mae heddiw wedi bod yn ddiwrnod hir. Dwi'n meddwl ella fod jest delio efo be sy gen ti ar dy blât rŵan yn ddigon am y tro, sti, heb ailgodi'r gorffennol. Dwi'n gwbod, siŵr, fod y pwynt 'na lle mae rhywun wedi colli'i fam a'i dad yn rhyw drobwynt . . .'

'Cefndeuddwr.' Roedd y gair gan Nant yn barod. 'Cefndeuddwr ydi o.'

Ond fu o erioed gan Euros. Tan rŵan. 'Cefndeuddwr. Ond meddylia di, weles i 'rioed mo nhad; dwn i ddim pwy ydi nhad i hyd yn oed. Go brin y gwela i o bellach. Ac mae Mam wedi priodi efo blôc na fedra i ddim diodda'i gyts o ac wedi mynd i fyw i'r Rhyl efo fo a'i blant horibl. Rhyl!'

'Sori, Euros.'

'Dwi ddim isio sori, dyna fywyd i ti, a'r shit mae bywyd yn 'i daflu atat ti. Jest *get on with it.* Dyna fydda i'n ddeud.'

'Ond sut wyt ti'n 'i neud o? Heb deulu – brawd, chwaer, tad na mam – yna i ti. A does gen ti ddim teulu dy hun, nac oes?'

Ysgydwodd Euros ei ben. 'Does dim rhaid i mi ateb hynna, yli.' Chwarddodd wrth ddweud hynny. 'Ar ddiwedd y dydd, gwas cyflog ydw i, tenant didâl, gweithiwr proffesiynol. Y cadw pellter 'na, yldi. Ond mi ddweda i gymaint â hyn wrthat ti. Fory, dwi'n mynd i weld fy mam, ac yn mynd â hi am ginio yn Llandudno. Dim ond ni'n dau. Ac wedyn rydan ni'n mynd i'r pantomeim – Sinderela. *Matinée.*'

'Braf.'

'Dwi'n iawn. Gen i fwy na fasat ti'n feddwl. 'Sdim isio i ti boeni amdana i.'

'Dwi ddim ar fwriad gneud. Y munud yma, dwi wedi blino cymaint ar ôl byta llond trê o tsips a dringo dwy set o risia fel 'mod i'n barod i fynd i gysgu eto. Wedi ymlâdd.'

'Naturiol, dydi. Lle gysgi di? Fasat ti'n licio i mi neud y gwely yn y llofft sbâr? Neu dy hen lofft di? Prun oedd honno?'

Roedd Nant wedi cychwyn am y grisiau, ond trodd yn ôl i egluro.

'Na. Pan oeddwn i'n hogan bach iawn, sti, cyn i mi ddechra'r ysgol, mi fyddwn i'n cael crwydro fel mynnwn i hyd y tŷ 'ma. Wedyn y daeth trefn pan gyrhaeddodd y gestapo o glarc Mrs Stanton 'na i'r dderbynfa!

'Dim Rhedag yn yr Hôl?'

'Neb llai. Wel cyn i "Dim Rhedag yn yr Hôl" gyrraedd – yn y pnawn weithia, os bydda Dad yn ei syrjyri yn gneud gwaith papur, neu'n cynnal clinig hyd yn oed – mi fyddwn i'n crwydro i mewn efo fy siôl a fy nhedi, yn dringo ar ben y gwely uchal, cul 'na ac yn cysgu'n dawal yno. Fan'no dwi am gysgu heno.'

'Mi fasa gin Freud rywbath i'w ddeud am hynna.'

'Dwi isio mynd yn ôl, tasa ddim ond am noson, dim ond am heno i ddyddia'r cariad rhydd, diamod hwnnw.'

'A lle'r oedd dy fam yn y pictiwr ar bnawnia felly?'

Safodd Nant yn stond rhwng dwy ris. Rhoddodd ei phen ar un ochr i glustfeinio'n ôl dros bymtheg a thrigian o flynyddoedd am sŵn ei mam ym mhnawniau ei theirblwydd hi.

'Mae hi'n gwrando ar y Beatles wrth y sinc yn y gegin,' meddai'n ddistaw. 'Mae hi'n gwrando ar *Love, love me do,* drosodd a throsodd. Ac mae hi'n crio.'

3

Wrth glywed sŵn y goriad yn y drws ffrynt y deffrodd Nant a'i chael ei hun yn fflatnar ar lawr. Rhaid ei bod yno ers oriau achos roedd hi wedi dechrau cyffio drwyddi er na chofiai hi syrthio. Yn bendant, roedd hi wedi tyfu allan o'r gwely cul, annaturiol yma. Straffagliodd ar ei heistedd a theimlo drwy'i gwallt am y lwmp tu ôl i'w phen oedd yn pwyo i rythm ei chalon.

'Aaaww!'

Daeth cnoc ar y drws hwn, y bu gymaint cnocio arno dros y blynyddoedd, a chyn iddi gael amser i weiddi 'dau funud' a chwilio am blanced i'w lapio dros ei dillad isa, roedd o'n agor.

'O, fan'ma wyt ti.'

'Cer o 'ma.'

'Chest ti mo fy negeseuon i? Ti wedi diffodd dy ffôn?'

Daliodd i rwbio'i phen. Roedd o'n hegar, fel yr hangofyr.

'Sgen ti baracetamol?'

'Lwcus na thorrist ti mo dy goes, os ti'n gofyn i mi, yn cysgu mewn lle mor blydi gwirion a llond y tŷ 'ma o wlâu. Panad?'

'Sut ddoist ti i mewn? Fel rhywun fydda byth yn twllu'r lle 'ma, go brin dy fod ti'n gwybod lle rydan ni'n cadw'r goriad sbâr.'

Daliodd Ed oriad i fyny gyda gwên fawr fuddugoliaethus. 'Un dy dad. Wel, fydd o ddim isio fo eto, na fydd!'

'Mỳg mawr o de a thair paracetamol.'

'Dwy. Rydan ni wedi cael digon o salwch i bara am dipyn heb fynd i chwilio am fwy.'

'Dos i neud o, 'ta, i mi gael rhoid rhywbath amdana. Yn y Mazda ddoist ti? Gin i fag o ddillad sbâr yn hwnnw – angen cadw rhai wrth gefn at y diwadd 'na – doeddat ti byth yn gwybod be oedd yn mynd i dy hitio di nesa, nac yn lle. Wnei di nôl y bag hwnnw gynta?'

'Ti'n edrach yn ddel iawn fel'na i mi, rhaid i mi ddeud. 'Di cadw dy ffigyr yn dda, slasan handi a bronna tyd-yma bendigedig, er mai dy ŵr di sy'n deud.'

Cychwynnodd tuag ati a'i ddwylo'n anelu am y bronnau.

'Piss off, Ed, i nôl y bag 'na. Plis?'

Ffling gafodd y bag drwy ddrws y syrjyri funudau'n ddiweddarach wrth i Ed frasgamu am y gegin a'r tecell. Wedi'r cyfan, roedden nhw ill dau efo'i gilydd ers ugain mlynedd, roedd pob cilfach o gnawd yn gyfarwydd a doedd yna ddim dirgelwch ar ôl rhyngddyn nhw. A phrun bynnag, doedd hynna ddim yn rhan o raglen y dydd. Yn y cymodi y byddai hynna, uchafbwynt iasol pob ffrae. Yng nghlydwch y gwely priodasol neu yn unrhyw le hyd y tŷ erbyn hyn, a dweud y gwir, nawr fod Peredur byth bron adra. Ond ar raglen y dydd heddiw roedd tro rownd y defaid cadw, nôl llwyth trelar o wair i Fryn Castell, trio perswadio'r hogan 'na, Janey, oedd yn byw mewn carafán yng Nghyndyn i fynd i weld doctor, a mynd i'r clwb i wylio gêm efo'i ffrindiau.

Er hynny, y dasg gyntaf oedd cael Nant i sefyll iddo gael rhesymu efo hi, a'i chael i weld rheswm, ac i dderbyn mai da a doeth o beth fyddai i Steff Evans, oedd yn gweithio i'r ocsiwnîar a'r cwmni gwerthu tai a thir Oswyn Pritchard, alw draw i fwrw golwg dros y Glyn ac i roi ei farn. I weld beth oedd y posibiliadau. Yr amser i wneud hynny oedd heddiw, tra oedd yr haearn yn boeth a chyn i Nant galedu yn ei phenderfyniad i beidio â gwerthu.

Wrth aros i'r tecell ferwi, daeth Ed i'r casgliad y byddai'n werth gadael i'w wraig gael ei thair paracetamol, achos roedd dynes heb gur yn ei phen yn fwy tebygol o lawer o gytuno a dweud 'Iawn' na dynes efo clincar o feigren. Erbyn iddi ddod trwodd, wedi molchi yn y sinc bach yn y syrjyri ac yn gwisgo pâr o jîns glân a chrys T llewys hir, roedd mygiad te bob un yn stemio ar y bwrdd a'r pils – dair ohonynt – wrth ymyl un Nant.

'Lle mae o?' oedd cwestiwn cyntaf Ed pan ddaeth Nant trwodd, 'neu falla y dylwn i ddeud *nhw*?'

'Owen ac Euros, ti'n feddwl?' Tôn llais ei gŵr oedd wedi rhoi'r cliw iddi pwy oedd dan sylw. 'Wel, mi aeth Owen yn 'i ôl neithiwr, ac mi roedd Euros yn deud ei fod o'n mynd i Landudno heddiw. Dwn i ddim a ydi o wedi mynd.'

'O, un o lancia Llandudno!'

'Be mae hynna i fod i feddwl?'

'Enw arall ar filidowcar, 'de! Na, dim byd, jest lle neis – Llandudno.'

'Sut ti'n gwbod? Ti'm 'di bod yno ers dwi'n dy nabod di.'

'I bobol fath ag Euros dwi'n feddwl, 'de.'

'Be ddiawl mae hynna i fod i feddwl?'

'Dim byd, jest rywbath i ddeud cyn deud be dwi wedi dŵad yma i ddeud.'

'Hynna'n swnio fwy fel chdi. Wel 'ta, allan ag o.'

'Un, dwi ddim yn licio cysgu hebddat ti. Dwi'n oer. Dwi ddim yn *gallu* cysgu hebddat ti. Tyrd adra i gysgu efo fi. Acw mae dy le di. Ac yn ail –'

'Ia. Dwi'n gwrando.'

'Dwi wedi gofyn –' Cododd ei law cyn mynd ymhellach rhag i Nant dorri ar draws, 'i'n mêt i, Steff Evans o offis Oswyn Pritchard ddod yma i fwrw golwg dros y lle, a rhoi ei farn a chyngor i ni. Syniad am werth y lle ac ati.'

'Dim heddiw? Ar ddydd Sul?'

'Wel, ro'n i ar y ffôn efo fo . . . trefnu i fynd i weld gêm i'r clwb pnawn 'ma, a dyma fi jest yn meddwl . . . Taro tra mae'r haearn yn boeth . . .'

'Aros funud i mi gael hyn yn sdrêt yn fy mhen. Pryd yn union ffonist ti o, felly? Pan doeddat ti ddim yn fy ffonio fi i grefu arna i ddŵad adra, ia?'

'Oeddat ti ddim yn ateb. Oedd o fel gyrru negeseuon i ffycin *outer space*. Be o'n i'n fod i neud?'

'Wel, ffonia fo i ddeud wrtho fo am beidio dŵad. Does 'na ddim croeso iddo fo yma.'

'No wê. Dim ond fel ffafr mae o'n dŵad. Chei di ddim bil. Bryna i beint iddo fo.' Heb roi cyfle i Nant ymateb, bwriodd Ed yn ei flaen. 'Be ydi hi felly? Plan A, ia? Ac wyt ti 'di meddwl sut wyt ti am fyw yma, Nant? Yn hytrach, dim sut ond ar be?'

Rhoddodd Nant y tair paracetamol yng nghledr ei llaw a chymryd swig dwfn o de i'w golchi i lawr.

'Wel dwi 'di byw ar ddim, mwy neu lai, am yr ugian mlynadd dwaetha, ac mi fedra i fyw ar ddim eto 'fyd. Neu gael job, 'de.'

'Merch Doctor Cynfal yn gweithio mewn siop? Dwi ddim yn meddwl, rywsut.'

'Dwi'n medru gneud bwyd. Mi faswn i'n gallu cadw gwely a brecwast.'

'A lle maen nhw i fod i gael y brecwast 'ma? Yn y syrjyri 'ta'r *waiting room*? Hogan, mae gen ti ddega o filoedd o waith gwario 'ma cyn medri di neud dim byd felly, a chei di byth, byth mono fo'n ôl.'

'Ond dwi wedi arfar efo hynna. Dwi wedi rhoi pob cyflog ges i rioed am bob gwaith cwcio ac arlwyo yn dy fusnas di, miloedd ar filoedd, mae'n siŵr, a dwi erioed wedi cael dim byd yn ôl.'

'Do. Cartra. Teulu. Ond, Nant, hwn ydi'n cyfla mawr ni i gael arian sychion, a phrynu ffarm, dechra newydd. Rhoid y gora i Gyndyn 'cw tra ydan ni'n ddigon ifanc a gweld y freuddwyd yn dod yn wir.'

'Gweld dy freuddwyd *di* yn dod yn wir. Dwi wedi helpu, dwi wedi geni ŵyn, dwi wedi carthu, dwi wedi hel gwair a phorthi dynion adag codi tatws. Ond dy freuddwyd di ydi hi, Ed. Ac rwyt ti a fi yn gwbod hynny.'

'O.' Cododd Ed oddi wrth y bwrdd a sefyll o'i blaen a her ei lond o. 'A be ydi dy freuddwyd di 'ta?'

Roedd yr ateb, pan ddaeth o, yn fach ac yn bitw.

'Dwi ddim yn cofio.'

'Ti ddim yn cofio? O Nant bach! Rhanna f'un i 'ta. Gei di rannu efo fi.'

'Ar hyd 'n oes, gymharol fer dwi'n cyfadda, dwi wedi derbyn breuddwydion pobol eraill drosta i. Un Dad i mi fod yn ddoctor. D'un di i mi fod yn wraig ffarm ac yn bartnar yn y busnas.'

'A be sy'n rong efo hynny? Dwi'n gwbod na wnaeth y cynta ddim gweithio allan, ond . . .'

'Rŵan, dwi'n mynd i chwilio am fy mreuddwyd i

fy hun. Ac yn y broses dwi'n mynd i gael gwared o'r holl shiboletha . . .'

'Shiboletha? Be ddiawl 'di shiboletha? Rhywbath o'r Beibl?'

'. . . sy 'di 'nghlymu fi wrth freuddwydion a delfryda pobol eraill.'

'Be, fel fi a Peredur?'

'Ddeudish i mo hynna. Mae Peredur yn ugian oed ac mae o'n medru sefyll ar 'i draed 'i hun. Mae gynno fo 'i fusnes 'i hun, ac mi fydd o'n iawn.'

'A be amdana i? Lle ydw i yn y "freuddwyd" 'ma?'

'Wel,' meddai Nant, gan godi a cherdded at y sinc, a'i chefn ato. Roedd ei dwylo hi'n crynu, er ei bod hi'n siarad efo'r dyn roedd hi'n ei nabod orau o bob dyn yn y byd. A'i cheg hi'n mynd bob ffordd – i lawr at grio ac i fyny at sgrechian chwerthin bob yn ail. 'Gei di fod ynddi, Ed, yma, os ti isio.'

Unwaith roedd y te i gyd wedi'i yfed, roedd yn amser symud eto.

'Wel beth bynnag ydi dy blania di,' meddai Ed wrth ei wraig yn y drws cyn gadael, 'paid â throi Steff o'r drws 'ma pan landith o. Dwi'n llawia efo fo ers blynyddoedd. Ac at hynny, dwi ddim isio gneud gwaith siarad i bobol.'

'Wel tyrd ti yma ato fo 'ta. Fydda i ddim yma. Pryd mae o'n dŵad?'

'Tua dau.'

'Mae gen ti oriad.'

'Ond roeddwn i am fynd i'r Fic am ginio cyn mynd i'r Clwb.'

'Agora dun o sŵp. A gofala nad wyt ti'n rhoi hawl iddo fo roi'r tŷ ar y farchnad.'

Fel ci ag asgwrn, er ei fod wedi cael yr hyn a fynnai, allai Ed ddim gollwng.

'Mae o'r peth iawn i'w neud, sti.'

Throdd Nant ddim ato i fachu'r abwyd wedyn, er bod ei phen yn llawn o atebion yn powlio. Y cwbwl wnaeth hi oedd dal i olchi'r mygiau drosodd a throsodd nes bod ei dwylo'n goch.

Unwaith y clywodd hi glep y drws ffrynt a rhu injan y Mazda, sychodd Nant ei dwylo. Ar fwrdd y gegin y gosododd hi'r mygiau ar ôl iddi eu sychu, nid o'r golwg yn y cwpwrdd. Pethau at iws oedden nhw, ac o hyn ymlaen dyna fydden nhw. Tŷ at fyw oedd hwn i fod.

Ond roedd hi'n oer yma. Roedd y gaeaf wedi dod ar eu gwartha drwy salwch olaf ei thad, heb eu bod yn barod amdano. Dyna Ed wedi gorfod mynd i nôl mwy o borthiant heddiw 'ma. A hithau wedi anghofio bod gwirioneddol angen gwres erbyn hyn. Bu'n Hydref cymharol gynnes, er yn wlyb, ac roedd Tachwedd a Rhagfyr wedi'u treulio un ai yn stafell glòs ei thad yn darllen neu gadw cwmpeini iddo, neu adra yn ei gwely'n hel nerth erbyn y shifft nesa. A rhwng y ddeubeth, rhedeg o'r tŷ i'r car neu o'r car i siop neu i'r llyfrgell – a hynny'n aml mewn tywyllwch. Doedd o ddim wedi bod yn fyw crwn, ac roedd y tymor wedi troi yn ei chefn hi. Fu hi ddim am dro yng Nghoedwig Niwbwrch i weld y dail yn newid eu lliw, doedd hi ddim wedi gwneud jin eirin tagu, na byth wedi bod i olwg y defaid cadw oedd wedi cyrraedd o Ddinas Mawddwy ers wythnosau bellach.

Ac roedd yr Aga oer yn edliw iddi mai trefn siabi

ar fyw yma yn ei hen gartre oedd y pwtan o stôf letrig yn y pantri. Ond byw felly fu yma ers amser hir: cynhesu cawl, estyn iogwrt o'r ffrij, gwneud darn neu ddau o dost, berwi llefrith i wneud Horlicks. Aeth Nant drwodd o'r gegin oedd yn dal yn union fel yr oedd pan brynodd ei thad hi i'w mam yn y chwedegau cynnar – cegin laminet wyrdd golau gyda handlenni dur di-staen a thopiau gwaith llechen, cegin ryfeddol o debyg i un y gwelodd hi Marguerite Patten yn dal i goginio ynddi'n ddiweddar. I'r lobi yr aeth hi i chwilio am rywbeth i'w daro dros ei chrys T er mwyn mynd allan i weld drosti'i hun sut oedd lefel yr olew yn y tanc.

Côt arddio ei thad, ond côt grand yn ei dydd, oedd yr agosa at law, hen gob gwlân a'i siâp a'i oglau fo'n dal ynddi. Cob oedd o'n ei galw hi, nid côt. Lapiodd Nant ei hun yn y cob gan ddefnyddio hen felt lledr tenau oedd yn y boced i'w chau am ei chanol a mynd ati wedyn i agor y barrau ar y drws cefn – un ar ben ucha'r drws a'r llall ar y gwaelod, a chlamp o glo rhyngddynt. Un o'r obsesiynau a ddeuai i ganlyn henaint oedd ofn i rywun dorri i mewn, ond wedyn cyrhaeddai hi yma ar aml fore a chael y drws ffrynt heb ei gloi, ac unwaith yn llydan agored a'r postmon wedi gadael y post yn docyn parchus tu mewn yn y portico.

Pan fyddai Nant yn dod allan i'r cefnau yma, a phrin iawn y bu hynny dros y blynyddoedd diwetha, teimlai ei bod yn cael ei chludo'n ôl i gyfnod cyn iddi hi a'i theulu ddod i fyw yn y Glyn, a chyn dyddiau ei thaid a'i nain hefyd, a dweud y gwir. Doedd gan ei mam, o bawb, ddim affliw o ddiddordeb yn cowtiau bach a'r lawnt maint lliain bwrdd, nac yn y border oedd wedi'i gadw'n ddigyfnewid, i bob golwg, ers y pumdegau. Roedd yno lwyn o hen ŵr, saets, a pherth gwsberis noeth a cheiniog arian yn y gornel bella. Wrth i'r gwanwyn ddod gwyddai Nant y byddai rhes fach ddi-ddychymyg o gennin Pedr yn dod allan, ac wedyn jini-fflŵars coch tywyll, blanced lwyd a chrysanths; coed ffenest oedd y rhain wedi'u trawsblannu o botiau ryw dro. Mintys yn y gornel bella oddi wrth y tŷ, wedyn, a chlwmp o riwbob. At ddiwedd Awst deuai'r ffarwél haf piws golau i'w gogoniant yng nghefn y border ac wedyn roedd hi ar i lawr tan y gwanwyn.

Er na fu Nant yma drwy gylch blwyddyn ers ei bod yn hogan, sylweddolodd rŵan ei bod hi'n cofio'r patrwm yn iawn er mai creadigaeth rhyw arddwr arall, ac un confensiynol at hynny, oedd o. Ond doedd ganddi ddim cof arall am ardd i fynd ar ei draws. Yng Nghyndyn, doedd ganddi ddim gardd – dim ond llain las lle byddai hi'n rhoi dillad ar y lein a lle'r oedd un seithliw lasbiws mewn cornel a lelog ar ben y clawdd. Bu'n rhoi cynnig ar arddio yno yn y blynyddoedd cynnar, yn plannu clychau babis a briallu a phincs mewn tybiau, ond ei diwedd hi bob amser fyddai defaid yn dod drosodd ac yn bwyta'r job lot. Rhan arall o'r rheswm, anymwybodol o bosib, nad oedd hi'n plannu a thyfu oedd mai fferm y Cyngor oedd Cyndyn ac mai dim ond tenant dros dro oedd hi – fel pob gwraig a fu yno o'i blaen.

Cerddodd yn ei blaen a heibio i'r ddau gwt Siôn a Siân, un yn dŷ bach y byddai'n well ganddi farw na phi-pi ynddo, a'r llall yn gwt at gadw bin a brwsh allan a'r bwced a mop ac ati. Gyferbyn â'r rheini wedyn roedd y cwt glo a chwt dipyn mwy, y sied arddio wreiddiol, a'r cyfan wedi'u peintio rywbryd â'r un paent olew trwchus, rhychiog – fel jam eirin tew dros unrhyw beth a ddigwyddai fod odano. Daliodd ei llygad ar swigen gron yn y paent lle'r oedd malwen wedi'i gludo i farwolaeth gan y paent ac wedyn wedi mynd yn rhan fach annisgwyl o wal y sied. Yn is i lawr roedd drws y seler: hwn wedi'i gloi nid â chlo bar yn unig ond â sodor o glo clap.

Dyna pam roedd Mam yn awyddus i gael yr ardd fawr, meddai Nant wrthi ei hun, i gael dianc oddi wrth swbwrbia y cefnau yma. Perthyn i'r cyfnod pan oedd y Glyn yn dŷ cadw pobol ddiarth oedden nhw, a'r cyfnod cyn hynny pan oedd yr hen fachgen a gododd y tŷ (Robert Hughes 1907 – roedd ei enw uwchben y drws ffrynt), a'i howscipar yma a threfn diwedd oes Victoria yn dal i deyrnasu. Diléit mawr ei mam oedd gorweddian yn yr hamog rhwng y coed afalau a gellyg, bychan yr adeg hynny, ar bnawniau cynnes yn huno cysgu yn yr haul i gyfeiliant y Bee Gees. Yr unig goed eraill roedd hi wedi dewis eu plannu oedd coed rhosod am eu haroglau a'u harddwch. Cofiai Nant enwau fel 'Queen Elizabeth' a 'Champagne Cocktail' a 'New Dawn' yn cael eu hyngan yn acen Lerpwl wrth i'w mam ddrŵlio dros y catalogs blodau yn y gaeaf.

Ei thad oedd y garddwr. Dyn oedd o âi ati'n llawn brwdfrydedd ar gychwyn bob blwyddyn yn berwi o egni a chynlluniau, a cholli diddordeb gyda threigl y misoedd. Anaml y byddai'n garddio fawr o fis Mehefin neu Orffennaf ymlaen. Yn union fel y buo fo byw, mewn gwirionedd, meddyliodd Nant –

ieuenctid o ragoriaeth a chyrraedd pinaclau gyrfa, ei sêl yn graddol bylu drwy'i ganol oed a methu'n glir â dygymod â henaint. Gardd wanwyn oedd hi, felly: camelias pinc golau fel botymau anferth, *azaleas* pinc a choch llachar, *magnolia Souleangea* a'i blodau fel cwpanau piws urddasol a hardd tu hwnt, a ffefryn Nant, y magnolia *Stellata* a'i blodau mân gwynion fel miloedd o sêr. Nid mewn gwelyau ffurfiol y plannwyd y rhain ganddo, chwaith, ond gydag ymylon yr ardd ac i'r cloddiau yn symbol blynyddol o bob math o bosibiliadau anghyflawnedig. Cof Nant oedd yn eu dangos nhw iddi rŵan yn eu holl ysblander.

Ond heddiw roedd hi'n dwll gaeaf, yn Rhagfyr o farw, a fyddai dim botwm o liw yma am fisoedd eto. Byddai'n rhaid iddi aros i weld y lliwiau'n dod yn ôl. Cerddodd Nant i lawr dros y lawnt wag y byddai Peredur yn dod i'w thorri bob pythefnos drwy'r ha', ac at y clawdd terfyn pellaf. Clawdd oedd hwn a godwyd gan Owen a'i thad a hithau yn fuan ar ôl i Tomos Griffiths werthu'r darn tir i'w mam. Roedd Nant yn ddigon hen i gofio ei fod wedi gwrthod gwerthu'r tir i'w thad am yn hir er iddo ofyn yn fonheddig, cynnig pris afresymol, ceisio dwyn perswâd dros ddognau mawr o wisgi, a bygwth ('Cer i chwilio am ddoctor arall, 'ta'r diawl!') Ond i'w mam, heb godi llais, heb erfyn na chrefu, ac yn sicr heb ddim pres gwerth sôn amdano'n gyfnewid, roedd Tom Hirdre wedi gwerthu hanner cylch o ardd, siâp mynwent gron, oedd yn gwneud i weddill ei gae pori edrych yn hollol wirion. Ac yntau'n gymaint o ffarmwr, a phorthmon a stocmon.

Aeth Dr Cynfal ati gyda sêl y labrwrs gynt wrth godi Clawdd Offa i adeiladu clawdd pridd a cherrig nobl, heb ddim ond llawlyfr hen deip a chyngor hen was ffarm i'w roi ar ben y ffordd. Da hefyd wrtho gael help llaw ei blant i gludo ac estyn. At beth felly roedd plant yn da. Ni chofiai Nant ei mam, oedd yn ormod o hogan tre i faeddu llawer ar ei dwylo, yn gwneud dim mwy na chario coffi allan iddyn nhw ar hambwrdd. Dywedai'r hen was ffarm a ddaeth draw i fusnesu un pnawn Sadwrn, ac i chwifio'i ffon wrth ddoethinebu am drefn dyddiau a fu, y gellid dweud oed clawdd yn ôl nifer y rhywogaethau a dyfai arno: dwy rywogaeth i glawdd dau gant oed a thair i glawdd tri chant oed. Awgrymai'r hen frawd blannu drain duon ac eithin. Gwrandawodd tad Nant yn ddigon bonheddig arno ac yna'i anwybyddu'n llwyr. Unwaith y cafodd ei gefn, i ffwrdd ag o i'r un blanhigfa leol a dod yn ei ôl a chefn y Volvo fel coedlan. Aeth ati wedyn, gan ddangos ei fod yn ddyn o flaen ei amser (neu bum can mlynedd ar ei hôl hi), ond yn un a wyddai'n reddfol beth oedd bioamrywiaeth cyn i'r gair gael ei greu, drwy blannu cymysgedd o gelyn, drain gwynion, eirin tagu, derw a bedw a chreu clawdd nad âi hyd yn oed dryw bach drwyddo ar ôl i bob pren ddeilio. Roedd Nant wedi bod allan yno efo fo tan iddi dywyllu, yn dal y coed bach yn syth yn eu tyllau tra oedd o'n cau o'u cwmpas gyda phridd.

Ymhen dwy flynedd neu dair wedyn, ar ôl i Owen fynd i ffwrdd i'r ysgol breswyl, y daeth Tomos Griffiths at y drws ffrynt ryw noson braf o haf yn ei ddillad ail orau, ar ei ffordd adra o ryw sêl, a chynnig gweddill y cae tu cefn i'r tŷ i'r Doctor am bris is na'r pris roedd o wedi'i ofyn am yr ardd i ddechrau. A hynny fel roedd artistwaith y Doctor o glawdd yn dechrau cymryd ei le yn y tirlun, a phob miaren a derwen a chelynnen a blannwyd ar ei frig wedi gwreiddio'n gadarn. Prynwyd y cae felly ond mewn ysbryd drwg ryfeddol ac am reswm cwbwl ymarferol, fel yr honnai ei thad wrth bawb yn ddiweddarach, sef rhag ofn y byddai'n dda wrth fynediad i'r ardd ac at y tŷ trwy'r cefnau rywdro.

Rhan rhyfeddaf stori prynu'r cae oedd hyn, sef fod Tom Hirdre am flynyddoedd wedyn wedi dal y tir gan ei thad, gan dalu rhent amdano; byddai'n arfer rhoi defaid neu fustuch yno i bori cyn eu gwerthu ymlaen. Erbyn hyn, a Tom wedi marw ers blynyddoedd, Ed oedd yn dal y cae. Craffodd Nant drwy frigau di-ddail y gwrych ar y praidd bach o ddefaid merino. Y rhain oedd y ffansi diweddaraf gan Ed. Y syniad oedd magu diadell fach o ddefaid merino, eu dangos mewn sioeau a chael pris buwch am bob un ohonynt mewn arwerthiannau. Ond, hyd yma, doedd y cynllun ddim wedi codi 'hediad oherwydd nad oedd neb arall yn yr ardal yn eu cadw, ac nad oedd gan affliw o neb ddiddordeb mewn prynu, bridio na bwyta'r creaduriaid. Heddiw, gorweddent yn cysgu o dan y coed fel cynrhon gwyn, tewion.

Wrth droi ei chefn ar y cae a chychwyn am y llwybr oedd yn arwain i'r cefnau, clywodd Nant rywun yn gweiddi 'Iŵ hw!'

Yn dod i'w chyfarfod ar hyd y llwybr roedd Pat, gwraig Iestyn, a basged fel un hugan fach goch o'i blaen, a honno'n cael ei gwthio ymhellach ymlaen wedyn gan ei brestiau helaeth. Roedd golwg rhywun wedi bod yn y capel arni.

Be mae hon isio rŵan, meddai Nant wrthi'i hun dan ei gwynt.

'Wedi prynu'r rhain yn Ffair Nadolig y W.I. ddoe, Nant, a meddwl y baswn i'n dod ag un neu ddau o betha i chi rhag ofn nad oeddech chi ddim yn teimlo fel cwcio. Ar ôl ddoe a phob dim.'

Safodd Pat wrth i Nant ei chyrraedd ac astudio'i hwyneb yn drwyadl.

'Rydach chi'n edrych yn llwyd, ond mae hynny i'w ddisgwyl. Doeddwn i ddim yn licio dod yn ôl yma wedyn efo Iestyn, 'chi, achos dŵad i ddarllen yr ewyllys oedd o, 'te.' Saib i adael i Nant gymryd y fasged ac edmygu'r darten a'r sbwng a'r *quiche* oedd ynddi. 'Mi glywes i'r hanas. Sioc, dwi'n siŵr, Nant.'

'Wel, dyna fo.' Roedd Nant yn ddigon hirben i beidio dadlennu dim. 'Popeth er gwell, fel y bydda Taid Cyndyn yn ddeud.'

'Wel, ia, ac roedd isio ffydd i ddeud hynny, toedd, ar ôl oes yng Nghyndyn.' Aeth Pat yn binc digon annymunol yn sydyn, wrth feddwl ei bod wedi rhoi ei throed ynddi. 'Do'n i ddim yn meddwl . . .'

'Dim ond hannar oes dwi wedi'i threulio yno,' cynigiodd Nant yn hael. 'Coffi?'

'Paned bach, bach.' Dangosodd Pat pa mor fach y dylai'r baned fod. 'Mi fydd yn rhaid i mi fynd adra i roi cig yn y popty neu fydd acw ddim cinio.' Edrychodd ar ei horiawr. 'Ond dwi'n iawn am un bach, bach.'

Dilynodd Nant at y tŷ, a sefyll wrth ei hochor yn y drws cefn tra oedd hi'n tynnu'r esgidiau gwlyb, gan eu cymryd o'i llaw heb ofyn y munud y tynnodd hi nhw a mynd â nhw at yr Aga.

Cyffyrddodd y stôf â chledr ei llaw, ac wedyn gosod ei llaw yn fflat arni.

'Damia!' meddai Nant. 'Mynd allan i tsiecio'r olew nesh i gynna ac anghofio wedyn. Job nesa ar ôl y banad.'

'Sut oeddach chi'n gweld Iestyn?' holodd Pat tra oedd Nant wrth y sinc yn llenwi'r tecell. 'Oeddach chi'n 'i weld o wedi teneuo? Wedi torri?'

'Wedi torri?' Roedd Nant yn syn. Oedd galar neu sioc neu Gampari wedi'i gwneud hi'n ddall? Neu a oedd hi ddim ond wedi gweld yr hyn roedd hi am ei weld? Neu'n gweld y dyn y gwirionodd hi amdano ugain mlynedd yn ôl?

'Tydi o ddim yn dda o gwbwl, chi,' cyffesodd Pat cyn i Nant hel geiriau at ei gilydd i'w hateb. 'Mi fuon ni'n gweld arbenigwr yr wythnos dwaetha. Ddeudodd o ddim, mae'n siŵr?'

'Naddo.'

'Wel, doedd o mo'r lle na'r amser a deud y gwir, nac oedd?'

'Be sy, felly?' Aeth Nant ati i estyn y jwg coffi bach a'r ffa mâl. Trwy gil ei llygad gwyliai Pat. Roedd hi'n anodd mesur y gofid yn ei llais nac ar ei hwyneb. Ond mae'n siŵr ei fod o yno, o dan y siaced swêd a'r flows sidan, a'r cŷt gwallt ffasiynol yn gwteuach yn y cefn na'r ffrynt, a'r clustdlysau cyrliog. Mae'n rhaid ei fod o yno, o dan yr holl hyfryd bethau hyn.

'Ddyla fo ddim bod yn gweithio, 'chi. Dwi'n gwbod nad ydi o ddim yn teimlo'n hannar da. Ddaw o byth efo fi i Landudno, a dwi'n gwbod mai dim isio cario'r negas i'r car mae o. Waeth iddo fo heb â gwadu, mi wn i'n iawn.'

'Wel, fedrwch chi ddim gneud neges yn nes adra?' gofynnodd Nant.

'Roedd y sbesialist, oedd yn ddyn neis ofnadwy, yn sôn am driniaeth, *quadruple by-pass,* wyddoch chi. Dwi'n gwbod ei fod o'n sefnti-ffôr, ond tydi hynna'n ddim byd y dyddia yma. Ond na, tydi o ddim isio mynd am driniaeth. Ac mi wyddoch pam?'

Ceisiodd Nant feddwl yn sydyn a ddylai hi fod yn gwybod pam. Ond ar y funud allai hi ddim cofio, na meddwl hyd yn oed. Oedd hi'n cofio'i thad yn dweud rhywbeth? Nac oedd; fyddai o byth yn datgelu dim byd felly wrthyn nhw, heblaw am drafod ambell achos o glefyd anghyffredin weithiau efo Owen pan aeth o i'r coleg. Siarad siop oedd hynny.

'Wel, mi farwodd ei fam o, do, ar yr *operating table* yn Lerpwl; ond roedd hynny ddeg mlynadd ar hugian yn ôl. Ond mae o fel mul. Aiff o ddim a dyna ni. Ond mae o'n beth ofnadwy i mi.'

Ac iddo fo, meddyliodd Nant.

'A finna'n gwybod y gallai fo gael trawiad ar unrhyw adeg. A gorfod byw efo hynna.'

A fynta hefyd, meddyliodd Nant.

'Calon ddrwg sy gynno fo,' meddai Pat. 'Calon ddrwg iawn, a deud y gwir.'

Ond calon dda, meddai Nant wrthi'i hun. Calon dda, dda, dda.

'A tydi o ddim yn meddwl amdana i, ylwch. Y baswn i'n gorfod byw hebddo fo tasa rhywbath yn digwydd iddo fo . . .'

'O,' meddai Nant, gan feddwl debyg ei fod o'n gwybod hynny o'r gorau. Roedd hi'n dal y tecell yn ei llaw ac yn gwrando.

'Hunanol. Tydi hynna ddim yn beth neis i'w ddeud ond dyna ydi o. *Selfish*. Mae o'n deud y basa'n well gynno fo gael blwyddyn, tymor, mis yn 'u llawnder na blynyddoedd o hannar byw. Ond tydi hynny'n ddim cysur i mi, nac'di?'

'Ond fasach chi ddim yn licio'i weld o'n diodda, na fasach?' gofynnodd Nant. ''I weld o yn y gongol.'

Ond roedd y distawrwydd yn adrodd y gallai hi ddioddef ei weld o yn y gornel yn iawn, ac yn dioddef hefyd, mwy na thebyg, cyn belled â'i fod o'n fyw, a'i bod hithau'n dal i allu llnau o'i gwmpas o.

'Mi geith 'i ffordd 'i hun, debyg,' meddai hi yn y diwedd, wedi blino disgwyl i Nant gynnig ateb, 'fel y mae o wedi cael 'i ffordd 'i hun efo rhyw betha ar hyd y blynyddoedd. A finna wedyn yn gorfod gneud bywyd i mi fy hun.'

'Ond mae hynna'n beth da hefyd, cofiwch,' mynnodd Nant, 'fod gynnoch chi eich bywyd eich hun.'

Ond chlywodd Pat mo'r ateb. Roedd hi'n edrych ar ei horiawr, a newydd weld pa mor hwyr oedd hi. 'Rhaid i mi fynd. Soniwch chi ddim fy mod i wedi deud, na wnewch?'

'Na. Be am y coffi?'

'A chofiwch roi ring os byddwch chi isio gwaith gneud bwyd – ciniawa neu briodasa . . .'

'Ella, yn nes ymlaen, diolch.'

'A Nant?'

'Ia?'

'Peidiwch â meddwl fy mod i'n busnesu, ond ewch adra at eich gŵr a'ch mab, 'mach i. Be ydach chi haws yn yr hen le 'ma a'ch tad dan y dorchan? Mi fasa'n well i chi werthu a phrynu byngalo a jest mwynhau be sy gynnoch chi nag aros yn fan'ma yn hel meddylia. Chewch chi ddim byd yn y gorffennol.'

'Ta ta, Pat.'

'A mwynhewch y *quiche* a'r *sponge* a'r darten, 'te.'

'Siŵr o neud, Pat.'

4

Cyn bod Pat Richards wedi cyrraedd ei Alfa Romeo, roedd Nant yn brasgamu allan i'r cefn ac yn agor caead y bin powlio.

'Sbwnj?' gwaeddodd. 'Na, dwi ddim isio dy sbwnj di. Mi fydda'n well gen i lwgu, a deud y gwir, na byta dy blydi sbwnj di!'

A thaflwyd y sbwng W.I. ysgafn a hyfryd i berfeddion y bin gwyrdd gan daro'r gwaelod yn slwtsh o jam a hufen meddal.

'Tarten?' meddai hi wedyn, heb aros i gael ei gwynt ati. 'Na, dwi ddim yn meddwl. Mae jest meddwl am dy darten di yn codi anfarth o bwys arna i, a deud y gwir. Waeth gen i be ddiawl sy ynddi – cyraints duon, mafon, riwbob, afal. Who ddy ffyc cêrs, achos mae hi ar fin dilyn y sbwnj i mewn i'r BIN!'

A dyma agor y caead eto a hyrddiad nerthol i'r darten druan i grombil y wîli mawr.

'*Quiche*? O'm holl gas betha fi, dwi'n meddwl mai *quiche* sy ar ben y rhestr. Yn enwedig *quiche* rwyt ti, ddynas ofnadwy, wedi'i neud, neu dalu amdano fo neu'i dwtsiad, neu hyd yn oed sbio arno fo. Felly beth bynnag oedd dy sel-bei dêt di, *quiche* anffodus, ti newydd 'i gyrraedd o a'i basio fo. Sori am hynna.'

A chafodd y *quiche* fynd i ganlyn y sbwnj a'r darten i waelodion di-droi'n-ôl y bin. Roedd Nant yn teimlo'n well wedyn. Yn teimlo fel tasa hi wedi cael carthiad iawn.

'Ond *dwi'n* eitha licio *quiche*.'

Trodd Nant ar ei sawdl a gweld Euros yn edrych

arni'n llawn syndod a diffyg dealltwriaeth. Ond hefyd yn gorfod dal arno'i hun rhag piffian.

'A dwi jest yn gofyn, a does dim rhaid i ti'n ateb i. Be wnaeth y *quiche* i bechu gymaint? A'r sbwnj a'r darten, tasa hi'n dŵad i hynny, yn arbennig mewn tŷ fel hwn lle mai'r unig fwyd sy gynnon ni ers wythnosa ydi pacedi a thunia?'

'Y gnawas ddynas 'na? Welist ti hi?'

'Weles i neb.'

'Yn meddwl bod ganddi hawl i ddeud wrth 'i gŵr ac wrtha i sut i fyw ein bywyda.' Roedd Nant yn dal yn lloerig. Caewyd caead y bin gyda chlep a'i tynnodd o'n rhydd bron oddi ar ei hinjis. 'Mi fasa'n well gen i farw na byw fath â hi. Efo'i gwallt perffaith a'i basgiad a'i sgidia slip-on. Ac yn mynd i orfodi'i gŵr i gymryd llawdriniaeth fawr nad ydi mo'i heisio, er 'i mwyn hi. Mae'r dyn dros oed yr addewid ac mae gynno fo hawl i fyw – neu farw – sut bynnag mae o isio.'

'Pa ddyn?'

'Ac i ddeud wrtha i! Tasat ti wedi'i chlywed hi'n deud wrtha i y galla hi gael gwaith coginio i mi! Gneud swpera i'w ffrindia ffansi hi. Wel, dim diolch; mi fasa'n well gen i neud stwnsh rwdan ac iau i holl dwl-lals y dre 'ma na rhoi prônsan ar blydi plât i'w chlîc bach hi.'

'Pwy bynnag oedd hi,' meddai Euros gan fynd at Nant, a'i throi yn ôl efo fo at y drws cefn, ac oddi wrth y bin, 'alla i ddim coelio'i bod hi'n werth cynhyrfu gymaint drosti.'

'Dwi ddim wedi cynhyrfu. Dwi'n wallgo ulw!'

'Gymeri di banad? Cinio?'

'Mi alla i goginio, sti.' Roedd Nant yn dal i ffromi

wrth ddilyn Euros i'r gegin a'i breichiau'n bob man. 'Fel dwi isio i pwy dwi isio. Mi alla i neud cystal sbynj â hitha bob tamad, a gwell. Ond nid dyna'r unig beth dwi'n gallu'i neud chwaith. Dim dyna fy hyd a fy lled i. Fy *raison d'être* fi yn y byd 'ma. Dwi'n fwy na dim ond dynas gneud sbynjis.'

'Wel wyt, siŵr.'

'Ac mi wna i swpar i ti heno 'ma, achos dwi isio gneud swpar i ti, am dy fod ti a fi'n mynd i fod yn ffrindia. Ac am i ti fod yn ffeind tu hwnt i ofynion y job efo nhad i.'

'Iawn, siŵr . . . Ond . . .'

'Sori, dwi newydd gofio.' Arafodd y llif am funud. 'Ti'n mynd i Landudno i weld dy fam. Ti ddim isio swpar?'

'Ydw, dwi'n mynd i Landudno ond mi fydda i'n ôl. Na, jest meddwl y basa'n well i mi ddeud wrthat ti rŵan . . ?

'Mae dy fflat di'n barod. Neu ti wedi cael claf newydd. Ti'n gadael.'

'Nac'dw, tydi'r fflat ddim hanner barod a does dim hanes am glaf newydd, dim eto beth bynnag. Na, jest meddwl y basa'n well i mi ddeud rŵan, tra dwi'n cael y cyfla.'

'Ia? Allan ag o.'

'Dwi ddim yn gwbod be ydi dwl-lal a dwi ddim yn gwbod os ydw i'n un . . . ond . . . rhag ofn fy mod i . . . well i mi ddeud . . . dydw i ddim yn licio stwnsh rwdan . . . na iau – oen na mochyn.'

A dyma Nant yn llacio, ac yn chwerthin lond y lle am ei phen ei hun ac yntau.

'Iawn! Gofia i hynna. Dim iau oen na mochyn. Ond ti ddim yn dwl-lal, Euros!'

'Nac'dw? Gora yn y byd, debyg. O, a dim pwdin.'

'Wel, na,' meddai Nant, 'mae oes y pwdin newydd basio, dwi'n meddwl. Neu o leia, oes y cacenna.'

Cerddodd Nant i'r dre, fel y bu'n cerdded am flynyddoedd o'r ysgol ac o dai ffrindiau ac o siopa. Doedd Llanrhaeadr ddim yn ddigon o le i fod yn rhedeg tacsis yn y pnawn, yn sicr ddim ar bnawn Sul, a dim ond ar bnawn Mercher a dydd Sadwrn roedd yna fws oedd yn pasio'r Glyn. Roedd y tŷ ymhell o'r dre – o dŷ doctor. Yn yr oes hon, byddai'r Cyngor wedi gwrthod caniatâd newid defnydd am resymau cynaliadwyedd a pharcio ond, yn y pumdegau, caech agor syrjyri lle mynnech chi, cyn belled â bod yno ddoctor. Yn ystod yr hanner can mlynedd a mwy ers hynny roedd dylanwad ei thaid, a'i thad wedyn, wedi atal unrhyw adeiladu ar hyd ochrau'r ffordd, ac felly roedd y tŷ cyn belled o'r dre ag y bu erioed.

Roedd hynny wedi gwneud Owen a Nant yn blant ffit – yn cerdded y filltir dda adra ar ddiwedd pob diwrnod ysgol ac yn ôl weithiau wedyn i gêmau pêl-droed neu ymarferion ysgol. Doedd eu mam, Cathy, ddim yn gyrru, a fyddai eu tad byth yn meddwl mynd i'w nôl nhw na'u danfon heblaw ar dywydd mawr.

Gallai Nant fod wedi cael pás gan Euros, i sbario'i thraed. Hi ddewisodd gerdded. Wrth droi o'r dreif, roedd hi'n ysu am fartsio cerdded ar wib drwy holl ddiflastod y dyddiau diwethaf – angladd ei thad, miri'r ewyllys, yr hangofyr, y ffraeo efo Ed a'r ffrwydrad ar ôl ymweliad Pat neu Anti Pat, fel y byddai hi'n arfer ei galw. Golygai hynny i gyd gryn dipyn o waith cerdded. A chyn lleied â phosib o neges i wneud gwaith cario. Gan ei bod yn ddydd Sul, a stoc newydd wedi cyrraedd siop y Berllan y diwrnod cynt, prynodd frocoli a thatws newydd o rywle cynhesach na Chyndyn, a brithyll bob un iddi hi ac Euros. A chan ei fod o wedi dweud nad oedd o'n un am bwdin, aeth i'r deli i brynu caws Gorlwydd Caerffili a bisgedi. Fel arfer fyddai'r un o'r ddwy siop yma'n agored ar y Sul ond, a hithau mor agos at y Nadolig, roedd pawb yn gwneud ymdrech. Ac yn gobeithio gwneud pres.

Wrth siopa yn Spar wedyn, lle prynodd hi botel o win, wnaeth hi ddim ymorol am frecwast fory na chinio drannoeth na swper dradwy. A phrynodd hi ddim byd oedd yn fargen arbennig na'r un dau am bris un. Mor wahanol i fel roedd hi wedi siopa bob wythnos ers ugain mlynedd. Y cwbwl wnaeth hi oedd prynu be fyddai arni'i angen ar gyfer yr un pryd yma roedd hi'n mynd i'w hwylio. Roedd hynny'n rhyddhad llesmeiriol – fel gwisgo dim ond pais ar ôl bod mewn dillad trwm, tyn. Fel camu allan o ffrog briodas gaethiwus roeddech chi'n meddwl eich bod wedi'ch gwnïo ynddi a sefyll wrth ei hymyl. Byddai'r ffrog yn dal i sefyll heb neb ynddi am dipyn, gan mor gadarn ei deunydd. Dyna ble byddai'r ddwy yn sefyll wrth ymyl ei gilydd – y ffrog a hithau – a byddai'n anodd dweud pa un ohonyn nhw oedd ag anadl y byw.

Gofalodd Nant ei bod hi'n loetran digon yn y dre fel na fyddai hi'n gorfod wynebu Ed a Steff Evans yn y Glyn. Ond doedd dim angen iddi fod wedi poeni. Fu dim mesur na chraffu ar sgêl, dim ond cerdded drwy'r tŷ a'r ardd wedyn ar garlam, ac Ed yn dod ar hanner tuth mochyn ar ôl y 'darpar' werthwr gan dynnu sylw at ogoniannau'r adeilad, fel y grisiau derw urddasol, stafell y tŵr, y llofftydd eang a'r parlwr mawr. Sylwodd o erioed cyn heddiw, mewn gwirionedd, cymaint o ogoniannau oedd yno. Allan yn yr ardd, gallai Ed weld llygad profiadol Steff Evans yn amcanu pa faint o estyniad y gellid ei godi heb i neb wrthwynebu, a sut y gellid gwneud mwy o le parcio. Byddai'r cytiau Siôn a Siân a'r sied a'r lawnt fach yn cael hwi peth cynta.

Busnas rhwng dau ddyn wedyn oedd cael amcan o bris ar bapur ac ysgwyd llaw yn egnïol a gwerthfawrogol. Drwy gydol y gêm, drwy pob cais a thacl a gôl adlam, trwy bob ymosodiad a gwrthymosodiad, ac yng ngwaelod pob gwydryn peint a wagiwyd wedyn, ni allai Ed weld ond un peth. Y ffigwr ar y darn papur hwnnw roedd o wedi'i adael ar y rhewgell yn y gegin i Nant ei weld. Doedd dim angen iddo fod wedi dod â'r darn papur efo fo i'w atgoffa'i hun am werth etifeddiaeth ei wraig – roedd o wedi'i gerfio'n soled ar lech ei galon. Ac yn ei chodi hi'n uwch ac yn uwch bob munud.

Y peth cynta wnaeth Nant ar ôl cyrraedd yn ôl o'r dre oedd mynd ati i geisio ailgynnau'r Aga. Roedd honno wedi bod yn horwth segur yng nghanol y gegin ers dwy os nad tair blynedd, a'r lle wedi oeri i'w seiliau. Bu'n ffidlan yn hir, nes ei bod yn faw drosti a'i gwallt am ben ei dannedd. Roedd hi'n dechrau anobeithio ac yn meddwl yn siŵr y byddai'n rhaid cael rhywun i'w golwg pan roddodd yr hen chwaer bbbbbfffff! ohoni'i hun. A thanio. O'r funud honno, roedd dyddiau'r hen stof drydan fach yn y pantri wedi'u rhifo. Ymhen dim o dro, roedd yr Aga'n canu grwndi dros y tŷ, a'r gegin a'r parlwr a'r llofftydd – a gynheswyd am gymaint o amser gyda thân trydan yma a gwresogydd nwy acw a rheiddiadur olew fan draw – yn cynhesu drwyddynt i gyd ar yr un pryd. A'r pibellau dŵr poeth a lifai drwy'r tŷ o'r Aga fel hen wythiennau'n llawn o waed newydd, cynnes.

Teimlai'r hen dŷ fel pe bai'n deffro ar ôl hirlwm mor drwm nes y gallai'r galon ei hun fod wedi peidio.

'Wyt ti wedi cyfarfod Sioned?' gofynnodd Nant yn nes ymlaen wrth i Euros a hithau eistedd wrth y bwrdd yn llewys eu crysau, wedi cynhesu drwyddynt rhwng gwres yr Aga a'r brithyll a'r gwin. 'Gwraig Owen?'

'Do. Ond nid yn ddiweddar. Pan fyddwn i'n gweithio efo fo. Mi fyddan ni'n chwarae sgwash weithia a finna'n galw heibio amdano fo.'

'Be ti'n feddwl ddigwyddodd yn fan'na, i betha fynd gymaint ar chwâl?' holodd Nant wedyn. 'Pwysa gwaith a magu plant? Byw yn bell oddi wrth y teulu?'

Ysgydwodd Euros ei ben a rhoi'r gorau i fwyta'r pentwr bisgedi a chaws roedd o wedi'u paratoi mor daclus iddo'i hun ar y plât bach.

'Dwi'n 'i gofio fo'n deud rywdro 'i fod o wedi dŵad yn ôl yma, ar ôl gorffen ei ddwy flynadd fel *junior house doctor* yng Nghaerdydd, a mynd am ryw ddelfryd, 'sti, o wraig. Fel tasa fo'n dilyn patrwm.'

'Wel, nid y patrwm osododd Dad a Mam yn bendant.'

'Ocê, wel creu patrwm 'ta, gosod y patrwm roedd o'n feddwl fasa'n gweithio. Cymraes. Hogan o'r fam ynys. Hogan andros o ddel.'

'Ond weithiodd hynny ddim,' sylwodd Nant, 'os ydi o'n mynd i roi pob dimai y bydd o wedi'u hetifeddu rŵan i Sioned wrth ysgaru. A phetha wedi mynd mor ddrwg, fel y bydd angen cael llys, ella, i drefnu adega ar gyfer gweld Mali a Beca a phob dim.'

'Ia.'

'Dwi'n meddwl,' meddai Nant wedyn gan dywallt gwydraid arall o Pinot Grigio bob un iddyn nhw, 'mai'r blydi ysgol breswyl 'na wnaeth lot fawr o'r drwg. Mae gen i ffrind, Rhian, gafodd 'i hanfon i ysgol breswyl ac mae hi'n deud o hyd na fasa hi ddim yn gyrru'i *gerbil* i ysgol breswyl.'

'Wel, i Ysgol Friars esh i a wnaeth hynny ddim lles i minna chwaith. A tasa gen i *gerbil,* faswn i ddim yn 'i anfon o yno.'

Chwarddodd y ddau.

'Ond roedd y lle mor annaturiol – yr holl wrywgydiaeth 'na. Fydda fo'n deud y storïa wrtha i, ond dim wrth Mam a Dad.'

'Mae hwnna'n digwydd beth bynnag.'

'Dydw i ddim yn gwrthwynebu gwrywgydiaeth,' meddai Nant. Cofiodd am y sgwrs wrth y bwrdd efo Ed yn gynharach am lanciau Llandudno, a deall, a chochi. 'Jest meddwl ydw i, yn uchal, be ddigwyddodd i Owen a'i briodas o.'

'Ti'n beio'r ysgol am y torpriodas!'

'Methu cymysgu'n naturiol efo merched, 'radag hynny wrth dyfu i fyny. Neb heblaw fi, ac roeddwn i mor agos ato fo, fel mul yn cadw cwmpeini i ferlyn, fel nad o'n i ddim yn cyfri.'

'Be ddigwyddodd i Owen ydi 'i fod o wedi stopio caru'i wraig, oedd yn beth eitha naturiol i'w neud,' mentrodd Euros, 'os ti'n gofyn i mi. Y gamp fawr dwi'n meddwl ydi caru, a dal i garu. Ond os nad ydi petha'n iawn, yn y gwely a phob man arall, fedri di ddim gneud hynny. Na fedri?' A chododd ei wydryn yn uchel i gynnig llwncdestun i'r datganiad hwnnw.

Ar hynny canodd ei ffôn bach. Atebodd yntau gan wrando'n astud ar lais yn rhoi cyfarwyddiadau iddo ar y pen arall. Yn Saesneg yr atebai.

Yn ystod y sgwrs, rhag iddi fynd i wrando ar ei gwaetha, dechreuodd Nant edrych o'i chwmpas. A dyna pryd y gwelodd hi o. Y darn papur roedd Ed wedi'i sticio ar y rhewgell â magned cyn gadael.

Rydw i'n werth mwy nag Owen, felly, meddai hi wrthi'i hun wrth gyfri'r 000au. Os oedd fy nhad i'n deall rhywbeth, ac o gwmpas ei bethau, roedd o *yn* rhoi gwerth ar yr holl flynyddoedd o ymgeledd a thendio.

Neu ella nad oedd o ddim. Ella nad oedd o ddim yn gwybod sut arall i rannu ac yn fy ngweld i'n nes yma i allu rhoi trefn ar y lle. Neu ella'i fod am i mi gael yr hen gartre. Neu ella'i fod o'n fy ngharu fi'n fwy wedi'r cyfan i gyd.

Sut bynnag y dychmygai, châi hi byth wybod. Ond y noson honno, fu dim rhaid iddi gysgu yn y gwely cul, uchel yn syrjyri ei thad. Aeth heibio i'r drws hwnnw ac yn ei blaen i'r llofft lle bu hi'n cysgu trwy holl flynyddoedd ei phlentyndod a'i harddegau. Fan'no oedd y lle iddi hi.

5

Hyd yn oed pan fyddai hi'n treulio oriau'r nos yma yn ystod gwaeledd olaf ei thad, fyddai Nant byth yn cysgu yn y llofft hon na'r un llofft arall yn y tŷ. Cysgu yn y gadair Parker Knoll oedd y drefn, a deffro drannoeth yn brifo drosti ac yn methu cael unrhyw fath o afael ar y dydd.

Ac wrth gerdded i mewn i'w hen lofft ei hun heno, a dillad gwely glân, eiryn i gyd ganddi'n un pentwr yn ei breichiau, roedd hi'n gwybod pam. Roedd culni uchel y gwely yn syrjyri ei thad – nad oedd wedi'i fwriadu erioed i neb gysgu arno – yn fwy diogel na gwely cyffredin y llofft yma. Nid ofn tamprwydd oedd o, ac nid ofn y byddai hi'n rhy fawr i wely ei phlentyndod a'i harddegau, ond y gwybod, unwaith y camodd hi i mewn, ei bod hi wedi gadael y llofft yma'n ferch ifanc, yn ddim mwy na hogan ysgol i gyfnod anodd o gyfrifoldebau ac ysgwyddo beichiau a wynebu realiti – a hynny heb gael torri'r garw. Gwybod roedd hi bod yna, wedi'i gloi yn rhywle o gwmpas y stafell yma, gyfnod o orffennol y dylai hi fod wedi'i gael, ac wedi cael modd i fyw ynddo, ei feddiannu a ffoli ynddo, a'i ddefnyddio i ledu ei hesgyll ac i aeddfedu.

Roedd gweld y posteri Monet a Maffia Mr Huws ar y waliau a'r pentyrrau o ffeiliau a llyfrau ysgol ar y silff a'r jest-o-drôrs yn ei dwyn yn ôl i gyfnod o'i gorffennol oedd wedi'i ffosileiddio. Fu yna ddim esblygiad yn ei hanes hi, Nant. Bu plentyndod a blynyddoedd glasoed, ac wedyn byd arall a byw arall.

Fel mam ac fel gwraig. Nid yma, ond yng Nghyndyn. Rhwng y ddau fyw roedd yna fwlch. Roedd yna hollt. Ac roedd yna hiraeth am rywbeth na fu.

Tybed ai wedi dod yn ôl i chwilio am hwnnw ydw i, meddyliodd. Am y rhyddid yna golles i, y cyfnod hwnnw o anwybod pan faswn i wedi bod yn byw rhwng dau fyd, yn ymestyn o un i'r llall ond yn gwybod fod y naill tu cefn i mi petai angen troi'n ôl i gysgodi? Blynyddoedd o bontio, o ymestyn o sbri llencyndod i gymdeithas coleg, o reidio caseg i gael fy Mini bach cyntaf, o'r llofft yma i fflat neu dŷ efo giang 'run oed â fi. Ai dyna be sy ar goll?

Agorodd un o'r drôrs. Bras a phyjamasys gaeaf a chobenni haf. Sgerti, trowsusau, topiau, gwisg ysgol. Pam oedd y rhain yn dal yma? Mewn unrhyw gartref arall fe fydden nhw wedi hen fynd. Byddai 'na aml i sbring clîn wedi bod a phethau wedi cael eu didoli – rhai i siop elusen neu jymbl sêl ac eraill i blant iau roedden nhw'n eu hadnabod. Ond roedd hi a'i mam wedi gadael y tŷ yma mor agos at ei gilydd, ac i gyfeiriadau mor wahanol, fel na fu'n bosib iddi hi ddod yn ôl. Allai hi ddim dod yn ôl, oherwydd nad oedd ei mam ddim yma. Ac wedyn doedd y dillad ddim yn ei ffitio hi. Roedd popeth yn rhy dynn ac yn rhy fyr. Roedd cyfnod wedi dod i ben mewn mater o fisoedd cwta, a llen angau wedi dod i lawr i guddio popeth a fu cynt.

Ond fory a thrennydd a thradwy byddai'r clirio hwnnw'n dechrau digwydd. A byddai'r holl ddillad rheini roedd hi a'i mam wedi'u prynu ar dripiau siopa i Lerpwl – yn Dorothy Perkins a C&A a Chelsea Girl – yn cael eu hestyn allan; y topiau tanc, y sgerti llaes a'r sgerti cwta, y sgarffod amryliw, y jîns llydan, y *wedges*, y topiau *cheesecloth*, y cagŵls, y pyjamas babi dol, y bras ffrils du a pinc, y dyngarîs, y ffrogiau ha', y bandiau gwallt, y clustdlysau, y degau crysau T o bob lliw. Roedd digon yma i agor siop. Hyd yn oed os methai daflu popeth, gallai ddidoli a golchi, smwddio, mwytho ac ailgadw. A'r drws nesaf, yn llofft ei mam a'i thad, roedd yna'r un faint wedyn o leiaf o ddillad – mwy, ella. Hyd y gwyddai Nant, doedd neb erioed wedi'u clirio.

Bob tro y bydden nhw'n mynd am Gaer neu Lerpwl byddai siopa efo'i mam yn debycach i siopa gyda ffrind neu chwaer, ond mai ei mam – gydag arian ei thad – fyddai'n talu. I Cathy, bod heb ddillad ffasiynol oedd un o'r pethau gwaethaf y gallai hi'u dychmygu. Roedd yna ddigonedd nad oedd Cathy yn ei ddeall: awydd Nant i ddisgleirio fel ei brawd, i ymuno efo'r 'ffatri fendio', i ddechrau canlyn yn selog a hithau mor ifanc, i fod yn aelod o dîm hoci'r ysgol. Ond colur a dillad a sgidiau? Teits a siwmperi a chotiau a bagiau? Roedd hi'n deall pethau felly'n berffaith!

Aeth Nant ati heb oedi i estyn yr holl hen lyfrau ysgol. Cychwyn efo'r rheini i ddechrau. Cemeg. Mathemateg. Bywydeg. Doedd yna ddim diben o gwbwl mewn cadw pethau fel hyn. Doedden nhw'n gwneud dim byd ond dannod iddi beth allai fod wedi bod. Tair blynedd o ymdrech fawr, ond ymdrech seithug. Dechreuodd eu pentyrru ar ben ei gilydd yn un domen fawr, yn barod i'w cludo i lawr i'r ardd i'w llosgi yn y bore. A honno fyddai'r goelcerth gyntaf o lawer dros yr wythnosau nesa.

Ond mwya sydyn aeth y llwch i fyny'i ffroenau hi ac i'w llygaid: llwch ugain mlynedd heb llnau.

Roedd o fel yr huddug o 9/11 yn llenwi'r aer, yn arnofio cyn ailsetlo ar y cwrlid gwely a'r carped a'r domen lyfrau. Fel plu eira bach budr yn chwyrlïo disgyn ar bopeth. Gallai ei weld, ond allai hi mo'i ddal. Dechreuodd disian. A thisian a thisian. Mae'n rhaid fy mod i'n alerjic i addysg o hyd felly, meddai'n goeglyd wrthi'i hun, gan chwilio ym mhoced ei jîns am hances boced. A thisian drachefn a thrachefn.

'Wyt ti'n iawn?' Agorodd Euros y drws. Ar ei ffordd i'w wely yn y llofft sbâr roedd o, lle'r oedd o wedi bod ers misoedd, ac wedi clywed y tisian di-stop. 'Argol, be sy'n mynd ymlaen yma? Fel tasa 'na losgfynydd 'di ffrwydro!'

'Stwff i'w losgi fory.'

'Siŵr?' Cododd Euros un neu ddau o hen werslyfrau a llyfrau syms llawn ticiau. 'Edrych fel stwff i'w gadw i mi! Atgofion dyddia gora dy fywyd a ballu! A'r holl waith 'na! Ynda.' Estynnodd hancesi papur glân iddi.

'Ond i be? Dwi ddim isio cofio am hyn. Wast o amser oedd o i gyd, 'de.'

'Paid â deud hynna!'

'Pam lai? Dyna'r gwir. Fethish i neud yn ddigon da i gael dilyn 'y nhad a 'mrawd. Ond dim ots erbyn hyn. Hen hanes.'

'Tria eto 'ta. Ti'n ddigon ifanc. Dos amdani!'

'Na, dwi wedi peidio bod isio hynna ers talwm iawn.'

Syllodd Nant ar y mynydd stwff o'i blaen. 'Y tro cynta, ti'n gweld, ches i mo'r gradda lefel A roeddwn i isio. A dyma fi'n cymryd fy mherswadio i fynd yn ôl. Rhoi cynnig arall arni. Ond wrth i'r drydedd flwyddyn honno fynd yn 'i blaen, roeddwn i'n sylweddoli nad oeddwn i ddim yn mynd i'w gneud hi.'

'Ond pam na fasat ti wedi gneud rhywbath arall?'

'Fel nyrsio neu ddysgu?'

'Am wn i.'

'Na. Doedd 'na ddim cyfaddawdu i fod, ti'n gweld. Doeddwn i ddim isio ail ora.'

'A be oedd dy fam yn ddeud?'

Doedd Nant ddim wedi disgwyl y cwestiwn. Ond roedd hi'n gwybod yr ateb.

'*Do whatever you like,* cariad. Doedd hi ddim yn deall yr obsesiwn. Dim yn deall pam eu bod nhw wedi dŵad yn ôl yma, lle'r oedd hi mor anhapus. Dim yn gweld pam na fasan ni wedi medru cael ein magu'n Gymry yn Lerpwl. Fel hi.'

Roedd y llwch yn dechrau setlo. Cawod gymharol ysgafn fu hi wedi'r cyfan.

'Yn ystod y flwyddyn ola 'na roeddwn i wedi gweithio dipyn yma, yn y dderbynfa – helpu efo apwyntiada ac ati er mwyn cael rhywbeth ychwanegol i'w roi ar fy nghais prifysgol. Ac i gael blas o'r proffesiwn. A theimlo fy mod i'n perthyn. Dallt y dalltings. A be wnes i er gwaetha hynny? Agor fy nghoesa i Ed ar dwyni Berffro un nos Wenar ddechrau'r ha, yn syth wedi i mi neud llanast o 'mhapura Biol, a'u cadw nhw'n agorad drwy'r ha. Heb fynd ar y bilsan na dim dull atal cenhedlu arall, a finna'n gwbod yn iawn . . . Gwallgo.'

'Ond be am Ed?'

'Ti'n gwbod be mae dynion yn ddeud! Well heb un, dydi! A ddeudwyd 'run gair rhyngon ni am y peth o gwbwl. Anhygoel, wrth edrych yn ôl. Roedd o'n priodi'n ugian oed.'

'A Peredur?'

'Peredur oedd y wobr. Fo oedd yn peri i'r cyfan neud sens.'

Roedd Euros yn dal i sefyll yn y drws a rhyw olwg be-wna-i arno fo. Er ei fod o'n perthyn i'r proffesiwn sy'n gofalu, wyddai o ddim sut i ymgeleddu'r ferch hon. Roedd hi fel petai hi wedi dod i gwfwr afon fawr rhy lydan i'w chroesi. Y cefndeuddwr. Roedd hi'n methu mynd yn ei blaen. Roedd hi'n sownd. Efallai, meddyliodd, mai colli ei thad, yr ail riant, oedd wedi dod â hi reit i fyny at y lan. Ond mae'n siŵr fod yna ffordd i fynd o'i chwmpas. Roedd yna bob amser ffordd. Gweld y ffordd oedd y gamp.

Ond hi oedd yn iawn – roedd yn hen bryd iddi ddechrau clirio.

'Be am fynd â'r stwff 'na i lawr rŵan, Nant? Ei adael o wrth y drws cefn yn barod at y bora? Gei ditha hwfro i godi dipyn o'r llwch 'ma. Mi fydda'n haws i ti gysgu yma wedyn. Agora i'r ffenast.'

Cytunodd Nant drwy godi hwda fawr o lyfrau yn ei hafflau. Cychwynnodd am y drws ac amneidio ar Euros hefyd i helpu'i hun o'r pentwr a dod i'w chanlyn.

Ond erbyn i Euros gyrraedd i lawr i'r drws cefn lle'r oedd o am osod ei domen yn daclus at y bore, roedd y drws yn llydan agored. Roedd hi wedi cerdded allan i'r ardd fawr ac wedi taflu'r stwff i gyd ar lawr yno. A dyna hi'n rhuthro heibio fo i nôl mwy a'i gwynt yn ei dwrn.

'Coelcerth heno!' chwarddodd. 'Tân mawr yn y nos ddu! Pam lai!'

'Ond mae hi'n hwyr braidd,' protestiodd Euros. 'A fedrwn ni ddim mynd i'n gwlâu a gadael y tân i losgi. Dwi'n gorfod cychwyn ben bora. Newydd gael galwad gan yr *agency* i ddeud fod yna waith i mi yng Nghaer am rywfaint. Rhyw foi dwi'n 'i nabod yn mynd am driniaeth reit fawr ac isio dod adra'n syth o'r sbyty.'

'Mi wna i wylio'r tân,' mynnodd Nant. 'Dwi ddim isio cysgu. Tyd! Brysia!'

Erbyn iddyn nhw gario bob taflen a dalen, roedd yna dwmpath parchus. Llyfrau ysgol; hen rifynnau o *Bunty* a *Jackie*, a'r rheini'n grimp, gyrliog i gyd. Llungopïau. Hen bapurau arholiad a phrofion yn farciau coch drostynt. Pethau, mewn gwirionedd, allai fod wedi cael eu hailgylchu i gyd yn y biniau mawr glas yn y dre, heblaw bod angen eu difa'n fwy dramatig er mwyn i'r fflamau llamog a godai am funud wrth iddyn nhw losgi ddangos ble'r oedd y cerrig sarn i groesi'r afon.

Roedd un fatsien yn ddigon. Taniodd y cyfan yn un danchwa fawr felyn nes bod godrau'r papurau'n esgyn i'r awyr yn rhifau a llythrennau brau, tyner uwchben y tŷ. Roedden nhw fel negeseuon bach o'r cyfnod hwnnw, ugain mlynedd yn ôl, pan oedd Nant wedi colli'r ffordd ac wedi mynd ar ei phen i fyd nad oedd hi'n barod amdano fo. Ond hyd yn oed pe bai hi'n gallu dal rhai ohonyn nhw yn ei chledrau nawr roedd pob un mewn iaith nad oedd hi bellach yn ei deall, iaith na allai hi ymgyrraedd ati, ac nad oedd dehongli arni. Sanscrit o'i harddegau oedden nhw ac fe fydden nhw'n troi'n llwch o dan ei chyffyrddiad. Byddai'n rhaid cael geiriau newydd ar gyfer y byw oedd i ddod.

Aeth Euros i'w wely a'i gadael yno yn yr ardd yn rhythu i gochni'r tân.

6

Y ffôn bach yn canu ddeffrôdd Nant o ail gwsg y bore. Roedd hi wedi'i ddiffodd ers echnos ond wedi'i roi yn ôl ymlaen neithiwr tra oedd hi'n sefyll yn gwylio'r tân yn diffodd – rhag ofn i Owen ffonio. Ni chlywsai yr un gair gan Owen ers iddo adael am ei drên ddiwrnod y cynhebrwng. Ffôn y tŷ oedd wedi canu yn y diwedd, a hynny yn yr oriau mân. Gallai ei glywed yn canu a chanu. Ond roedd hi'n dal allan yn yr ardd yn gwylio'r tân fu mor gyndyn i ddiffodd. Ac allai hi mo'i adael a'r gwynt yn codi. Un ai roedd ffôn y tŷ wedi peidio canu yn y diwedd, neu roedd Euros wedi'i godi.

Wrth ymestyn am y ffôn bach a chraffu ar ei horiawr i weld pa mor hwyr oedd hi, clywodd Nant yr oglau coelcerth lond ei gwallt ac ar ei chroen. Roedd hi wedi codi y tro cyntaf tua saith wrth glywed Euros yn gadael, ac wedyn, ar ôl cael te a stwna, wedi gwneud rhywbeth na wnaeth hi yr un waith tra bu'n byw yng Nghyndyn, sef mynd yn ôl i'w gwely ac ailgysgu. Erbyn hyn roedd hi'n tynnu at un o'r gloch.

'Owen?'

'Hei, Mam. Fi sy 'ma.'

'Ti'n iawn?' Ar unwaith, teimlai'n euog am nad oedd hi wedi'i ffonio fo yn ystod y dyddiau diwetha. Na gyrru tecst. Ond doedd ganddi mo'r help. Felly roedd pethau wedi bod. Allai hi ddim mynd odd' yma, heblaw am bicio i'r dre i brynu neges, er na wyddai'n rhesymol pam. Doedd hi ddim wedi ffonio neb. Doedd hi ddim isio neb. Roedd hi fel petai hi i fod yma, ar ryw ynys o fodolaeth, yn disgwyl ac yn barod i dderbyn.

'Wyt ti'n iawn?

'Yndw. Hei Mam, fedri di neud y VAT i mi? Mae o i fod i mewn wythnos i fory a dwi'n lot rhy brysur.'

'VAT?' Roedd yn swnio fel rhywun o fyd arall.

'Ia. Plis. Plis mawr iawn!'

'Ond Peredur, dwi'n trio clirio . . .'

'Plis, Mam, dwi'n despret. Awran ne' ddwy fyddi di. Dwi wedi hel bob dim at 'i gilydd.'

'O, iawn 'ta. Ddoi di draw heno?'

'Dwi yma rŵan, sti – dwi wedi parcio tu allan yn y fan.'

A thu allan yn y dreif gallai Nant glywed corn fan Peredur yn canu 'Yellow Rose of Texas' dros bob man.

'Rho bum munud i mi,' meddai hi. 'Slempan cath a neidio i 'nillad ac mi fydda i yna.'

Ond erbyn hynny roedd Peredur wedi diffodd ei ffôn bach a gallai Nant glywed cloch drws y ffrynt yn canu. Ac wedyn cnocio nerthol bob yn ail.

Doedd dim amdani ond codi.

Yn y drws safai Peredur a llond ei hafflau o ffeiliau ac amlenni a bocsys a gliniadur. Roedd yn syndod ei fod wedi llwyddo i ganu'r gloch a chnocio. Y munud yr agorodd Nant y drws, i mewn ag o heibio iddi ac yn syth drwodd i hen syrjyri ei daid lle'r oedd desg wag. Cafodd popeth eu dadlwytho ar honno'n un cruglwyth.

'Iawn? A' i drw' un neu ddau o betha efo chdi, achos fi wnaeth y rhai dwaetha, 'de, pan oeddat ti yma efo Taid. Estyn gadair.'

'Ond Peredur . . .'

'Be? Problem? Sgen ti ddim cyfrifiannell? Mae 'na un ar y laptop.'

'Na, dim ots am hynny. Ond fedrwn ni ddim sefyll yn fan'ma yn siarad am VAT, siŵr!'

'Pam ddim?'

'Ond be am yr ewyllys? Be am dy dad yng Nghyndyn a finna yn fan'ma? Be am y tŷ 'ma?'

'Be amdanyn nhw?'

'Mae'n rhaid i ni siarad. Mae'n rhaid i ni ddallt 'yn gilydd.'

'Iawn.'

Gosododd Peredur gadair o flaen ei fam a rhoi mymryn o sgwd iddi nes ei bod yn eistedd ynddi.

'Awê 'ta.'

Edrychodd Nant i fyny arno. Roedd sebon eillio'n dal o gwmpas ei glustiau a'i wallt heb weld crib. O nabod Peredur, arhosai o ddim yn hir. Byddai ar ei hynt i rywle. Byddai rhywun yn ei ffonio. Byddai rhyw job yn sgrechian am gael ei gwneud y munud hwnnw.

Ar ôl cael ei ffordd, wyddai hi ddim lle i ddechrau.

'Roedd dy dad o'i go' y diwrnod o'r blaen,' ildiodd. 'Roedd o am herio'r ewyllys.'

'Gwbod hynny, ddeudodd o wrtha i.'

'A finna'n gwrthod. Wedyn mi drefnodd o i'r lle gael 'i brisio.'

'Gin Steff Evans.' Ysgydwodd Peredur ei ben i wfftio. 'Faswn i ddim yn gofyn i hwnnw brisio cwt ci.'

'Pam?'

'Sgen y boi ddim clem, nac oes. Faint fuo fo yma? Awr? Dwy?'

'Dim gymaint â hynny.'

'Wel, dyna chdi; fetia i nad oedd ganddo fo ddim hyd yn oed dâp mesur. Isio'r job oedd o, 'de, ac ajystio'r syms wedyn. Y math o foi ma' Dad 'di delio efo fo ar hyd y blynyddoedd.'

'Ti ddim yn dallt.'

'Dwi'n dallt siort ora. Dyna pam mae Dad isio i ti werthu, i glirio'i ddyledion o. I gael llechan lân.'

'Does 'na ddim pres mewn ffarmio.'

'Dim fel mae o'n ffarmio, nac oes. Dallt stoc – yndi. A dallt peirianna – yndi, ond dim cystal â fi! Dallt pres?'

'Nac'di.'

Roedd y ddau wedi ateb efo'i gilydd. Fel côr cydadrodd bychan, bach.

'A rŵan dyna fo wedi cymryd yr hogan 'na a rhyw racsan o garafán am gymun o rent. Janey neu rywbath. Fel tasa honno'n mynd i achub y sefyllfa. Gofyn am drwbwl. Mae'r cops 'di bod acw dwn i'm sawl gwaith.'

'Calon feddal sy gynno fo, sti.'

'Typical ohono fo, 'de.' Roedd o'n ysgwyd ei ben ac yn rhyw fath o wenu wrth ddweud. Ond gwên gam oedd hi.

'Mi fasa wedi bod yn haws,' mentrodd Nant, 'pasio heibio ni, dy dad a finna, a rhoi i ti. Ond oedd dim modd siarad efo dy daid.'

'Ond dim fel'na digwyddodd hi, naci. A faswn i ddim wedi bod isio hynna, beth bynnag.'

'Pam?'

'Am na fasa fo ddim yn deg, Mam. Roedd Taid yn gwbod be oedd o'n neud. Dyna pam mai i ti roddodd o'r tŷ 'ma. Yn d'enw di. I ti gael gneud be bynnag ddiawl ti isio efo fo. Mam–'

'Be?'

''Sdim pwrpas mwydro am hyn. Y cwbwl dwi isio i ti neud i mi ydi'r VAT! Dwi ddim isio dy bres di, na dy gartra di, na dy etifeddiaeth di. Iesu, gesh i dipyn go lew gin Taid, 'sti.'

'Be?' Cododd Nant o'i chadair. 'Be gest ti?'

'Pres yn 'y mhocad, 'de, o hyd ac o hyd, pan fyddwn i'n dŵad yma i dorri gwair ac i ddarllan iddo fo a ballu. Canpunt. Deucant.' Chwarddodd Peredur yn braf. 'Gesh i ddigon i brynu'r digar 'na. I gychwyn 'y musnas.'

Roedd Nant yn syn.

'Wyddwn i mo hynna.' Cymerodd eiliad i ystyried y peth. 'Ond dwi'n falch, cofia. Mae o'n gneud petha'n haws i mi.'

'Gin i fusnas. Dwi ar yr yp. Os bydda i isio benthyg, mi a' i ofyn i'r banc.' Gwenodd Peredur wên fawr y bodlon, gwên dyn oedd wedi'i gweld hi, ac yn fodlon braf. 'Rŵan 'ta, gawn ni droi at y blydi VAT 'ma?'

A bodlonodd Nant o wybod ei bod hi wedi cael hynny gâi hi am y tro. Doedd waeth iddyn nhw siarad am y VAT ddim. Dim ond mater o drefn oedd hwnnw, a chywirdeb a thrylwyredd. Doedd o ddim yn anodd. Ac wedi'r cyfan roedd hi wedi cael lefel A mewn Mathemateg, toedd, amser maith yn ôl.

Estynnodd Peredur gadair iddo fo'i hun hefyd, gan eistedd yn groes arni gydag un goes bob ochr a'i bwys ar ei chefn. Plygodd ei ben yn ddyfal dros anfonebau a derbynebau'r tri mis diwetha. Am y tro, iddo fo, roedd pob dim arall wedi'i roi heibio.

A chlosiodd Nant ato a rhoi'i phen hithau i lawr.

'Switsia'r lamp 'na 'mlaen, Mam, i ni gael gweld be 'dan ni'n neud.'

Estynnodd Nant i lawr at y plwg i oleuo'r lamp a chlywyd clec dros y tŷ i gyd.

'Damia!'

'Roedd dy daid wedi bod yn deud fod angen ailweirio. Faint gostith hynny?'

Dechreuodd Peredur edrych o gwmpas y stafell.

'Dwyt ti ddim yn cofio lle'r rhoeson nhw'r bocs ffiwsys pan roeson nhw letrig i mewn?'

'Penci! Dwi ddim mor hen â hynny.'

'Lle bydda Taid yn mynd i sbio os bydda rhywbath yn ffiwsio?'

'Taswn i'n gwbod, Peredur, mi faswn i yno'r munud yma.'

'Mi ddechreuwn ni yn y gegin gynta, 'ta.'

A dyma godi oddi wrth y ddesg a mynd i ddechrau chwilio. Ar ôl bwrw trem sydyn dros waliau'r gegin a'r pantri heb ddim lwc, aeth y ddau trwodd i'r lobi yn y cefn a gweld y bocs ffiwsys uwchben y cwpwrdd pîn yn y wal.

'Dyna fo, yli. Doedd dim angen bod yn llawer o dditectif chwaith, nac oedd? Estyn gadair i mi.'

Estynnodd hithau hi'n ufudd.

'Ia, hwn sy wedi tripio, yli. Mond 'i godi fo'n 'i ôl i fyny oedd isio.'

'Diolch, Einstein, mi fydda i'n cofio tro nesa.'

'Edison. Ac mi fyddi di isio bylb wedyn yn lle'r un ffiwsiodd. A tsiecio'r ffiws yn y lamp. Fedri di neud hynny?'

Ond doedd Nant ddim yn canolbwyntio bellach, gan ei bod hi wedi dod o hyd i rywbeth gwahanol i fynd â'i bryd. Anghofiwyd popeth arall. Roedd hi'n gwyro o flaen y peth hwnnw rŵan, yn dotio. Daeth newid i'w llais a thôn nad oedd yn gydnaws â VAT.

'Yli Peredur, yr hen gwpwrdd bach 'ma yn fan'ma uwchben y lle dal sgidia. Wyt ti'n cofio hwn?'

'Nac 'dw; cotia fydda'n 'i guddio fo, 'de.'

Daeth y llanc i lawr o ben y gadair a sticio'i fys yn nhwll clo y cwpwrdd cuddiedig. 'Mhen dim, roedd o'n hogyn bach unwaith eto. Dyma rywbeth i fynd i fyrraeth ag o. Ond roedd y drws wedi'i gloi.

'Pasia'r gyllall 'na i mi.' Amneidiodd at fwrdd y gegin.

'Paid â thorri'r clo, siŵr. Ella bod 'na oriad.'

'Na. Yli bychan ydi'r twll clo 'ma. Mi fasat ti'n gwbod amdano fo, siŵr. Mae o ar goll ers oesoedd, debyg.'

'Bechod malu'r clo, Peredur.'

Ond doedd o ddim am wrando. Nid wrth wrando a phwyso a mesur ac aros roedd pethau'n cael eu cyflawni. Bachodd y gyllell a'i defnyddio i wthio'r tafod metel oedd yn cloi yn ei ôl. A dyna'r cyfan oedd ei angen. Agorodd y drws bach selog.

'Ddiawl o ddim byd yma, gei di weld.'

Cyrcydodd Peredur o flaen y cwpwrdd a'i agor. Ymestynnodd i'w gefn ac estyn bocs esgidiau ohono. Bocs esgidiau a gwe pry cop drosto, ond fel newydd fel arall. Doedd yno ddim byd arall.

'Blydi sgidia!'

'Gad i ni weld. Ella y byddan nhw'n *vintage*. Ella y byddan nhw'n fy ffitio fi!'

Cariodd Nant y bocs at y bwrdd gegin a'i osod yno. Yn ofalus, cododd y caead a'i osod wrth ymyl y bocs.

'Ogla rhyfadd. Ogla be ydi o, d'wad? Dim lledr, ia?'

'Mam, rhaid i mi fynd. Dwi isio gorffan joban heddiw 'ma i fynd i Ty'n Gors fory. Wela i di.'

'Aros funud. Yli, mae 'na rywbeth wedi'i lapio mewn siôl yma. Rhywbath bach, bach.'

'Gad i mi weld, 'ta.'

'Babi!'

'Iesu gwyn, ers faint mae hwnna'n fan'na?' Roedd Peredur, y crymffast contractwr, wedi newid ei liw. 'Yli bach ydi o. Argol, sbia ar y bysidd bach bach 'na. Mae o fath â babi dol.'

'Rhywun wedi cael babi, yli, ac wedi'i guddio fo'n fan'ma. Cyn ei fod o'n ddigon mawr i anadlu ar ei ben ei hun, faswn i'n deud. Fel tasa fo wedi'i erthylu.'

'Mam–'

'Ia?'

'Rown ni o'n ôl yn y cwpwrdd, ia?'

Roedd ei wedd o wedi newid, crymffast neu beidio. O dan ei liw haul, roedd o'n llwyd.

'Ond mae o 'di bod yno mor hir, yn fan'na yn y twllwch.'

'Wel dwi'n mynd – gei di neud beth bynnag ti isio neud efo fo. Ond paid â dŵad ag o acw. Dydw i ddim isio cysgu efo peth fel'na yn y tŷ!'

'Ti wedi gneud lawar gwaith, siŵr, pan oeddat ti'n aros yma efo dy daid!'

'Ond do'n i ddim callach, nag'on.'

Distawrwydd wedyn. A dim ond y ddau ohonyn nhw'n syllu ar gorff y babi bach, a hwnnw'n hen, hen farw yn y bocs esgidiau. Doedd yna dim dillad amdano, na chnawd i sôn amdano, ond am ei fod wedi bod mewn lle sych, claear roedd wedi cadw fel mymis y pyramidau. Roedd 'na fymryn o wallt tywyll ar y pen, ond wrth i Nant ei gyffwrdd yn ysgafn â blaen ei bysedd, chwalodd yn llwch.

Yn ofalus iawn, cododd ymylon y siôl yn ôl drosto

fo. Yna codi caead y bocs a'i osod yn daclus yn ei le. Cododd y bocs wedyn a'i gario drwy'r gegin i syrjeri ei thad. Hanner oes yn rhy hwyr i syrjyri'r mendiwr.

A Peredur yn ei dilyn.

Yno, gosododd y bocs ar y gwely uchel, cul lle cysgodd hi echnos. Trodd i wynebu'i mab.

'Paid â deud wrth neb am hyn.'

'Pam? Dydi o'n ddim byd i neb arall, nac'di. Jest yn codi crîps arna i.'

'Mi wna i feddwl be fasa ora i'w neud.'

''I roid o allan mewn bag du efo'r rybish wsnos nesa.'

'A dyna fasa dy daid wedi'i ddeud, neu rywbeth tebyg. Dyn y byw oedd o. "Gadewch i'r meirw gladdu eu meirw" oedd un o'i hoff adnoda. Ond falla bod rhaid i ddoctor fod felly, cofia.'

A dyna pryd y clywson nhw sŵn bychan. Sŵn nad oedden nhw'n barod amdano fo. O gyfeiriad y stafell aros y daeth o, ac roedd yn anodd ei adnabod ar y funud am eu bod nhw wedi'u cludo i le arall. Efo sgerbwd y babi bach 'na yn y bocs yr oedden nhw ill dau, yn dychmygu o ble daeth o. Ond roedd y sŵn yma fel traed yn shyfflan neu bapur yn cael ei sgrwtsho'n bêl dynn.

Edrychodd y ddau ar ei gilydd a dyma Peredur yn troi'n araf ac yn arwain y ffordd o'r syrjyri i'r stafell aros wrth y dderbynfa. A golwg digon llegach arno wrth fynd.

Yno roedd dynes fychan fain yn ei hwythdegau hwyr yn eistedd, a'i handbag ar ei glin. Y sŵn glywson nhw oedd ei sŵn hi'n troi tudalennau un o'r cylchgronau a fu yno'n crimpio'n araf ers ugain mlynedd. Amdani roedd siwt lwyd daclus, fel siwt dyn bron, ond mai siaced a sgert oedd hi. Ar y siaced roedd broitsh fach gron, dwt. Gwisgai sbectols heb ymyl fel mai prin y byddech chi'n sylwi fod ganddi sbectol o gwbl. Gwallt gwyn cwta, fel cap am ei phen. Pan welodd hi nhw, rhoddodd y cylchgrawn ar y bwrdd bach wrth ei hymyl a dal goriad i fyny i'w ddangos.

'Roeddwn i'n cofio fod hwn yn cael ei gadw o dan y pot bloda.'

Doedd Peredur ddim yn ei hadnabod hi, a throdd yn syfrdan o sbio arni hi i edrych ar ei fam. Wrth gwrs, roedd Nant yn ei chofio hi – yn ei chofio'n dda iawn. Yr hyn oedd yn anodd ganddi ei gredu oedd ei bod yma o'u blaen. Am bymtheng mlynedd bu'r wraig yn rhan o gefndir ei byw bob dydd ac roedd hi mewn myrdd o atgofluniau'i phlentyndod. Dyma berchennog y Mini bach coch a gâi ei barcio'n bowld bob amser yn safle'r ambiwlansys a cheir y doctoriaid. Dyma breswylydd y stafell fach gefn tu ôl i'r dderbynfa. Dynes y plasteri a'r pigiadau a'r glorian fawr a'r wats wyneb i waered.

Heb ei hiwnifform, a'i bag mawr du, edrychai fel unrhyw wraig oedrannus. Ond roedd rhyw elfen o'r lleian fodern – heb y benwisg, debyg iawn – yn ei chylch. Dim clustdlysau a dim colur. Dim ond wyneb difrycheulyd a llygaid llwyd, clir. Roedd ei hwyneb mor agored a diniwed â wyneb plentyn – dim ond y blynyddoedd a'r rhychau oedd yn ei gwneud hi'n hen.

Sylwodd Nant a Pheredur tua'r un pryd bod ganddi gês bach twt wrth ei thraed, a rhoddodd Peredur sgwd anghynnil i'w fam efo'i benelin.

'Mi weles yn y papur fod eich tad wedi marw ac mi ddois i ddweud ta-ta.'

'Ond mae'r angladd wedi bod . . . ddyddia'n ôl . . . llosgi oedd 'i ddymuniad o . . .'

'Nid wrth eich tad. Roeddwn i wedi dweud ta-ta wrtho fo flynyddoedd yn ôl. Wedi dŵad i ffarwelio â'r hen amser – a'r tŷ a'r ardd – ydw i. Y lle yma a'r bywyd a fu. Rhan bwysig o 'ngorffennol i. Gobeithio nad ydach chi ddim yn meindio?'

Roedd Peredur yn sefyll yn ddigon agos at ei fam i deimlo'r ias a'i cerddodd hi pan ddywedodd yr hen wraig y geiriau hyn. Trodd ei ben a'i gweld yn ymdrechu i ddal gafael arni'i hun.

O dipyn i beth, daeth Nant o hyd i'w llais yn rhywle o dan y cynnwrf oedd yn bygwth cau ei gwddf.

'Peredur,' meddai hi, gan symud draw y mymryn lleia fel ei bod hi, a'i mab, a'r hen wraig gyferbyn yn ffurfio hanner cylch fel y lleuad rhwng ei gwendid a'i chryfder.

Agorodd Nant ei breichiau wrth ei chyflwyno. 'Dyma i ti Nyrs Beti. Hi ddaeth â fi i'r byd 'ma.'

7

Doedd Nant erioed wedi dychmygu gweld Nyrs Beti, o bawb, yn ailymddangos yn y Glyn fel rhyw ysbryd o'r gorffennol. Doedd hi ddim wedi dychmygu neb yma ond hi ei hunan. Ond doedd dim gwadu presenoldeb Nyrs Beti, er ei bod mor ddi-gnawd fel ei bod bron yn dryloyw. Ac mor hen ac eiddil nes bod fel pry'r gannwyll yn hofran rhwng dau fyd. Lle bynnag y bu yn ystod y blynyddoedd diweddar, doedd hi ddim wedi cael ei hymgeleddu. Ei hwyneb oedd y peth mwya byw amdani. Yn hwnnw roedd yr hen Nyrs Beti'n dal i befrio. Ac eto, er mor fregus, roedd hi wedi llwyddo i ddod i'r tŷ a'i rhoi ei hun i eistedd yn y stafell aros mor dawel a sicr o'i diben â rhywun yn dychwelyd adra. 'Ffarwelio â'r lle 'ma – y tŷ a'r ardd' Roedd hynna'n ddigon i godi croen gŵydd ar rywun.

Eisteddodd hi erioed yn y stafell aros, drwy gydol y chwarter canrif a dreuliodd hi yma, a hynny am ei bod yn un o'r staff. Pobl fyddai'n eistedd yno i aros i'w gweld hi. Yn fuan ar ôl i Doctor Harri, taid Nant, ddod yma yr oedd hithau wedi dechrau gweithio fel nyrs ardal. Bryd hynny roedd hi'n dal yn lled ifanc, rhwng pymtheg ar hugain a deugain oed. Y rheswm pam y daeth yn ôl i'w thre enedigol oedd bod ei mam wedi mynd i fethu gwneud drosti'i hun, a Nyrs Beti felly'n dod i nyrsio'i mam, a'r holl gymdogaeth yn ogystal. Ac yn ôl y sôn, roedd ymgeleddu'r holl gymdogaeth yn llai o dasg na nyrsio'i mam. Rêl hen grimpan oedd honno a lwyddodd i fyw nes ei bod hi'n naw deg a chwech. Go brin, yn ôl ei golwg, y byddai Nyrs Beti'n para cyhyd.

Dibriod oedd Nyrs Beti pan gyrhaeddodd hi'n ôl yn y cylch, ganol y pumdegau, er iddi fod yn canlyn gyda rhyw ffermwr o ardal Corwen yn ôl y sôn. Ond gan fod y ffermwr hwnnw'n rhy gybyddlyd, mae'n debyg, i wario ar betrol i ddod i'w gweld, a bod arno ofn mam Nyrs Beti drwy waed ei galon, edwino fu hanes y garwriaeth. Unwaith neu ddwy yn unig roedd o wedi mentro dros y bont i'w gweld. A dyna Nyrs Beti hithau'n 'sengl' wedyn, ymhell cyn bod hynny'n ffasiynol. Ond eto roedd ganddi'i galwedigaeth oedd yn rhoi iddi statws ac annibyniaeth yn ei phlwyf. Ac roedd yr iwnifform las tywyll yn gwarchod ei henw da gystal ag unrhyw ddyn.

Daeth diwedd i unrhyw obaith realistig am berthynas ystyrlon ym mywyd newydd Nyrs Beti pan wirionodd yn araf ond yn sicr am Doctor Loughton, partner Doctor Cynfal. Doedd o mo'i theip hi, os oedd o'n deip unrhyw fath o ferch, fel y gallai ei holl gleifion fod wedi dweud wrthi. Doedd o ddim yn ddyn pobol o fath yn y byd, a fyddai o byth yn edrych i fyw llygaid neb, iach na chlaf, dim ond rhythu ar y papur presgripsiwn o'i flaen neu heibio i'r claf tua'r ffenest lle roedd y coed newydd a blannwyd gan ei bartner yn suo yn yr awel. Sais swil, a phreifat ei natur, o rywle yn Sir Amwythig oedd o a'i ddiddordebau'n cynnwys cerddoriaeth siambr, pensaernïaeth y cyfnod *Regency* a theithiau cerdded ar y Cyfandir. Petai o wedi byw ar y blaned Mercher, fyddai o ddim wedi bod dim pellach o goflaid Nyrs Beti.

Chyffesodd Nyrs Beti erioed wrth genod y dderbynfa

na Doctor Cynfal, na Cathy yn sicr, am y teimladau yma. Ynganwyd 'run gair. Ac eto, i unrhyw un llygadog, roedd yr arwyddion yno i'w gweld yn glir. Mor orawyddus i'w blesio roedd hi, ac yn gwrido wrth iddo ddweud unrhyw beth clên wrthi, ac mor hoff o siarad amdano fo, nid fod yna ddim byd diddorol i'w ddweud mewn gwirionedd. Pan fyddai'n gadael yr ystafell syllai ar ei ôl yn hiraethus a rhoi rhyw ochenaid fach. Mewn difri, roedd y gwirioni hwn yn fwy o fopio hogan ysgol nag o ddim arall gan mor ddiobaith ac afrealistig oedd o. Roedd fel rhywbeth allan o nofel hen ffasiwn.

Ni fu datblygiad erioed ar y ffrynt carwriaethol yma. Dim cusan ar Ddolig hyd yn oed. Cariad unffordd oedd o, os cariad hefyd. Ond parodd mor hir fel na fu cyfle i unrhyw berthynas arall normal ddatblygu yn y cyfamser ac, erbyn i Dr Geoff Loughton benderfynu ymddeol yn ifanc a'i throi hi am Henffordd roedd Nyrs Beti'n tynnu at ei hanner cant a charwriaethau'n bethau oedd yn digwydd i bobol eraill, fengach. Er hynny, trwy'r blynyddoedd o ymserchu unochrog, roedd llawer iawn o gariad a gofal wedi parhau i godi fel ffynnon o Nyrs Beti nes bygwth gorlifo. Rhoddai ryw gymun ohono i'w mam, ond un wael am gymryd oedd honno. Gadawai hynny gronfeydd wedyn dros ben. A phwy well i'w derbyn na'i holl gleifion hi?

Y cysur mawr achubol oedd ei bod wedi cael byw trwy'r bobl a'r plant yma a'u bod wedi agor eu calonnau a'u cartrefi iddi. Dros gyfnod o bron i bum mlynedd ar hugain cafodd Nyrs Beti groeso mewn rhai cannoedd o dai yn yr ardal. Cael eistedd wrth y bwrdd gyda gwahanol deuluoedd, a phob un ohonyn nhw'n hongian ar bob gair a ddeuai o'i genau ac yn haeru ei bod 'yn well na'r un o'r doctoriaid 'na'. Cael edrych ymlaen at wyliau di-ri gyda phobl a ddeuai am bigiadau cyn anturio i barthau ecsotig, a phori trwy'r lluniau efo nhw wedyn. Cael dewis enw i ddegau o fabis. Trin anafiadau sawl cwlffyn o chwaraewr rygbi a phêl-droed – i gyd yn llawer rhy ifanc iddi hi. Aros yn hir i yfed te yn gwmpeini'n fwy nag fel nyrs pan fyddai rhywun yn wael, heb feddwl am godi goramser. A chael golchi cyrff sawl claf a chymydog a chyfaill dan yr hen drefn a'u paratoi ar gyfer awr yr amdo.

Mewn ffordd, roedd hi Nyrs Beti yn nes at galon y gymuned yn Llanrhaeadr a'r pentrefi o amgylch na neb arall, gan gynnwys y gweinidogion a'r ficar. Roedden nhw'n dweud adeg ei hymddeoliad hi fod ei thysteb gannoedd yn uwch nag un Doctor Loughton. Ac roedd hynny'n wir hefyd. Bu'r siec ar y bwrdd yn y dderbynfa yn y Glyn am ddyddiau a phawb yn dod i ryfeddu ati. Roedd y swm yna'n ddigon i fynd â gwynt rhywun.

Un o brif nodweddion 'tysteb' yw ei bod yn symbol o ddiwedd cyfnod. Ac felly roedd hi yn y Glyn. Ar ôl i Nyrs Beti fynd, dechreuodd pethau newid; cafwyd mwy o nyrsys – un ohonyn nhw'n tagu pan fyddai'n rhaid iddi drio siarad Cymraeg – llai o alwadau i gartrefi, a newidiadau rif y gwlith wrth i lywodraeth ar ôl llywodraeth newid ei meddwl am beth oedd orau er lles y cleifion.

Newydd ddechrau yn yr ysgol uwchradd roedd Nant pan ymddeolodd Nyrs Beti, a bywyd y syrjyri wedi dod yn llai o ganolbwynt i'w bywyd hithau. Y tric gan y llances ar ddiwedd y diwrnod ysgol oedd sleifio i'r tŷ drwy ddrws y cefn, bachu brechdan neu damaid o dost ac wedyn dengid un ai i'r ardd neu i lofft y tŵr – y ddwy seintwar – nes y byddai'r staff wedi mynd adre a'i thad neu'i mam yn penderfynu rywbryd yn ystod gyda'r nos y byddai'n well hwylio tamaid o swper. Doedd neb yn cofio erbyn hyn a welodd Nant y siec fawr honno erioed, ynteu a oedd pethau felly'n dal i gael eu cadw oddi wrth blant bryd hynny. Ond mae un peth yn sicr, sef na ddychmygodd hi erioed y byddai Nyrs Beti'n ailymddangos yn ei bywyd ymhen degawdau wedyn fel rhyw gath wedi bod ar hir grwydr. Ac yn fwy na hynny, cath gyda chês dillad i'w chanlyn.

Unwaith roedd pawb o'r drindod wedi cael eu cyflwyno i'w gilydd – Nant, Peredur a Nyrs Beti – roedd yn ddigon hawdd gweld fod y llanc ar binnau isio cael mynd. Collwyd hanner ei ddiwrnod yn barod. Roedd o'n rhy ifanc i falio am hen ferched oedrannus, a doedd y syniad mai Nyrs Beti oedd wedi dod â'i fam i'r byd yma ddim yn un apelgar o gwbl.

Mae'n debyg ei fod wedi cael mwy na digon ar fabis am un pnawn hefyd yn sgil y darganfyddiad yn y bocs esgidiau yn y cwpwrdd pîn. Roedd wedi gwthio'r cof annifyr am y corffyn bach tila hwnnw i ben draw ei ben, tu ôl i jobsys fory a drennydd a'r bil VAT. Doedd a wnelo'r babi ddim â fo. Na'i fam o ran hynny.

Sbiodd Peredur yn gynnil ar ei fam. Gallai weld ei bod mewn sefyllfa anodd, ac eto welai o ddim mai ei le o oedd ei hachub hi. Yma o'i dewis roedd hi, wedi'r cyfan.

'Rhaid i mi fynd. Wela i di fory?'

'Aros funud, cariad.'

Yntau'n oedi. Roedd hi wedi ei fagu'n fonheddig. Ymhen sbel weddus dyma fo'n crafu tu ôl i'w glust, edrych yn hynod rwystredig ar ei fam, estyn ei ffôn o'i boced i'w 'stydio, ac wedyn gofyn yn fanesol i Nyrs Beti.

'Fasach chi'n lecio pàs at y cloc, i chi gael dal bỳs adra?'

Syllodd hithau i lawr ar ei dwylo. Roedden nhw wedi mynd yn gnotiog a cham a marciau o dan y croen lle'r oedd mân wythiennau wedi torri. Edrychodd yn bwyllog ar ei horiawr cyn tynnu llawes ei siaced i lawr yn ôl, codi'i phen ac edrych i fyw ei lygaid o.

'Fydd yna ddim bỳs heno eto, 'ngwas i,' meddai hi. 'I lle dois i ohono fo.'

Ac yn y distawrwydd anniddig hwnnw – gydag un yn dyheu am fynd, un arall yn dyheu am gael peidio mynd, ac un yn methu gwybod be oedd orau i bawb – y trodd Nant at ei mab i'w ryddhau.

'Dos di,' meddai. 'Mi fydd Nyrs Beti'n iawn efo fi.'

'Syniad da,' meddai Nyrs Beti gyda gwên lydan.

Doedd dim angen dweud eilwaith wrth Peredur.

Wrth glywed sŵn fan ei mab yn troi yn y ffrynt, aeth Nant i eistedd wrth ymyl Nyrs Beti ar fainc yr hen ystafell aros a rhoi'i llaw yn ysgafn ar ei braich.

'Wel, os ydach chi am gysgu yma heno,' meddai hi, 'well i ni gychwyn arni i gael tipyn o drefn. Ewch chi i ferwi tecell a llenwi'r poteli dŵr poeth sy o dan y sinc. Mi chwilia inna am ddillad gwely glân i chi.'

'Siort ora, galon. Mi gysga i yn y llofft sbâr.'

'Na, ewch i hen lofft Owen. Mae Euros, nyrs Dad, yn dal o gwmpas – wedi mynd i Gaer am chydig . . . mae'i betha fo'n dal yn y llofft sbâr . . .'

'O'r gora 'ta.'

'Mi bicia i i'r dre rŵan i nôl dipyn bach o negas. Te a llefrith a rhwbath i swper.'

'Ia,' cytunodd Nyrs Beti. 'A photel bach o bort i ni gael diferyn dros y galon cyn clwydo.' Aeth i'r handbag lledr du, stiff oedd ar ei glin, yr un ffunud â bag nyrs ond yn llai, ac estyn papur decpunt ohono. 'Dowch â'r un saith oed yna, hwnnw ydi'r neisia gin i.'

'Diolch,' meddai Nant gan gymryd y papur yn feddylgar a'i gau yn ei dwrn. Yna dyma hi'n troi at Nyrs Beti ac yn gofyn iddi: 'Ddylwn i roi gwbod i rywun eich bod chi yma? Ffrind neu nith, ella?'

'Na,' meddai Nyrs Beti yn bendant. 'Neb.'

Bodlonodd Nant ar hynny. Doedd ganddi ddim dewis ond bodloni. Ofynnodd hi ddim oll wedyn. Aeth i chwilio am ei bag, a chôt ei siwt i'w rhoi dros ei siwmper, a chychwyn am y dre. O fewn dyddiau'n unig roedd Nant yn gwneud neges i deulu bach gwahanol eto. Y tro yma, wedi dysgu'i gwers y tro diwethaf, aeth â'r hen fag lledr fyddai gan Mrs Robaitsh yn nôl neges i'r teulu efo hi. Roedd hi'n daith rhy bell i allu dibynnu ar unrhyw fag plastig – hyd yn oed *bag for life*.

Ond prin y byddai hwnnw hyd yn oed yn ddigon atebol i'r baich annisgwyl y bu'n rhaid iddi'i gario yn ôl i'r Glyn efo hi. Yn Stryd Llan yn y dre roedd hi, rhwng Spar a'r siop Tenovus, a'r goleuadau Nadolig simsan newydd ddod ymlaen uwch ei phen, pan ruthrodd dyn ifanc mewn siwt dywyll ar draws y lôn a chau'r llwybr o'i blaen. Edrychodd arno'n hurt. Doedd dim oglau diod arno, ond be oedd wedi peri i lanc wneud rhywbeth mor hurt? Oedd o'n dengid rhag rywun? Edrychodd dros ei hysgwydd. Neb. Trodd yn ôl i graffu i'w wyneb i edrych a allai hi gofio'i weld o'r blaen, ond roedd ganddo'r math o wyneb y gallech chi'i weld lawer iawn o weithiau a methu'i gofio o un tro i'r llall. Anadlai'n fyr ac yn fuan yn ei hwyneb. Rhoddodd hi fraich allan i'w sadio.

'Ti'n iawn?'

'Mrs Owen, 'te.' Roedd tôn fuddugoliaethus yn ei lais. 'Ro'n i'n meddwl 'mod i wedi'ch sbotio chi'n dŵad i lawr ffor 'na. Fedrwch chi aros am funud?'

Nodiodd hithau. Gallai.

Trodd y llanc a'i gwanu hi am ddrws hen gapel bach Bethseba gyferbyn oedd wedi cael ei droi'n gapel coffa, a'r festri'n swyddfa gan Gwynne Williams, Ymgymerwr a Threfnwr Angladdau a'i Fab anweddus o orawyddus oedd newydd ymuno â'r busnes. Erbyn iddi gofio lle'r oedd hi wedi'i weld o'r blaen, ddiwrnod cynhebrwng ei thad, yn yr eglwys ac yn hofran o gwmpas yr hers, roedd o yn ei ôl o'i blaen a'i wynt yn ei ddwrn a pharsel mewn papur llwyd yn ei law. Estynnodd o iddi fel petai wedi cyflawni camp.

Yn araf iawn y daeth llaw Nant o'i phoced i dderbyn y pecyn. Ond doedd hi ddim am wrthod. Roedd ambell un wedi sefyll o'i chwmpas erbyn hyn ac yn gwylio er ei waetha. A phawb, fel y teimlai ar y funud, yn ei hadnabod hi. Merch Doctor Cynfal.

'Diolch.'

'Croeso. A hwn.'

Ac o boced ei siaced estynnodd y llanc y bil. Mewn amlen bapur frown a'i henw wedi'i sgwennu arno'n flêr mewn beiro las. Agorodd o yno yn y fan a'r lle. Doedd waeth pwy oedd yn gwylio. Gwnâi hynny o hir arfer wynebu'r gwaetha ar ei ben pan ddeuai biliau i'r tŷ. Hyd yn oed wedyn teimlodd ei thu mewn yn troi pan welodd fod hwn yn tynnu at dair mil o bunnau. Yn cynnwys y VAT. Roedd y llanc yn dal i sefyll yn ddisgwylgar o'i blaen a'r jél yn ei wallt yn gwneud job arwrol o wneud iddo edrych fel petai'n well ei le ar y reid codi-gwallt-eich-pen yn Ffair Borth.

'Be fedra i ddeud,' meddai Nant wrtho, 'dim ond fy mod i yn eich dylad chi?'

Nodiodd yntau ei gydnabyddiaeth a chychwyn yn ôl am festri Bethseba yn teimlo'n falch ohono'i hun. O'r diwedd roedd pethau'n dechrau siapio. Roedd o'n dechrau llusgo'r busnes yma o'i arafwch syber henffasiwn a dibroffid i gyfnod newydd. O'r du i'r duach! Hanner y ffordd ar draws y lôn roedd o, a cheir yn mynd a dod o bob ochr iddo, pan glywodd sŵn rhyfedd tu ôl iddo a throi. Allai o ddim dirnad ar y funud beth oedd o.

Ar ganol y palmant, bag neges Mrs Robaitsh wrth ei hymyl, llwch ei thad yn un llaw a bil mab Gwynne Williams yn y llall, safai Nant yn chwerthin cymaint nes ei bod bron yn ei dyblau. Yn rhochian sgrechian marw chwerthin. Ac er na fyddai o wedi gwneud dim yn wahanol, ac er ei fod yn ei longyfarch ei hun, wrth ei gwylio, teimlai'r llanc yn falch fod ei dad y funud honno yn claddu yn ddigon pell i ffwrdd yr ochor arall i'r ynys.

Ar ôl cyrraedd adra o'r diwedd cariodd Nant y neges i'r cefn lle'r oedd Nyrs Beti, a brat o'i blaen erbyn hyn, wrthi'n estyn llestri o'r cwpwrdd – fel petai hynny'r peth mwyaf naturiol yn y byd i'w wneud. Fel petai hi'n perthyn yma.

O fewn dim roedden nhw'n ddigon tebyg i ddwy hogan yn chwarae tŷ bach, a Nant yn falch o normalrwydd y chwarae rôl. Roedd o'n gysurlon.

'Ylwch,' meddai hi, 'mi ddois â *lasagne* i ni o'r deli. Dim ond ei gnesu fo am bum munud yn y meicro sy isio. Os gwnewch chi osod y bwrdd i ni yn y parlwr canol, mi ddo i â fo trwadd. Mae'r platia yn y cwpwrdd wal pella.'

'Mi wna inna eu taro nhw dan y tap dŵr poeth rhag llwch ac i dynnu'r ias odd' arnyn nhw gynta.'

'Ac mi ro i'r tân trydan ymlaen. Mae'n oeri heno.'

'Rŵan, dyma nhw'r platia. Dowch chi â'r bwyd trwadd pan mae o'n barod.'

Aeth y *lasagne* i lawr yn dda. Roedd y chwerthin mawr a oedd mor agos i grio wedi codi archwaeth bwyd ar Nant. Ac roedd hi'n tynnu at hanner awr wedi chwech a doedd wybod pryd y cafodd Nyrs Beti fwyd ddiwetha. Ar ôl iddyn nhw glirio'u platiau, a bwyta tanjerîn bob un yn hynod syber, dyma fynd i eistedd yn y cadeiriau G-Plan o boptu'r grât. Roedd Nyrs Beti wedi newid ei hesgidiau cerdded cryfion am bâr o slipas eithaf ffansi gyda fflwff pinc arnynt. Rhai a golwg newydd sbon arnyn nhw. Roedd golwg wedi hario arni erbyn hyn hefyd, er y gwrid yn ei bochau.

Ond roedd hi wrth ei bodd, yn sicr, gyda'r sefyllfa. O ble bynnag y daeth hi yma, go brin ei bod hi wedi cael hyn ers talwm iawn: cwmnïaeth mewn cartref. Fel lleian yn cael dod adref am benwythnos ac yn gwirioni ar normalrwydd. Allai hi ddim celu'r ffaith ei bod yn edrych ymlaen yn gyffrous wrth wybod y byddai'r pleser yma'n parhau, yn ymestyn o'i blaen. Drannoeth, ei gobaith hi oedd y bydden nhw ill dwy yn cael dechrau mynd drwy bethau'r syrjyri. Fan'no roedd calon yr hen wreigan o hyd.

Dim ond iddi beidio mynd dros ben llestri cyn hynny.

'Dwi ddim yn cofio'r ornament yna,' meddai hi toc, gan amneidio at yr wrn ar y silff ben tân. 'Presant?' Doedd hi'n colli dim – wyth deg chwech neu beidio.

'Na,' meddai Nant, 'yn hwnna mae llwch Dad. Er mai mewn bag bioddiraddadwy y ces i o pnawn 'ma. Ystyriol iawn. Mi fydd yn rhaid i ni feddwl be i'w neud efo fo cyn bo hir.'

'O, does dim brys; gneud y peth iawn sy'n bwysig.'

Ond ar ôl dweud hynny cododd Nyrs Beti'n drafferthus a chymryd yr wrn laslwyd a'i hanwesu ar ei glin.

'Er bod eich tad yn ddoctor da ac yn ddyn ffeind,' meddai hi'n annisgwyl, 'roedd yna lawer iawn nad oedd o ddim yn ei ddallt, 'chi.'

'Dynion!' wfftiodd Nant gan wneud jôc o'r peth. 'Dwi'n gwbod, dwi'n byw efo dau ohonyn nhw.'

'Y camgymeriad mwya,' aeth Nyrs Beti yn ei blaen yn ddiwahoddiad, 'oedd peidio â throi pob carreg i ddeall eich mam.'

'Roedden nhw'n reit wahanol,' oedd unig ymateb gwyliadwrus Nant. Doedd hi ddim yn barod am hyn. Dim rŵan. Dim heno. Dim efo Nyrs Beti.

'Ac mi dalodd y pris eitha am hynny.' Cododd Nyrs Beti ei phen a gweld y cwmwl oedd wedi dod dros wyneb Nant. Beth bynnag roedd hi wedi bwriadu'i ddweud nesaf, bu ailfeddwl. Gosododd ei hun yn ôl ar y tracs.

'Be wnawn ni?' meddai hi. 'Gêm bach o gardia?'

Ond roedd Nant am faddau. Cododd a dweud 'Rhoswch funud, mae gen i rywbath i'w ddangos i chi. Rhywbath ffeindion ni heddiw.'

A goleuodd wyneb Nyrs Beti eto. Cyn dod yn ôl yma, roedd hi'n credu ei bod wedi mynd yn rhy hen i neb rannu cyfrinach newydd â hi, er iddi fod yn geidwad cyfrinachau rif y gwlith dros y blynyddoedd. Tristwch oedd hynny.

Ond nawr dyma gyfrinach newydd. Mwy blasus na *lasagne*. Melysach na phort. Cynhesach na gwely glân gyda photel ddŵr poeth ynddo.

Aeth Nant drwodd i syrjyri ei thad a dod yn ei hôl yn cario'r bocs esgidiau. Gan symud y llestri swper yn gynta, a'u gosod ar y silff uwchben y bwrdd, agorodd y caead a chymell Nyrs Beti draw i gael gweld. Tra oedd hi'n codi i ddod draw, yn ddigon araf, roedd Nant yn agor y siôl i ddatgelu ei chynnwys.

'Ylwch be ffeindiodd Peredur a fi heddiw ym mhen draw'r cwpwrdd pîn yn y lobi.'

Dim ond am ychydig eiliadau y syllodd Nyrs Beti ar sgerbwd y babi bach marw yn y bocs cyn codi'i golygon a sbio i fyw llygaid Nant.

'Ydach chi'n gwybod babi pwy ydi o, Nant?'

'Nac'dw, ond roeddwn i'n meddwl ella y byddech chi'n medru deud hynny wrtha i.'

'Wel, mi faswn i'n deud fod y babi bach yma wedi'i eni ymhell cyn 'i amser, yn ôl 'i faint. Tua phum mis, ddwedwn i. Pan fyddai'r fam yn dechra dangos tipyn.'

'Ond pryd? Pa mor bell yn ôl?'

'Anodd deud; mae gen i fwy o brofiad o'r byw na'r meirw. Ond amser reit faith yn ôl.'

'Wel doedd o'n neb o'n teulu ni,' meddai Nant yn bendant.

Erbyn hyn roedden nhw wedi symud yn ôl i eistedd wrth y tân. Cariodd Nyrs Beti y bocs esgidiau efo hi, a'i ddal ar ei glin.

'Na,' cytunodd Nyrs Beti. 'Fasai hi ddim yn hawdd i wraig doctor guddio'r fath beth.'

'Dwi'n cofio y bydda hi, Nain Rose Villa, yn sôn am ryw ddynas fach ryfadd oedd yn arfer byw yma adeg y Rhyfel Byd Cyntaf a chyn hynny. Byw fel iâr dan badall. Honno, ydach chi'n meddwl?'

'Gwennie Jones. Mi fydda Mam yn sôn amdani. Un arw am llnau. Ac roeddan nhw'n deud ei bod hi a'r ewyrth roedd hi'n cadw tŷ iddo fo, Robat Hughes, yn cael dipyn o howdidŵ. Cofiwch, mi fydda'n nhw'n deud hynny'n aml am fistar a howscipar. Ond dim y hi, dwi ddim yn meddwl.'

'Pam?'

'Wel, sbiwch ar y bocs sgidia. Bocs sgidia Saxone, Lerpwl ydi hwn. Tydw i ddim yn meddwl fod y siop honno wedi agor tan ar ôl yr Ail Ryfel Byd. Ac mi roedd gan bwy bynnag brynodd yr esgidia 'ma arian i'w wario.'

'Miss Marple! Ond dim digon o bres i fagu babi. Sut bynnag y collodd hi o.'

'Mi fasach chi'n synnu rhai o'r petha fydda'n digwydd pan oeddwn i'n nyrs ifanc. Mi welais i ferch ifanc wedi mynd at ryw hen wrach, waeth i chi ddeud, yn ardal Gwyddelwern i gael ffisig erthylu. Fu bron iddi â marw, siŵr. Mi glywish am ddynas arall, gwraig barchus, yn ei herthylu'i hun efo gwallen wau a chladdu'r babi yn yr ardd.'

'Anwaraidd.'

Aeth cryndod drwy Nant.

Roedd hi'n gwybod be oedd colli babi. Ar ôl geni Peredur yn glapyn nobl wyth bwys a hanner, roedd hi wedi colli dau fabi, un ar ôl mynd dri mis a'r llall bedwar. Ar ôl colli'r ail, roedd hi wedi gorfod derbyn. Doedd hi ddim yn ddigon dewr i ddal ati i drio. Roedd hynny wedyn wedi newid holl siâp ei dyfodol yn ei dychymyg. Feddyliodd hi erioed amdani'i hun fel mam i un. Ond fel'na y bu hi. A thebyg mai fel'na y byddai hi bellach.

'Wyddoch chi babi pwy ydw i'n feddwl ydi hwn? Babi Mrs Watkins fydda'n cadw fusutors yma ers talwm. Roedd ei gŵr hi'n gripil o'r Rhyfel Gynta.'

'Ac nid y fo oedd y tad.'

'Fedra'r creadur ddim. Mi roedd yna ŵr gweddw fydda'n dod yma o'r Wirral ar ei wylia. Dwi'n ei gofio fo o gwmpas pan oeddwn i'n dechra nyrsio.' Bu'n dawel am dipyn cyn cynnig ei chyfrinach ei hun. 'Ella na ddylwn i ddim deud, ond mae cymaint o amser wedi mynd heibio, ac mae hi wedi'i chladdu ers y chwedega cynnar . . .'

'Deud be?' Roedd Nant yn awchu am gael gwybod er bod y pwnc yn amlwg yn wrthun iddi. Gwrthun a chyfareddol yr un pryd.

'Wel, mi fydda hi'n cael trafferth adeg cwarfod misol, *periods* felly, ac yn colli'n drwm. Dwi'n cofio Dr Loughton yn ei gyrru hi am D&C a hitha'n dod wedyn am *check-up*. Mi fyddwn i'n cael fy ngalw i mewn ato fo ar ryw adega felly, fel *chaperone*. Roedd hi yn ei phedwardega. Roedd rhywun yn meddwl ella ei bod hi ar y chênj, ond ella mai hyn oedd y rheswm.'

Cododd Nant i nôl caead y bocs a'i osod yn ôl yn ei le.

'Ac erbyn hyn, does dim gwahaniaeth, mae hi'n llawer rhy hwyr.'

Rhoddodd Nyrs Beti'r bocs yn ôl ym mreichiau Nant, ac edrych yn fyfyrgar arno fo.

'Be wnewch chi efo fo, Nant?'

'Dwn i ddim eto.' Trodd yn ôl at yr hen wraig wrth gychwyn am y syrjyri a dweud: 'Yn gwbl groes wnes i, 'te? Mynd i ddisgwyl er mwyn cael dianc.'

'Doedd petha ddim mor ddrwg â hynny?'

'Oeddan. Yn annioddefol. '

'Mi fasa'ch tad wedi medru'ch cael chi i mewn i rywle yr ail dro 'na, dwi'n siŵr.'

'I fethu fy mlwyddyn gynta a chael fy nhaflu allan neu fethu f'ail flwyddyn a chael fy nhaflu allan? A gorfod dŵad adra i fan'ma wedyn i ddeud wrtho fo? Dim peryg!'

Roedd hi'n gweiddi, bron; roedd y tân wedi ailgydio mor sydyn ers y noson cynt, ac yn fflamio'n goch tu mewn iddi. Cododd Nyrs Beti i fynd ati a rhoi ei llaw ar ei braich, fel y bydda hi'n arfer ei wneud i'w chleifion ers talwm.

'Gadewch iddo fo. Mae o'n rhy bell yn ôl i fod yn bwysig.'

'Nac ydi.' Roedd Nant yn mynnu anghytuno. Roedd hi'n rhy agos at y cefndeuddwr i allu camu'n ôl oddi wrtho i ddiogelwch. Roedd hi ar ei ddibyn. 'Dim ond rhyw ugian mlynedd. Oed Peredur. Oed fy mhriodas i.'

Ond yna, ar ôl dweud hynna i gyd, chwythodd ei phlwc a sefyll yn fud. Roedd hi wedi dweud mwy nag a fwriadai. Roedd hi wedi agor hen graith giaidd, a hynny efo rhywun nad oedd hi erioed wedi'i hadnabod fel oedolyn.

Seriodd y ddwy ohonyn nhw'u golygon ar y bocs llonydd ym mreichiau Nant.

'Mi a' i â fo,' meddai Nant gan ei throi hi, ond rhoddodd Nyrs Beti law ar ei braich.

'Na,' meddai. 'Gadewch o yma efo ni heno.' Aeth yn ei hôl at y gadair a'i gollwng ei hun yn boenus i mewn iddi. Roedd hi'n edrych fel drychiolaeth. Ar ôl iddi eistedd, a chael ei gwynt ati a gosod gwên ar ei hwyneb, gorffennodd yr hyn oedd ganddi i'w ddweud.

'Rydan ni'n deulu bach clyd yma. Chi Nant, fi, llwch eich tad a'r babi. Babi Watkins.'

Cyn i Nant fedru ateb, canodd y ffôn yn y cyntedd a bagiodd hi allan i'w ateb. Wrth godi'r derbynnydd syllodd allan i'r ardd oedd yn dywyllwch o'i blaen.

Ed oedd yno'n gofyn oedd hi wedi gweld yr amcan-bris ar y rhewgell.

Ac wedyn yn gofyn iddi ddod adra, ei fod o'n methu cysgu hebddi ac yn dweud, drosodd a throsodd, 'Tyd adra. Tyd adra.'

Doedd yna ddim ateb i hynny. Dim eto.

8

Ym mlynyddoedd olaf ei fywyd, roedd cyfnod wedi bod pan na fyddai'r Doctor yn mynd i'w wely o gwbl bron a chyfnod wedyn, at y diwedd, pan nad oedd byth bron yn codi. Roedd o wedi bod yn byw ar ei ben ei hun am gyfnod mor faith ar ôl i Cathy farw ac i Owen a Nant adael nes ei fod at y diwedd wedi colli pob ymdeimlad o beth yw rhythmau naturiol bywyd teulu. Byddai ffrindiau'n galw weithiau, yn eu plith Iestyn Richards, ond doedd yna ddim trefn o fath yn y byd i brydau bwyd na noswylio na difyrrwch. Picio draw y byddai Nant, a Pheredur i'w chanlyn yn aml pan fyddai o'n hogyn. Picio hefyd fyddai dwy neu dair o ferched a ddeuai yno i gynnig gwahanol gysuron iddo, drwy'r nawdegau, ond mai gefn nos y deuai'r rheini ac Ed yn eu gweld yn gadael pan fyddai'n mynd rownd y defaid yn blygeiniol.

Effaith hir fyw felly o fewn ei furiau oedd nad oedd y tŷ ei hun bellach yn teimlo fel tŷ cyfan na chartre. Darnau digyswllt oedd o. Nifer o stafelloedd. Syrjyri segur a'r holl drugareddau oedd i'w chanlyn, cegin mor wag ag un yn Jewson's, llofftydd heb gyrff yn cysgu nac yn caru ynddyn nhw. Roedd yma waith dadebru a chywain ac anwylo. Ai am hwnnw roedd Nyrs Beti wedi sôn yn gynharach?

Ar ôl iddyn nhw ill dwy wneud tolc go-lew yn y botel bort, ac i'r gwrid ym mochau Nyrs Beti fynd yn fwy o fflysh cyffredinol oedd yn ymestyn i lawr ei gwddw, penderfynwyd mynd am y cae sgwâr.

Cariodd Nant gês yr hen wraig i'r llofft a'i osod ar y gwely, a symud y botel ddŵr poeth wedyn fel ei bod yn y lle iawn ar gyfer ei thraed. O'r cês bach hwnnw toc ar ôl i Nant droi ei chefn, estynnodd Nyrs Beti'r pethau rhyfeddaf. Estynnodd ei dehongliad hi ei hun o'i gorffennol.

Yr oriawr yr arferai ei gwisgo ar ei hiwnifform, yn pinio ar ei ffrog wyneb i waered, a ddaeth allan yn gyntaf, a'i gosod ar y bwrdd glàs. Pwysau papur Dr Loughton wedyn, un Caithness hyfryd mewn patrwm fel cawod eira oedd hwn ac yn rhyfeddol o drwm, i feddwl ei bod wedi ei gario bob cam o'r dre yn ei bag. Llun olew bychan ddaeth nesaf. Tybed ai hwn a brynodd hi gyda'r siec destimonial fawr honno? Llun o erwau Eryri oedd o, yn llwyd a llwm a garw. Y steil yn ddigon hawdd ei nabod – Kyffin Williams. Ac yn werth arian erbyn hyn, siŵr o fod. Yna daeth llun arall o ryw fath, ffotograff – nid o berson, ond tarw du Cymreig o bopeth. Graen sâl iawn oedd ar y llun; edrychai fel un wedi'i dorri allan o gylchgrawn neu bapur newydd a'i fframio. O'r *Farmers Weekly*, ella, neu bapur lleol. Rhaid bod rhyw gysylltiadau neilltuol i'r tarw haeddu ei le ymysg ei thrysorau. A oedd yn un o stoc y ffermwr o Gorwen? Er, doedd o ddim yn annhebyg chwaith i ambell darw roedd Edward a Nant wedi'u bridio dros y blynyddoedd.

Ac wedyn, o waelod y cês, tabledi. Tocyn mawr o bacedi a bocsys tabledi mewn bag plastig clir. Roedd yn gwestiwn a ddylai rhywun oedd ar gymaint o dabledi fod yn yfed cymaint o bort. Taflwyd y rhain i gyd o'r neilltu'n ddi-hid. Yn olaf daeth carthen o wlanen Gymreig, un ddu a phiws a gwyn. Roedd hi'n hen ac wedi fflatio braidd. Rhoddodd Beti hi ar y gwely. Ychydig iawn oedd ar ôl yn y cês wedyn: dillad isa, trowsus a siwmper, coban a phethau ymolchi. O ble bynnag roedd hi wedi dod, rhaid bod Nyrs Beti wedi gadael llawer iawn ar ei hôl os mai dyma'r cyfan a ddaeth gyda hi; mewn pedwar ugain a chwech o flynyddoedd o fyw materol yn ôl trefn yr oes hon, roedd rhywun yn anorfod yn celcio llawer o betheuach. Neu roedd hi wedi minimaleiddio cyn i hynny ddod yn ffasiynol.

Ar ôl i Nyrs Beti fynd i'w gwely, ac eistedd ynddo fo, daeth Nant yn ei hôl i fyny efo dwy baned o ddiod siocled gynnes. Setlodd ar ochr y gwely i yfed ei hun hi. Ac o dipyn i beth, fel y byddai'n naturiol o gael dwy ddynes oedd heb weld y naill a'r llall ers amser maith, ac yn rhannu talp o orffennol, yn eistedd yn gyfforddus yn ymyl ei gilydd, mi aeth hi'n siarad. A siarad. A siarad.

Siarad wnaethon nhw am yr amser pan oedd Owen a Nant yn blant, cyn i'r cymylau ddechrau crynhoi. Y cyfnod cyn i Owen gael ei yrru i ffwrdd i'r ysgol. Dyna'r cyfnod pan fu fwyaf o drefn ar bethau yn y Glyn, cyn i'r ymddatod ddechrau. Ac roedd clwstwr o atgofion cyffredin iddyn nhw ill dwy. Y Mini coch fyddai'n gwrthod cychwyn ar dywydd gwlyb, y taffi erchyll y byddai Siani Hughes y ddynes llnau yn ei wneud bob Calan Gaeaf. Y tân yn syrjyri Dr Loughton. Miss Ifans, Gwelfor, fyddai'n galw bron bob dydd gan haeru ei bod yn ddifrifol wael, a'r dyn hwnnw a dynnodd bob cerpyn oddi amdano yn y tŷ bach a cherdded drwy'r ystafell aros yn noethlymun groen. Roedd hwnnw, yn bendifaddau, yn sâl!

Popeth bron heblaw am y parti Nadolig. Y parti

Nadolig hwnnw y flwyddyn roedd Nant yn ddeunaw oed ac yn gweithio yn y dderbynfa. Fe roddwyd y brêcs sbel cyn cyrraedd y tir gwaharddedig hwnnw. Na, aethon nhw ddim ar gyfyl y noson honno yn yr adfent, a'r tŷ'n drimings ac yn oleuadau bach i gyd, pan ddechreuodd y diwedd ddod ar eu gwarthaf. Cyrraedd lle cyfforddus oedd yn gyfarwydd i'r ddwy, er mewn gwahanol ffyrdd, wnaethon nhw ac aros yno, nes bod gweddillion eu diod siocled wedi clapio yng ngwaelod eu cwpanau.

Bryd hynny, a hithau'n hwyr, rhoddodd Nant gusan fach gynnes i Nyrs Beti ar ei boch a dweud 'Nos dawch' cyn troi i'w llofft a'i gwely ei hun. Chysgodd Nyrs Beti fawr ddim drwy'r nos ar ôl y gusan honno, dim ond gorwedd yno a gwên fawr lydan ar ei hwyneb. Roedd hi'n disgleirio bron yn y tywyllwch, fel petai hi'n ymbelydrol. Fel darn o arian pŵl y daw ei ogoniant yn ôl wrth i chi roi ychydig o sylw iddo.

Chysgodd Nant ddim chwaith. Ar ôl awr a mwy o droi a throsi, cododd a dechrau cerdded hyd y lle. Ar ôl ugain mlynedd yng Nghyndyn, yn ei gwely priodasol, dyma'r drydedd noson iddi ei threulio yma – ar wahân i'r cyfnod pan oedd ei thad yn wael, ond doedd hynny ddim yn cyfri am mai mater o raid oedd o. Noson angladd ei thad oedd y gynta. Neithiwr, noson y tân yn yr ardd, oedd yr ail. A heno, ar ôl i Nyrs Beti lanio yma fel huddug i botas heb unlle i fynd, a heb roi unrhyw syniad ble roedd hi wedi bod am y pum mlynedd ar hugain diwetha – dyma hi yma eto.

Cododd Nant a tharo siwmper dros ei phais cyn dechrau crwydro ar hyd y landing ac yna i lawr y grisiau.

Sgerbwd y babi oedd hanner y drwg. Roedd mor rhyfedd ei bod hi a Pheredur wedi dod o hyd iddo heddiw. Wedi'r cyfan, mi fuo yno trwy gydol yr amser roedd hi a'i theulu'n byw yma heb i neb fynd ati i agor y cwpwrdd bach pîn o dan y cotiau yn y lobi, heb i neb smera. Dim ond derbyn fod y cwpwrdd yna, ar glo, a gadael iddo fo fod.

Ond wedyn, roedd ymyrraeth yn digwydd. Ac roedd pethau'n dod i'r fei. Weithiau roedd rhyw groesffordd neu gefndeuddwr mewn bywyd, fel marw'r Doctor, a barai rhywbeth fel'na. Roedd yn peri i bobl fod isio troi cerrig fu'n gorwedd yn segur yn hir. Weithiau, roedd o'n peri i bobl fod yn anfodlon ar y drefn fel roedd, ac yn peri iddyn nhw fynd ati i chwilio a chwalu. Yn peri i bobl gychwyn ar daith. Ond roedd canfod rhywbeth fel sgerbwd y babi 'na – gweddillion creisis corfforol ac emosiynol – yn styrbans gwahanol wedyn.

Roedd y bocs yn denu Nant fel pe bai trysor ynddo. Er iddi fynd i'r gegin i chwilio am weddillion y *lasagne,* ac wedyn i'w bag i nôl ei ffôn a ffidlan digon i weld fod y batri angen ei tjarjio, allai hi ddim gwadu ei bod yn cael ei thynnu ato. A gwyddai pam. Wedi'r cyfan, dim ond ychydig yn llai na hwn oedd yr ail fabi gollodd hi. Yr un y bu 'i golli'n gymaint o ergyd nes iddi benderfynu na fyddai cynnig arall. Byth.

Ac eto, meddyliodd wrth ildio i'r dynfa, troi i mewn i'r parlwr canol ac agor y bocs, codi'r papur sidan a syllu, roedd ei babi hi'n dipyn llai na hwn. Roedd ei babi hi'n ddigon bach i'w fflyshio i lawr y tŷ bach, toedd. Y diwrnod hwnnw roedd hi wedi tynnu'r dŵr cyn sylweddoli beth roedd hi newydd ei weld yn mynd dros byth o'i golwg. Aeth ei meddwl yn ôl. Roedd hi wedi bod yn ddi-hwyl ers dyddiau cyn hynny a heb fod allan yn helpu i borthi na dim. Roedd hi wedi bod yn colli gwaed. Rhyw lafoerion blêr bob hyn a hyn. Roedd hi wedi bod yn poeni ac yn ystyried sôn wrth ei thad. Ac roedd hi wedi teimlo'n ofnus, ond doedd hi erioed wedi meddwl y byddai peth mor werthfawr yn disgyn ohoni fel'na ac yn dianc cyn iddi gael ei achub a'i anwylo.

Pan agorodd y bocs roedd hi wedi gosod y caead wrth ei ymyl a'i ben ucha'n isa. Wrth ei estyn nawr i'w osod yn ôl yn ei le, gwelodd fod amlen fawr wen wedi'i glynu yn y caead. Dim ond nawr y gwelodd hi am y tro cyntaf. Byseddodd hi'n betrus. Roedd hi wedi'i selio. Estynnodd y gyllell fach agor llythyrau oedd yn dal i fod ar y silff ben tân a'i hagor yn araf, gyda gofal mawr. Gwthiodd ei bysedd i mewn a thynnu dalen hir o bapur ohoni. Nawr, meddai Nant wrthi'i hun, ella y caf i wybod pwy oedd piau'r pwt babi yma.

Llawysgrifen hogan oedd hi mewn inc glas golau. Yma ac acw, roedd yr inc wedi rhedeg. Aeth Nant â'r ddalen yn ôl efo hi at y grât, a swatio ar lawr o flaen y tân trydan, gyda'i phengliniau wedi'u codi'n uchel at ei gwddw. Hyd yn oed wedyn, doedd dim cynhesu yn ei chroen. Dechreuodd ddarllen.

Dilys Mary Williams sy'n sgrifennu'r llythyr hwn cyn troi am adra. Rydw i wedi bod yma drwy'r haf yn helpu i gadw fusutors yn y Glyn. A fi sydd wedi rhoi corff y babi bach yn y bocs esgidiau yma.

Un noson ddechrau Mehefin pan oedd Mr Watkins wedi mynd i'w wely'n gynnar gan gwyno efo poen cefn oedd hi, rwy'n siŵr. Roedd Mrs Watkins wedi gorffen tendiad ar y fusutors a Doris a finnau wedi gorffen clirio a gosod y byrddau at frecwast. Roedd Doris wedi mynd adra wedyn a finna i fod wedi mynd i 'ngwely o'r ffordd. Ond roedd hi'n glòs yn llofft y tŵr a dyma fi'n agor y ffenest i wylio'r ystlumod yn mynd a dŵad wrth iddi nosi, er bod arna i ofn i un ohonyn nhw fflio i 'ngwallt i. Mi welais i hi, Mrs Watkins, yn mynd allan drwy'r drws cefn i gael awyr iach a sigarét. Does fiw i fusutors smocio yn y tŷ rhag ofn iddyn nhw losgi dillad gwelyau, ond mae hi'n hoffi dianc i gael un slei bach ei hun. A dyna ble'r oedd hi pan ddaeth Reg Allman, y dyn 'na o Lerpwl, o'r tu cefn iddi'n dawel, rhoi ei freichiau amdani, tynnu ei brat yn dyner a chusanu ei gwegil. Roedd o'n edrych o bell fel Gregory Peck.

Ond dim ond dyn fusutors oedd o. Gŵr gweddw, medda fo. Mi fyddai'n dŵad yn aml i aros ac yn pysgota môr. Ond mi welais y noson honno nad dyna ei unig 'hobby'. Trodd hi ato'n wyllt a chau ei breichiau amdano, yn rheibus, yn methu cael digon o afael ynddo. Mi welwn i ei dannedd hi'n wyn yn y twllwch wrth iddi agor ei cheg fel llewes. Doedd hi mo'r tro cynta i hynna ddigwydd, ddeudwn i. Aeth i lawr wedyn yn y fan a'r lle ar y clwtyn glas o flaen y drws cefn a gorwedd gan ei dynnu fo i lawr ati. Torrodd strapiau ei phais wrth iddi ei llusgo oddi amdani. Cafodd ei dillad isa, ei sanau neilon a'i nicyr, ffling o dan y llwyn. A dyma hi'n codi ei sgert hynny aetha hi ac yn agor ei choesau amdano.

Ac wedyn dyma yntau'n gorwedd arni, a chychwyn gwthio'n araf ac wedyn yn wyllt i mewn iddi. Roedd hi'n ei bawennu. Doedd arna i ddim isio sbio arnyn nhw ond allwn i ddim peidio. Mi glywais i Lora Watkins yn tuchan yn uchel yn nhawelwch y nos. Roeddwn i'n teimlo rhywbeth yn dod drosta i wrth eu gwylio. Roeddwn i'n tynhau tu mewn. Ac wedyn mi rowliodd oddi arni a gorwedd wrth ei hochor yn fyr ei wynt. Wnaethon nhw ddim cyffwrdd pen bys na siarad wedyn.

Ar ôl y noson honno, fedrwn i ddim edrych ym myw llygad Mrs Watkins. Euog oeddwn i, er nid mor euog â hi. Soniais i'r un gair wrth neb, dim Doris na neb. A wna i ddim. Ond fory mi fydda i'n gadael i fynd adra at Mam a 'mrawd i Ben y Cnwc am aeaf arall ac mae un peth sy'n saff: ddo' i ddim yn ôl yr haf nesa pe bai hi'n cynnig dwywaith fy nghyflog imi . . . Mae gen i awydd cadw fusutors fy hun acw a gwneud pentwr o bres.

O dipyn i beth mi aeth y rhan fwya o'r fusutors adra, a Reg Allman i'w canlyn nhw. Dim ond fusutors mwyar duon oedd yna wedyn, ac am wn i nad oedd y telerau'n rhatach. Roedd llai o dips beth bynnag. Tua Diolchgarwch y byddai'r tymor yn dirwyn i ben, y llofftydd yn cael eu glanhau a'r llestri i gyd yn cael eu cadw dros y gaeaf. Roeddem yn dechrau ar y gwaith hwnnw ym mis Medi wrth i'r tŷ wagio'n raddol.

Dyna pryd y dechreuodd Reg Allman ffonio Lora Watkins yn aml, ac mi fyddai yna sgyrsiau taer. Rydw i'n gwybod mai efo fo roedd hi'n siarad achos toedd ganddi ddim ffrindiau Susnag. Weithiau hi fyddai'n ei ffonio fo. A phan fyddai hi'n dod yn ôl ata i wedyn, i ailddechrau newid gwelyau neu sgwrio lloriau neu gadw blancedi, mi fydda hi'n flin fel tincar.

Ond trwy'r cwbwl i gyd roedd hi'n dal i dendiad ar Dic Watkins fel petai dim byd yn bod. Rydw i hyd yn oed, fel hogan a'i phen yn y gwynt, yn gallu gweld ei fod o'n ddyn gwael. Weithiau, yn yr haf, dim ond am ryw 'chydig bach yn y pnawn y dôi o i lawr i'r parlwr canol. Mi fydda'n eistedd yno yn y gadair freichiau'n gwylio'i mynd a'i dŵad hi ac roeddwn i'n meddwl tybed oedd o wedi amau rhywbeth. Ac eto, pam y dyla fo?

Ddydd Sadwrn bythefnos yn ôl, daeth Mrs Watkins i lawr yn ei dillad gorau; dywedodd ei bod yn mynd i siopa am y dydd ac i mi dendiad ar y mistar ac na fydda dim fusutors yn dod tan ddydd Mawrth. O edrych yn ôl rŵan, mae'n siŵr fod golwg ddigon picwd arni'r diwrnod hwnnw. Be sylwais i oedd ei bod hi'n edrych yn ddel ac yn ifanc a'i bod wedi rhoi lipstic. Rhoddodd ddigon o jobsys i mi eu gwneud rhwng tendiad, er fy mod i'n fod i gael hanner diwrnod yn rhydd. Ond cymryd wnesh i achos roeddwn i wedi gwneud fy meddwl i fyny ers sbel na ddown i'n ôl.

Mi basiodd y diwrnod a gyda'r nos, ac ar ôl rhoi wy wedi'i ferwi a chacen gwstard i Mr Watkins i swpar ffwrdd â fi ar y bŷs i'r dre, ac i'r pictiwrs efo'r genod. A dŵad adra ar y bŷs ddeg fel arfer. Cyn mynd i'r pictiwrs, roedd Glenys Hendy a finna wedi prynu paced deg o Park Drive, o ran myrraeth yn fwy na dim, a finna wedi dŵad â gweddill y paced adra efo fi. Dydan ni'n fawr o smociwrs ond mae o'n ffordd dda o gwarfod hogia, gofyn am dân neu nhw'n gofyn am fenthyg sigarét. Dyma fi'n agor fy handbag i weld faint oedd ar ôl — pedair.

Roedd y lôn yn dawel a thrwy'r ffenest agorad mi glywais i gar yn dod ac yn arafu tu allan. Rhedais ar drws i'r ffenest arall a gweld Mrs Watkins yn cyrraedd yn ei hôl ac yn shyfflo cerdded am y tŷ fel hen ddynas. Mi nabodais i'r car yn syth; mi gwelais i o wedi parcio yma ddigonedd o weithia. Yn ei flaen yr aeth o wedyn i dwllwch yr A5. Digon o waith y gwela i o eto.

Mi glywais i sŵn traed Mrs Watkins yn dringo'r grisiau i'r llofft ac yna, ymhen dim o dro, sŵn ei thraed hi'n mynd i lawr eto. Rhwng hynny, mi glywais i'r claf yn chwyrnu pan agorodd hi ddrws y llofft. Wrth ei chlywed hi'n agor drws y parlwr canol, drws y gegin a drws y cefn, dyma fi'n meddwl 'Smokers unite' a'i nelu hi am y ffenest. Doedd dim gwahaniaeth gen i tasa hi'n fy ngweld i hyd yn oed ac yn gweiddi arna i, achos roeddwn i wedi penderfynu na ddown i ddim yn ôl a dim ond cwta wythnos oedd tan Diolchgarwch.

Ond nid wedi dŵad allan i smocio roedd hi erbyn gweld. Cyn gynted ag y cyrhaeddodd hi'r llain glas wrth y drws cefn syrthiodd ar ei phedwar a hanner cropian, hanner ei llusgo ei hun i gysgod un o'r llwyni. Roedd y ddaear yn wlyb ac yn gynnes ar ôl glaw trwm drwy'r dydd. Mi allwn i ei chlywed yn brefu'n isel a'i chorff hi'n cael ei dynnu i gyd gan ryw ysfa ofnadwy, fel y bydd gast yn trio taflu i fyny ond yn llawer gwaeth. Roedd ei phengliniau hi'n suddo i'r pridd. Aeth y pwl heibio wedyn a gorweddodd ar ei hochr ar y gwelltglas socian. Ond wedyn mi ddaeth eto a hithau ar ei phedwar yn chwythu ac yn gwthio. Roedd hi'n rhoi un dwrn yn ei cheg wedyn rhag iddi weiddi ac yn trio balansio ar un llaw a dau ben-glin. Syrthiodd o'r diwedd ar ei hwyneb ar lawr, a dim ond pan drodd hi ar ei hochor i gymryd llond ei sgyfaint o awyr iach y gwelais i'r lwmpyn bach llonydd ar ôl ar y gwelltglas. Yn fawr mwy na chachiad. Ond ei fod yn dal yn sownd ynddi.

Rhoddodd gynnig ar rwygo'r cordyn gyda'i dwylo noeth, ond mae'n rhaid ei fod o'n wydn. Wnâi o ddim torri. Wedi methu, cropiodd gan gario'r babi at y sied lle'r oedd siswrn barbio, a hwnnw ddefnyddiodd hi i dorri llinyn y bogail. Doedd fawr ddim min arno ar ôl holl farbio'r haf a bu'n rhaid iddi dorri a thorri nes i'r cordyn fynd yn gareiau rhacs dan ei dwylo yn y diwedd. Ac yna, wedi treulio'i holl nerth, dyma hi'n gorwedd ar ei chefn ar y gwelltglas a'r babi na chafodd erioed fyw yn llonydd wrth ei hymyl nes iddi fwrw'r brych. Ymlafniodd i godi wedyn, er bod gwaed yn dripian ohoni i bob man. Ond daeth nerth o rywle i roi'r brych mewn papur newydd, ei stwffio i hen sach a'i roi yn y bin.

Aeth at y tap allan nesa efo'r babi a'i olchi yno nes ei fod yn lân ac yn oer. Golchodd ei chluniau a'i choesau ei hun oedd yn waed drostynt hefyd a rhoi hospeip dros yr ardd. Gadawodd y corff bach ar y gwelltglas a mynd i'r cwt. Daeth yn ei hôl efo hen glwtyn — oedd yn edrych fel y clwt golchi'r steps allan. Lapiodd y babi yn y clwt, ac wedyn mewn papur newydd ac yna aeth i'r tŷ a dod â bocs esgidiau newydd allan efo hi a rhoi'r babi yn hwnnw ac wedyn yn y bin lludw.

Ac aeth i'r tŷ a chloi a bolltio'r drws. A welais i moni wedyn; am wn i nad aeth hi i'w gwely at Mr Watkins. Bore trannoeth tra oedd hi'n hwylio cinio mi es i allan i'r cefn, ac estyn y babi o'r bin lludw. Roedd gen i siôl roedd rhyw fusutors wedi'i gadael ac mi lapiais i o'n *gynnas yn honno ac wedyn ei roi'n ôl yng nghrud llonydd y bocs esgidiau. Yr unig ffordd y gallais i wneud hynny oedd dweud wrtha i fy hun mod i'n gwneud rhywbeth da. Dyna pryd y cariais i o i'r tŷ a'i roi ym mhen draw un yr hen gwpwrdd bach yn y lobi a chadw'r goriad yn saff. Mi fydd hwnnw'n dod efo mi i Ben y Cnwc.*

Ymhen rhyw dridiau wedyn, ar ôl i'r golwg yna'i gadael hi ac iddi gael ei lliw yn ôl, mi ddaeth ata i a chynnig yr esgidiau roedd hi wedi'u prynu ar y 'trip siopa' i mi, gan ddweud eu bod nhw'n ei phinsio. Rhai du sglein ydyn nhw a sawdl fain. Esgidiau i fynd allan — i ddawnsio, ella. Mi gwertha i nhw i Glenys am hynny ga' i.

Ond os daw rhywun o hyd i'r babi bach, ac i'r llythyr yng nghaead y bocs, gobeithio y byddwch chi'n ffeind efo fo, yn ffeindiach nag y buo'i fam.

Ar ôl gorffen darllen, rhoddodd Nant y llythyr yn ôl yn yr amlen yng nghaead y bocs. Yna aeth ar ei hunion a chwilota drwy'r drorsys nes iddi ddod o hyd i selotêp. Defnyddiodd hwnnw i selio'r bocs esgidiau mor dynn fel na fyddai neb wedyn yn gallu'i agor heb ei falu'n gyrbibion. Roedd wedi'i gau rhag Nyrs Beti a phawb arall, a stori Dilys a chywilydd Lora Watkins hefyd wedi'u cloi ynddo dros byth.

Ond hyd yn oed wedyn, aeth hi ddim i'w gwely. Aeth i chwilio am waelodion y botel bort, mynd eto at y tân, ei chyrlio'i hun yn belan fach yn y gadair a chodi carthen dros ei phen. Dechreuodd ei siglo'i hun yn ôl a blaen i geisio hudo cwsg. Cyn i'r siglo beidio, roedd yr awyr yn glasu yn y dwyrain.

Sŵn corn a'i deffrodd hi. Corn tryc yn y cae tu ôl i'r ardd. Tryc yr oedd hi'n ei adnabod. Deffrôdd yn sydyn, fe pe bai rhywun wedi'i hysgwyd. Edrychodd o'i chwmpas yn hurt. Cymerodd amser i'w chlustiau leoli'r sŵn.

Ond unwaith y gwnaeth hi hynny, neidiodd ar ei thraed, taro côt fawr ei thad drosti, a stwffio'i thraed i'w hesgidiau cerdded heb drafferthu efo sanau. Ac yna rhuthro i'r gegin ac agor drws y cefn.

Prin oleuo roedd hi, a dim ond cysgod y coed derw a masarn a chriafol oedd i'w gweld, wedi colli bron y cyfan o'u dail ac yn plygu i'r un cyfeiriad i gyd fel pe baen nhw am wneud un ymdrech unol i geisio'u dal a'u rhoi yn ôl.

Rhedodd at y clawdd a sefyll yno'n edrych drosodd i'r cae. Ed roedd hi wedi'i glywed; yr adeg yma y byddai'n mynd rownd ei ddefaid cyn mynd at waith arall y dydd. Roedd o wedi gadael injan y tryc yn troi, y golau ymlaen a'r drws yn agored ac wedi cerdded rownd y praidd. Ym mhen draw'r cae dim ond ei amlinell gyhyrog oedd i'w gweld. Gwisgai gôt oel am ei bod wedi bwrw yn y nos, ac roedd hi'n sgleinio yn y golau. Wrth ei gwt, ei gi coch, Nedw.

Safodd hithau yno'n ei wylio fo.

Gwylio'i gŵr wrth ei waith yn y pellter.

Gwylio'r gŵr ddefnyddiodd hi i ddianc oddi wrth ei rhieni ugain mlynedd yn ôl.

Gwylio'r dyn sy'n dad i'w mab.

Gwylio'r dyn nad aeth hi adref ato i gysgu neithiwr nac echnos er iddo grefu arni.

Ond alwodd hi ddim arno fo chwaith. Dim ond troi'n ôl am y tŷ.

9

Erbyn bore drennydd roedd Nyrs Beti wedi adfywio cymaint fel y penderfynodd mai gwych o beth fyddai cychwyn y dydd gydag ychydig o ymarfer corff. Roedd hi wedi bod yn brolio dros swper y noson cynt ei bod hi wedi bod yn gwneud '*keep fit*' yn ddyddiol ers iddi ymddeol yn 1983 ac mai dyna oedd wedi ei chadw cystal. Gwrando ar hynny roedd Nant wedi'i wneud, gwrando ond heb ddweud dim. Ei hunig ymarfer hi erbyn ystyried oedd rhedeg ar ôl defaid crwydrol, gwaith tŷ a cherdded i bob man pan fyddai'r Astra ar stop, sef yn weddol aml. Ond doedd yna byth amser i gadw'n heini er mwyn y pleser o wneud hynny, nac er ei lles ei hun chwaith, er iddi fod yn chwaraewraig hoci dda iawn ac yn dipyn o sbrintar pan oedd hi yn yr ysgol.

Gwisgodd Nyrs Beti ei siorts a'i chrys-T a sanau bach, yn barod i fynd i lawr i'r ardd i wneud ei '*bodily exercises*' cyntaf peth. Heb ei dillad arferol, sgerbwd byw oedd hi. Dwy goes hir wen, denau fel dwy *baguette* a dwy fraich 'run lled o'r arddwrn i'r ysgwydd, heblaw am y penelin oedd yn sticio allan yn bellen o asgwrn. At hynny gwddw hir tenau, fel twrci. Roedd hi mor ddi-gnawd ag asgwrn wedi'i bigo'n lân gan frain.

Ond roedd ei hwyliau hi'n ardderchog. Cyn gynted â'i bod wedi gwisgo'r gêr i gyd, gan gynnwys pâr anferth o dreiners, i lawr y grisiau â hi fel eboles blwydd gan weiddi ar Nant 'Www, www!' Roedd hi'n rhyfeddol o sionc ei throed – effaith yr holl feicio i gartrefi'r cleifion yn y blynyddoedd cyn iddi gael y Mini coch. Aeth i'r parlwr a'r ystafell aros i chwilio am Nant, ond fentrodd hi ddim i'r un o'r ddwy syrjeri, nac i'w hen stafell fach hi ei hun yn y cefn. Un ai roedd hi'n cadw hynny fel trêt iddi hi'i hun at eto, neu roedd hi'n teimlo nad oedd dim hawl ganddi i'w deintio nhw bellach. Ond o 'nabod Nyrs Beti, ac o wybod mor hoff yr arferai fod o wybod hanes pawb a phob peth, go brin y byddai hi'n gallu dal yn hir.

'Oeddach chi'n chwilio amdana i? Wedi bod yn . . .'

Daeth Nant i gwfwr Nyrs Beti yn y cyntedd ac aeth diwedd y frawddeg yn angof wrth iddi syllu'n fud ar yr olygfa ohoni yn ei dillad cadw'n heini, fel crogwr cotiau o fain ond yn gwenu'n llydan. Roedd hi mor wahanol i'r hen wraig a wisgai'r siwt lwyd a'r flows gotwm y diwrnod cynt. Ar ôl ennyd, roedd yn rhaid i Nant beidio ag edrych ar y corffyn truenus, wrth iddi gael ei hudo gan y wên. Hyd yn oed os mai dannedd gosod oedd mwy na'i hanner hi.

'Ydach chi'n gêm am ychydig o faboljymps?'

'Yy, does gen i ddim byd i'w wisgo,' oedd ateb Nant, 'dim ond y rhain.' Jîns a chrys cotwm a hen siwmper wlân ar 'i phedwerydd gaeaf. Ei hiwnifform dragwyddol. A chôt denim gwta dros y cwbwl nes byddai'r Aga wedi torri'r ias yn y tŷ.

'Mi wnân nhw'r tro yn iawn,' meddai Nyrs Beti gan ddechrau jogio yn yr unfan o'i blaen, i gynhesu. Rhagfyr oedd hi wedi'r cyfan, ac yn gaddo tywydd oer at ddiwedd y mis. 'Tynnwch y gôt 'na a dewch fel rydach chi wedyn. '

A heibio Nant â hi, tua'r gegin a'r drws cefn.

Am funud, safodd Nant yno'n syfrdan yn syllu ar

ei hôl. A doedd dim golwg syflyd o'r fan arni. Roedd yr hen ystyfnigrwydd yna'n bygwth ei dal hi lle'r oedd. Ond yna dyma hi'n ailfeddwl, yn rhoi ffling i'w chôt ar gefn y gadair ac yn dilyn Nyrs Beti yn ufudd.

'Ar un amod,' gwaeddodd tua'r gegin.

'Be ydi hwnnw?' Daeth y llais o bell.

'Fy mod i'n cael gneud uwd a the a thost i chi wedyn.'

Ar hynny daeth Nyrs Beti yn ei hôl i'r drws cefn yn dal i jogio ac yn dal i wenu. Os rhywbeth, roedd hi'n gwenu'n lletach fyth.

'Os bwytwch chi efo fi,' meddai hi.

I lawr yn yr ardd bella aeth Nyrs Beti, dynes a oedd wedi cael ei chomandîrio am hir flynyddoedd gan ei mam a dau ddoctor, ati i gomandîrio Nant yn y gwahanol symudiadau gydag arddeliad rhyfeddol. Ymhen dim o dro, roedden nhw wrthi fel dau fwgan brain yn ysgwyd eu breichiau ac yn plygu'n ôl a blaen a phendilio am yn ail i'r chwith ac i'r dde. Rhaid nad oedd Nyrs Beti mor wantan â'i golwg, neu fyddai hi ddim yn gallu gwneud y *moves*. Roedd hi'n rhoi dau dro am un i Nant – yn gwneud pob symudiad yn gyflymach ac yn fwy egnïol. A'i phartneres wrth ei hochr – bron i hanner can mlynedd yn fengach, a heb weld ei deugain oed – ei thafod allan a'i hwyneb yn fflamgoch yn trio dal i fyny. Bob tro roedd hi'n hel digon o wynt at ei gilydd i fedru gofyn '*Plis*, gawn ni stopio am funud bach?' byddai Nyrs Beti'n cyfarth cyfarwyddiadau fel 'Yr ail goes HEFYD!' a 'Sbonc, un dau, TRI!' Ond bob yn ail â'r comandments a'r comosiwn clywid chwerthin hefyd – chwerthin y ddwy ohonyn nhw'n tincial o dan y coed.

Erbyn iddyn nhw gael cawod wedyn ill dwy, a bwyta'r brecwast o uwd a thost brown efo mêl a sudd oren, roedd Nyrs Beti wedi cael ail wynt, ac yn barod am sialens arall. Edrychai'n llawer mwy normal hefyd mewn pâr o slacs a siwmper biws gynnes.

'Barod rŵan felly?' holodd Nant yn chwareus, a rhoi proc bach i Nyrs Beti ar ei braich.

'Barod am be?' Roedd 'na ryw dywyllwch wedi dod i lygaid Nyrs Beti pan glywodd hi'r cwestiwn. Ofn oedd arni, heb os, y byddai'n rhaid iddi fynd i bacio.

'Wel barod am waith!' ebychodd Nant. 'Ydach chi am roi hand i mi drio clirio dipyn ar y lle 'ma?'

'Ar bob cyfri, 'mechan i.'

Cododd Nyrs Beti a dechrau chwilio o'i chwmpas am ei sanau. O fethu eu cael dyma hi'n cychwyn am y grisiau gan gario'r treiners, un ym mhob llaw.

'Lle dechreuwn ni? Llofft Mam a Dad?'

Phetrusodd Nyrs Beti am ddim ond ffracsiwn o eiliad cyn cytuno. Dim ond yn ddigon hir i Nant gael cip ar y wên yn fferru ar ei hwyneb hi. Ac yna, cytunodd yn frwd: 'Ar bob cyfri, 'mechan i.'

Heb oedi wedyn, a heb roi amser iddyn nhw'u hunain ailfeddwl na gohirio, aed ati.

Busneslyd wrth natur neu beidio, doedd hi ddim yn hawdd i Nyrs Beti, a weithiodd ar hyd ei hoes o fewn ffiniau 'chi a chithau' a pharchusrwydd y pumdegau, fynd i chwilota yng nghypyrddau'r Doctor. Roedd yna elfen bendant o 'sa draw' wedi bod erioed yn ymwneud y Doctor â'i staff, a'i gleifion o ran hynny – nid mewn unrhyw ffordd annifyr, dim ond mai dyn fel'na oedd o. Roedd o'n berson preifat. Châi neb ddod yn agos, agos. Châi neb ddod i'w gesail. Dim hyd yn oed ei blant ei hun, mewn gwirionedd. A dim hyd yn oed Cathy.

A dyna pam fod diwedd ei oes wedi bod mor anodd iddo. Doedd o ddim yn gallu gwneud rhai pethau ei hun, erbyn hynny, neu o leiaf ddim heb drafferth difrifol a damweiniau. Ond doedd o ddim chwaith yn fodlon cael neb i ofalu amdano. Châi Nant ddim gwneud. Câi ddod â phrydau bwyd a mynd â'i ddillad i'w golchi (i'r tŷ golchi fyddai hi'n ddweud, rhyw gelwydd 'gwyn' bach) ond châi hi mo'i ymgeleddu o. Chymerai o neb o'r dre wedyn, na neb roedd o'n ei nabod (nid ei fod yn nabod fawr o neb erbyn hynny) na neb o asiantaeth ofalu na'r un 'ffrind' fel Pat, gwraig Iestyn Richards y twrnai.

Ac ar brydiau, byddai ei ystyfnigrwydd yn troi'n llanast. Methu cyrraedd y tŷ bach mewn pryd i droi clos, a chachu ym mhobman, lond ei drowsus pyjamas ac i lawr ei goesau ac ar hyd y carped a'r gwely. Byddai'r drewdod yn ddifrifol. Ac wedyn, crio. Eistedd i lawr yng nghanol y budreddi a chrio fel hogyn bach. Ac ar ôl y crio, dechrau ar y job hir a llafurus a gymerai oriau weithiau o lusgo'r dillad i gyd i'r bath i'w golchi. A stryglo i olchi'i goesau ac o dan ei draed a'i din. A llusgo wedyn yn ei ôl i sgwrio'r carped orau medrai o. Dyn nad oedd erioed cyn hynny wedi golchi dilledyn, na sgubo na golchi carped na newid gwely, yn cymryd drwy'r dydd i lanhau am ei fod o'n rhy falch a styfnig i ofyn am gymorth nac i'w dderbyn.

Yn y diwedd, tua thri mis cyn ei farw, roedd o'n rhyddhad i bawb rywsut pan gafodd o'r strôc olaf 'na. Y strôc derfynol. Ar ôl hynny, roedd pob elfen o ddewis wedi'i gipio o'i ddwylo. Ac er mor benderfynol oedd o o ddal i aros yn ei gartre, a gwneud drosto'i hun, pan fethodd o gau botwm ei byjamas, a methu codi llwy uwd at ei geg, a methu eistedd ar y tŷ bach ar ôl i Nant a Peredur ei gario yno, roedd hi'n amlwg na allai o ddim aros.

Ond newidiodd popeth pan gafodd Owen hyd i Euros, oedd wedi bod yn nyrsio yn Ysbyty'r Waun yng Nghaerdydd yr un amser ag o, ond a oedd erbyn hyn yn gweithio i asiantaeth breifat yn Llundain a dalai'n llawer gwell. Owen wnaeth y trefniadau iddo ddod i ofalu am ei dad, a Nant wedyn yn llenwi i mewn rhwng shifftiau sef, mewn gwirionedd, yn gweithio bron gymaint ag yntau. Bu'n lladdwr o dri mis.

Dyma'r tro cyntaf i Nant ddod i mewn i lofft ei rhieni ers i'w thad gael ei gario allan ohoni yn ei arch gan Gwynne Williams a'i gwmni. Roedd hi'n amlwg fod Euros wedi bod yma yn y cyfamser. Roedd y dillad gwely wedi'u stripio i gyd, a dim ond y fatres noeth oedd ar ôl. Roedd pethau eraill wedi mynd hefyd – yr holl dabledi, y sylindr ocsigen, y poteli pi-pi, y gadair esmwyth arbennig y cafodd Euros ei benthyg gan yr hosbis, y clustogau mawr, meddal.

Ond roedd yr aroglau'n dal yma. Aroglau disinffectant cryf ac aroglau salwch. Yr aroglau a ddefnyddid i geisio cuddio'r aroglau, a'r aroglau hwnnw ei hun. Neu'r drewdod hwnnw, a dweud yn blaen. Aeth ar ei hunion i agor y ffenestri – un o boptu er mwyn cael gwynt yn tynnu trwodd. Oedd, roedd hi'n oer, ond roedden nhw wedi cynhesu'n barod gyda'u hymarferion boreol, a dim ond iddynt ddal ati fe allen nhw gadw'u cynhesrwydd. A beth bynnag, nid gwynt oer o'r ffenestri oedd mewn mwyaf o beryg o'u hoeri nhw.

'O, drychwch!'

Roedd Nant wedi diflannu o'r golwg i'r wardrob wrth y ffenest bella. Rhaid bod rhywbeth reit ddeniadol mewn aroglau *moth balls* y funud honno. Roedd hi wedi mynd i sefyll yn llythrennol ym mherfedd y wardrob fawr soled, dderw, a honno'n siglo ar ei thraed siâp pawennau wrth i Nant ymestyn i'w phen draw. Os byddai hi'n disgyn byddai'r gwydr yn y drws yn chwilfriw. Un peth oedd chwarae cuddio ynddi pan oedd hi ac Owen yn blant, ond peth arall oedd i ddynes yn ei hoed a'i hamser ddiflannu iddi i ffureta. Ac er bod hen ddodrefn oes Victoria yn gadarn, adeiladwyd monyn nhw i ddal merched, dim ond eu pynnau dillad nhw. Rhyw chwarae cuddio rhyfedd oedd o, dim ond y hi.

'Be gawsoch chi?'

Ar ôl cychwyn arni, roedd Nyrs Beti wedi mynd i hwyl ac yn brysur yn estyn gwerth degawdau o drowsusau, llawer ohonyn nhw heb eu gwisgo unwaith, o'r jest-o-drôrs i hen gês mawr nad oedd wedi cael gwyliau ers blynyddoedd. Roedd hi wedi cyfri o leiaf ddeugain pâr, ond digon posib bod mwy. Bob hanner blwyddyn ers iddo fod yn ŵr gweddw byddai'r Doctor yn ordro trowsusau newydd o gatalog a roddai ei chwaer, Eirwen, dan ei drwyn. Byddai'r trowsusau'n cyrraedd a Mrs Robaitsh yn eu cadw yn y jest-o-drôrs. Weithiau, pan fyddai'r hen rai wedi dechrau colli'u graen, estynnai Mrs Robaitsh bâr neu ddau newydd i'r Doctor a'u gosod ar y gwely. A byddai yntau wedyn yn eu gwisgo. Ond hen deip oedd Mrs Robaitsh, a doedd hi ddim yn gweld fod unrhyw un, hyd yn oed doctor, angen trowsus newydd o hyd ac o hyd. Ac felly roedd llawer o'r rhai yma heb eu gwisgo erioed. Rhai plaen a tsiec a streipen a sgwariau, cotwm, melfaréd a gwlân a *viscose*. Yn sicr, roedd aml i siop yn y dre â llai o stoc nag oedd yn y cês erbyn i Nyrs Beti orffen.

'Be ddeutsoch chi, Nant?'

'Sbiwch.'

Cododd Nyrs Beti ei phen o'r diwedd o'r mynydd trowsusau.

O'i blaen roedd Nant yn dal ffrog wen. Un reit laes, ond nid at y llawr. Daeth ei llais o'r tu ôl i'r ffrog.

'Ffrog briodas Mam.'

Daeth allan o'r wardrob, cerdded draw at y wal gyferbyn â'r ffenest fawr a gosod y ffrog i grogi ar fachyn oedd yno. Daeth Nyrs Beti draw ati a safodd y ddwy i syllu ar y ffrog.

'Hyd balerina, ylwch.'

'Ia, galon.'

'Ac ylwch bychan ydi'r wasg. A'r llewys tri chwarter, a'r peisiau yma odani!'

'Swel!'

'Ydach chi'n cofio'r briodas?'

Daeth Nyrs Beti'n nes eto i gael bodio'r defnydd. 'Taffeta, ylwch, a *chantilly lace* maen nhw'n galw hwn. Ond sidan ydi'r ffrog. Bloda fasa hi wedi'u gwisgo yn 'i gwallt, neu ella goron fach. A *veil*. Welsoch chi ddim golwg o'r *veil*? Yn Lerpwl y priodon nhw, 'chi.'

'Ia, siŵr.'

'Be wnewch chi efo hi, Nant? Mae siopa ail-law yn licio cael petha fel hyn, tydyn.'

'Neu *E-bay.'*

'Mi fasa'n braf i rywun arall gael mwynhau ei gwisgo hi. Be wisgoch chi i briodi, Nant? Ffrog neu siwt?'

'Y ffrog fwya y medrwn i 'i chael. Tua chwech wythnos cyn geni Peredur. Dydach chi ddim yn cofio?'

Oedd, roedd Nyrs Beti yn cofio rŵan. Ac roedd hi'n difaru ei bod wedi gofyn. 'Priodwch eto,' meddai hi'n hwyliog i geisio cuddio'i chwithdod, 'a gwisgo hon!'

Anwybyddu'r cynnig wnaeth Nant a mynd i eistedd ar y gwely. Ar y ffrog yr edrychai o hyd. Odani, teimlai plastig y fatres yn stiff ac anghyfforddus.

'Dwi ddim am i neb arall ei gwisgo hi,' meddai hi, 'rhag ofn iddi gael priodas mor wael ag un Mam.'

'O, galon aur.' Dychrynodd Nyrs Beti o glywed hyn, a daeth yn fân ac yn fuan at y gwely i roi ei braich am ysgwydd Nant. 'Mi fuon nhw'n hapus.'

'Do, a hefyd yn anhapus. Yr anhapusrwydd 'na sydd wedi serio pob co' sy gen i am 'y mhlentyndod o tuag wyth oed ymlaen. Mam isio mynd i Lerpwl at Nain ac Anti Liz. A Mam ddim hefo ni hyd yn oed pan oedd hi yma. Mam yn gwrando ar fiwsig yn y llofft. Mam yn crio. Mam yn encilio o'rwthan ni. A Dad jest yn dygnu ymlaen fel 'tai dim byd yn bod.'

'Roedd hi'n anodd i'ch mam, ac i'ch tad.'

'Ac i ni.'

'Oedd. A doedd hi ddim isio bod yn wraig gyhoeddus, dach chi'n gweld, ac yn wraig ddosbarth canol. Nid fel'na roedd hi'n gweld ei hun.'

'Ond doedd hi ddim yn gweld ei hun fel mam, chwaith. Hynna sy'n anodd.'

'Mwy o chwaer fawr, 'te, o leia dyna dwi'n ei gofio. A chofiwch, roedd hi lot fengach na'ch tad. Dros ugain mlynedd yn fengach na fo.'

'Ond dwi jest ddim yn gallu deall be ddaeth â nhw at ei gilydd.'

'Wel.' Roedd hwn yn gwestiwn y gallai Nyrs Beti ei ateb yn iawn. 'Dydi hynna ddim yn anodd, hyd yn oed i hen ferch fel fi. Clwb nos, debyg. Wisgi a *ginger ale* a *Babycham*. Merch ifanc wedi syrffedu ar waith diflas, a meddyg hŷn, golygus, yn chwilio am bartner. Pictiwrs y Plaza. Pryd o fwyd yn yr Adelphi.'

'Ia.' Roedd yr 'ia' yn un cwbwl ddifynegiant, ond roedd disgrifiad Nyrs Beti wedi llenwi'r bwlch i Nant na allai ei dychymyg hi ei hun ei wneud. Plethodd ei breichiau'n araf bach a syllu eto ar y ffrog.

'Mi roedd hi'n meddwl y byd o'ch tad; petha ddaeth rhyngddyn nhw.'

'Owen a fi.'

'Bobol bach naci, dim y chi. Jest problema byw. Roedd ei chefndir hi'n reit anodd.'

'Ac mi roddodd hi gefndir anodd i ni.' Roedd Nant yn dal ati, yn gwrthod gollwng gafael ac yn gwrthod tirioni dim. Mewn ffordd, Nyrs Beti oedd wedi agor y drws yma ar y gorffennol y noson cynt, pan gafodd hi wybod beth oedd yn yr wrn lwydlas ar y silff ben tân. Nawr, roedd y drws yn gwrthod cau.

'Problem eich tad oedd ei fod o'n methu madda, Nant. Peidiwch â gadael i hynna ddigwydd i chi.'

'Sut?'

'Trwy'r holl flynyddoedd allodd o ddim derbyn be ddigwyddodd iddi hi. Na madda.'

'Wel roedd yna lot fawr i'w fadda. Y sterics. Y dengid i Lerpwl o hyd. Y diwadd.'

'Dwi'n gwybod ei bod hi'n anodd iawn.' Roedd Nyrs Beti'n dechrau blino. Roedd y sgwrs hon, ar ben y gwaith o ddidoli'r trowsusau, wedi cymryd y stwffin allan ohoni ac roedd hi wedi mynd i edrych yn wan a llwyd. 'Ond mi ddweda i'r hanes wrthoch chi, Nant, os ydach chi isio. Yn nes ymlaen. Ryw gyda'r nos o flaen y tân.'

'Gawn ni weld.' Roedd Nant yn swnio fel pe na bai'n ei thrystio'i hun i glywed y stori'n ddihalen gan Nyrs Beti.

'Ac mi adawn ni'r ffrog yma yn y cyfamser. Mae yna betha rheitiach i'w gneud yn gynta.'

Edrychodd Nant yn syn ar Nyrs Beti. Allai hi ddim dychmygu dim byd rheitiach na chymodi â'i gorffennol. 'Fel be?'

Meddwl yr oedd Nant mai mwy o glirio a thaflu a didoli oedd gan ei phartneres mewn golwg. Clirio pob cwpwrdd yn y syrjyri. Taflu hen blasteri a bandeisiau a nodwyddau a ffisig a photeli dal gwaed.

'Yn gynta, dwi'n meddwl y dylan ni gladdu'r babi bach 'na.'

'Be?' Clywai Nant ei llais yn codi braidd. Roedd hi wedi penderfynu ers oriau nad oedd angen sôn wrth Nyrs Beti am y llythyr cudd yn y bocs esgidiau. Roedd ganddi grap ar yr hanes yn barod. Gwyddai pwy oedd y fam. Ond byddai cyfrinach y llythyr yn cael ei chadw am byth rhwng Nant a Dilys. 'Ond pam? Mi allwn ni ei roi o'n ôl yn y cwpwrdd.'

'Na allwn.' Roedd Nyrs Beti'n saff o'i phethau. 'Dyna sydd wedi digwydd yn rhy hir yma. Rhoi petha'n ôl yn y cwpwrdd a chau arnyn nhw.' Cododd ei golygon a phwyntio'n syth o'i blaen. 'A dyna i chi enghraifft berffaith o'r hyn dwi'n 'i feddwl.'

Syllodd Nant hefyd unwaith eto ar y ffrog.

'Heno, ar ôl iddi nosi,' meddai Nyrs Beti, 'mi gladdwn ni'r babi bach yna, babi Watkins, a'i roi o i gysgu yn y fam ddaear. Mi fydd hynny'n un cam pendant yn y cyfeiriad iawn. Cytuno, Nant?'

Amneidiodd Nant. Yna cododd yn araf oddi ar y gwely. Rhoddodd o-bach ysgafn i'r ffrog briodas wrth ei phasio ar y ffordd at y drws.

'Yn yr ardd isa,' meddai hi. 'Gardd newydd Mam. Lle bydd y camellia *Spencer's Pink* yn blodeuo cyn bo hir.'

Nodiodd Nyrs Beti, a gwenu ar Nant.

10

Ar ôl cinio, roedd Nant wedi mynd i lawr i'r ardd gyda rhaw, ac wedi torri twll taclus dan y goeden ddropsan. Roedd hi'n un o'r coed cyntaf i Doctor Cynfal ei phlannu ar ôl iddo gael ei ardd newydd. Toriad bach gafodd o gyntaf, dim ond rhyw droedfedd o uchder, presant gan un o'i gleifion. Ac roedd yn gychwyn da: un o'r pethau hawsaf i'w dyfu ac yn gwrthsefyll sychder, gwynt a gwres. Erbyn hyn roedd hi'n glamp o berth oedd yn blodeuo'n gynnar ar wanwyn tirion, hyd at y rhew cyntaf. Mae'n siŵr bod daear dda odani.

Un o'r pethau a ddaethai i'r fei yn ystod y clirio ar ôl cinio oedd hen lamp storm i ddal cannwyll. Addurn oedd hi'n fwy na dim – lamp goch fetel ddigon rhad a gwydr ynddi. Byddai Cathy'n arfer ei hestyn bob Nadolig a rhoi cannwyll i losgi ynddi. Mynnai ei gosod yn y portico ffrynt, er i'w gŵr a staff y dderbynfa geisio'i pherswadio yn erbyn. Roedd y peth mor amhriodol ac anweddus, rhywsut.

Y munud y cafodd Nant hyd i'r lamp yn yr otoman yn llofft ei rhieni, gyda gweddill y trimins Dolig, aeth â hi at y drws cefn yn barod ar gyfer seremoni'r min nos. Dim ond rŵan y gwelodd ei defnydd ymarferol hi. Roedd yn ddigon hawdd gweld y byddai lamp felly'n fwy addas na golau tortsh ar gyfer claddedigaeth, gan fod mwy o awyrgylch o'i chwmpas a'i golau ffeindiach.

Erbyn diwedd y pnawn roedd Nyrs Beti wedi llwyr ymlâdd ar ôl bod wrthi'n brysur am oriau, a bu'n rhaid iddi fynd i orwedd ar ei gwely. Tu allan i lofft y Doctor a'i wraig roedd pentyrrau o fagiau duon i fynd gyda'r lorri ludw, a llond cesys a bocsys wedyn o bethau oedd yn rhy dda i'w taflu i fynd i Tenovus ac Oxfam. Dillad y Doctor a dillad gwely oedd y rheini gan mwyaf, pethau na allai Nant ddychmygu'u defnyddio nhw byth eto. Yr unig beth oedd ar ôl yn y llofft bellach, ar wahân i'r dodrefn, oedd ffrog briodas Cathy'n dawnsio yn yr awel a ddeuai trwy'r ffenestri agored.

Tra bu Nyrs Beti'n gorffwys aeth Nant ati i hwylio cawl llysiau i swper. Mi fu'n hir wrthi, ac roedd o mor wahanol i'r prydau y bu hi'n ei hwylio i'r dynion dros y misoedd a'r blynyddoedd diwetha. Doedd neb ar ei gythlwng amdano ac yn ei gweld yn hir yn ei gael ar y bwrdd i ddechrau cychwyn. At hynny, anaml y byddai'n paratoi dim byd llysieuol am nad oedd dynion Cyndyn yn sgut am unrhyw beth heb gig ynddo. A doedd o ddim yn rhan o'r patrwm di-ildio o ddau bryd poeth yn y dydd a dau bryd llai rhyngddyn nhw i Ed a Peredur a gwas a hi'i hun. Hwylio bwyd hamddenol a chysurlon oedd hwn. Stoc i ddechrau ac wedyn nionyn a garlleg a thatws a moron a chennin a phanas. Gallai hi fod wedi gwneud unrhyw fath o fwyd, o *crêpes aux fruits de mer* i wyau Sir Fôn, neu gyw iâr mewn gwin. Ond cawl llysiau ara deg, cariadus wnaeth hi, pryd anghyfarwydd i'r cartre hwn.

Fel pob doctor bron, un gwael oedd Doctor Cynfal am edrych ar ei ôl ei hun. Byddai'n byw ar fwyd o duniau, a phrydau parod a danteithion y byddai

Nant yn eu cario iddo wedi'u haildwymo. Cyn hynny, pan oedden nhw'n deulu, arferai Mrs Robaitsh ddod bob bore i helpu Cathy i lanhau, neu'n hytrach i lanhau yn ei lle hi, a chlirio'r gegin, a byddai'n pario llysiau at swper gyda'r nos a'u gadael wrth y drws cefn mewn dysgl. Yn aml iawn, byddai'n gorfod eu taflu allan wedi iddyn nhw fynd i ddrewi am y byddai Cathy wedi anghofio amdanyn nhw ac wedi nôl tsips i swper neu wneud bîns ar dost neu frechdan domato.

Doedd bwyd ddim yn cyfri iddi hi. Doedd o ddim yn goleuo'i dyddiau hi nac yn cael ei big i mewn yn ei dychymyg. Yr unig eithriad fyddai adegau pan ddôi rhywun draw i swper, fel yr adeg pan ddaeth Tom Griffiths a'i wraig i drafod gwerthu rhan o'r cae i wneud gardd, pan wnaeth hi Chicken Maryland oedd mor ffasiynol ar y pryd. A phartïon. Roedd hi'n hoffi gwneud bwyd parti – sosejys bach ar briciau a chreision cartref a *vol au vents* ac ati. Hi ei hun oedd wedi hwylio'r bwyd – y rholiau selsig a'r dips a'r ceirios mewn siocled a'r mins peis maint eich bawd – noson y parti Nadolig pan aeth popeth ar chwâl. Ond eithriad o beth yn nhrefn eu bywyd beunyddiol oedd hynny. Ac i feddwl fod y Doctor wedi gwario cymaint ar gael ail-wneud y gegin iddi, gan feddwl y byddai hynny'n ei gwneud hi'n wraig tŷ a mam fodlon. Sut bynnag fath o ddoctor oedd o, doedd o ddim yn seicolegydd.

A rhwng y ddau, mae'n ddigon posib mai dyna pam y dechreuodd Nant gymryd diddordeb mewn coginio. Os oedd hi am datw rhost fel y rhai y byddai mamau ei ffrindiau'n eu gwneud, neu bwdin roli-poli fel un yr ysgol, neu *pavlova* fel yr un roedd wedi'i brofi mewn bistro yn y Borth, roedd yn rhaid iddi ddysgu eu gwneud nhw ei hun. Ar ôl i Cathy farw, pan oedd hi i fod yn adolygu theorems Cemeg ac anatomi, roedd Nant wedi treulio mwy o amser yn darllen llyfrau coginio wrth fwrdd y gegin ac yn gweithio allan sut i chwarteru cyw iâr a beth i'w wneud gyda'r holl felynwy fyddai ganddi ar ôl bod yn arbrofi ar wneud *meringues*.

O dipyn i beth, dechreuodd aroglau'r cawl llysiau'n ffrwtian ymgodi i'r llofftydd a dyna a barodd i Nyrs Beti ddeffro yn y diwedd. Daeth i lawr y grisiau yn y siwt lwyd roedd hi'n ei gwisgo pan gyrhaeddodd y diwrnod cynt. Dillad addas i gladdu. Ond, yn ei hwyneb, edrychai'n debycach i rywun yn cychwyn am drip neu i barti nag i hen wraig oedd ar fin cyfranogi mewn gwasanaeth cynhebrwng. Hyd yn oed gwasanaeth cynhebrwng i gladdu ryw fymryn bach o sgerbwd babi.

Ond y gwir plaen oedd ei bod hi'n mwynhau ei hun fwy nag y gwnaeth ers blynyddoedd.

'Dowch at y bwrdd,' meddai Nant yn groesawus. 'Ac mi dorra inna frechdana i ni.'

Syllodd Nyrs Beti ar y bwrdd wedi'i osod. Lliain. Bowlenni gwyn a phlatiau. Pupur a halen. Cyllyll a llwyau. A llestri te a bara brith.

'O, galon,' meddai hi, 'rydach chi wedi mynd i drafferth. A finna'n gorfeddian ac yn diogi. Ond . . . yr unig beth . . .'

'Dydach chi ddim yn un am gawl llysia.'

'Rargian ydw, wrth fy modd. Lobsgows troednoeth ydi o 'te. Na, wedi meddwl oeddwn i, ella y basan ni'n bwyta wedyn.'

'Wedyn?'

'Ar ôl y gladdedigaeth. Fel gwylnos bach.' Roedd Nyrs Beti'n amlwg yn meddwl ei bod wedi bod yn glyfar yn taro ar hyn. 'Neu fel te cynhebrwng.'

Ateb Nant oedd troi ei phen i edrych trwy'r ffenest. Gwelodd ei bod hi'n dywyll tu allan erbyn hyn; y dyddiau duon bach oedd y rhain. Ond felly roedd hi i fod, erbyn meddwl. Claddu yn y tywyllwch. Ganrif yn ôl, ganol nos a thu allan i furiau tir cysegredig y byddai babanod anghyfreithlon a babanod heb eu bedyddio'n cael eu rhoi i orffwys. Fel babi Watkins – ar gownt dwbwl: anghyfreithlon a heb ei fedyddio, heblaw â dŵr o'r tap yn yr ardd.

Ond mae'n ddigon posib na wyddai Nant am yr hen drefn honno chwaith, achos fyddai yna byth sôn am gladdu a marw a cholli'r dydd yma, heb sôn am hen arferion yn gysylltiedig â hynny. Mendio a gwella ac ennill y dydd oedd pob dim gan Doctor Harri a Doctor Cynfal, ac Owen hefyd yn ddiweddarach. Erbyn meddwl, merched y teulu oedd wedi'u gadael nhw i lawr yn hynny o beth. Achos y cwbwl roedd y rheini wedi'i wneud oedd byw. Nes i Cathy fynd dros ben llestri a chwalu'r rheolau'n rhacs jibidêrs y noson honno, noson parti Nadolig y syrjyri, bron i ugain mlynedd union yn ôl.

'Iawn 'ta, mi a' i i wisgo fy sgidia cerddad ac i nôl matsys i danio'r gannwyll.'

'Ac mi dria inna feddwl be i'w ddeud.'

Safodd Nant ag un droed yn hofran uwchben ei hesgid. Roedd golwg ymholgar yn ei llygaid, a mymryn o wên ar ei hwyneb.

'Gweddi bach syml,' esboniodd Nyrs Beti. 'A rhyw bennill neu bwt o bader oeddwn i'n feddwl, wrth ollwng y bychan i lawr. Ydi hynny'n iawn, ydach chi'n meddwl?'

'Ydi.' Roedd Nant yn reit fodlon.

'A chitha i gladdu, 'te.' Gwenodd yn galonogol ar Nant, cyn agor drws bach y lamp i gael cynnau'r gannwyll. 'Barod, felly.'

'Rhaid i chi wisgo côt, mae'n oer. Lle mae'ch anorac chi? Yn y *waiting room*?'

Aeth Nant i'w nôl a'i dal i fyny gyda'r breichiau allan i Nyrs Beti gamu iddi. Nodiodd Nant at y sip a chaeodd Nyrs Beti o'n ufudd, reit i'r top. Ac i ffwrdd â nhw wedyn: Nyrs Beti'n arwain y ffordd gyda'r lamp, a Nant yn dilyn gan gario'r bocs esgidiau'n uchel, cyn uched â'i brest o'i blaen, fel aberthged.

Ymddangosodd rhyw gath ddu a gwyn o rywle gan ddilyn Nant. Cath ddiarth oedd hi, wedi cartrefu yn y Glyn dros y misoedd ers i Euros fod yma. Fo fyddai'n ei bwydo; roedd o'n un garw am gathod. Cerddai'r gath yn sidêt tu ôl i Nant gan gloi'r orymdaith a'i chynffon yn chwifio yn yr awyr. Er gwaetha'i hurddas smalio, digon posib mai aroglau pridd ffres newydd ei droi oedd wedi'i denu hi. Rhai fel'na ydi cathod.

Yn y man, cyrhaeddodd yr orymdaith y goeden ddropsan a sefyll yno'n hanner cylch. Cymerodd y gath ddu a gwyn ei lle rhyngddyn nhw wedyn, yn union fel petai hi wedi cael gwahoddiad i'r seremoni. Ar ôl i Nyrs Beti adrodd y Weddi Apostolaidd lediodd un pennill:

'Dod ar fy mhen dy sanctaidd law,
O dyner fab y dyn
Mae gennyt fendith i rai bach,
Fel yn dy oes dy hun.'

Gwyrodd Nant yn ei chwrcwd i osod y bocs bach yn y pridd. Bu'n rhaid iddi ddefnyddio un llaw i'w sadio ei hun. Ar ôl iddyn nhw sgeintio dyrnaid o bridd bob un ar wyneb y bocs, a gwyro'u pennau am ennyd, estynnodd Nant am y rhaw a bwysai ar y clawdd a mynd ati'n syth i gau'r twll. Roedd o fel dwnjwn bach, fel y dylai bedd fod, hyd yn oed un bach; roedd hi wedi deall hynny.

Ar ôl cloi drws y cefn, aed ati heb oedi i gynnal yr wylnos. Rhoesai'r awyr iach stumog i Nyrs Beti a chodi'i hwyliau eto fyth. Roedd hi'n rhofio'r cawl i'w cheg.

'Wel, wn i ddim pryd y gwnes i fwyta cystal. Dim ers llawer iawn o amser. Nant, roedd hwnna'n fendigedig.'

'Oedd, deudwch? Mae 'na ddigon ar ôl beth bynnag.' Roedd hi wedi arfer coginio i fwy na dim ond dwy, un a stumog fel dryw a'r llall, ar hyn o bryd, heb ddim stumog o gwbwl. Roedd cael clirio pethau'r Doctor a Cathy wedi rhoi *buzz* rhyfeddol i Nyrs Beti, a chladdu arch fach babi Watkins wedi bod yn binacl wedyn i'r diwrnod yn ei golwg. Ond roedd y cyfan, ac yn fwy na dim dod o hyd i ffrog briodas ddifrycheulyd ei mam, wedi troi bol Nant tu chwithig allan. Er mai ychydig bach o gawl roedd hi newydd ei fwyta, teimlai'r cyfog yn bygwth codi i dop ei chorn gwddw.

Ond fyddai hi ddim gwell wrth feddwl am y ffrog yn chwifio yn yr awel. Ac yn meddwl am ei thad yn methu ailddysgu byw ar ôl colli'i wraig ac yn cysgu ar ei ben ei hun yn y gwely mawr tywysogaidd wedyn am ugain mlynedd, heblaw am y merched fyddai'n dod ar wahoddiad. Ac am dâl o ryw fath, mae'n debyg. Roedd Nant yn deall yn iawn fod yna asiantaethau a gynigiai wasanaethau heblaw'r gofal nyrsio preifat y buon nhw mor ddiolchgar amdano fo ar ddiwedd oes y Doctor. A doedd dim affliw o wahaniaeth am hynny, mewn gwirionedd. Trueni'r sefyllfa – a'r hyn oedd yn ei gwneud hi'n drist pan oedd Nyrs Beti mor llawen – oedd na lwyddodd o, y meddyg ei hun, i fendio digon ar ôl ei brofedigaeth i allu ailddechrau byw.

Cododd Nant yn sydyn a mynd i chwilio am ei bag. Estynnodd ei lipstic ohono a dechrau peintio'i gwefusau'n goch. Chwilio am y brwsh wedyn, rhyddhau ei gwallt gwinau o'r gynffon arferol a'i frwshio'n egnïol.

'Dwi am fynd allan am dipyn. Fyddwch chi'n iawn, byddwch, Nyrs Beti?'

'O, na.' Daeth golwg wedi'i brawychu i lygaid Nyrs Beti pan glywodd hyn. 'Peidiwch â mynd.' Ofn oedd arni hi y gallai hynny olygu'r diwedd iddi hi. Ofnai y byddai Nant yn mynd at yr heddlu i riportio fod ganddi bensiwnïar golledig. Neu'n mynd yn ôl i Gyndyn ac yn aros yno am byth. Ofnai mai dyma'r diwedd cyn iddynt gael prin ddechrau. 'Dowch i eistedd efo fi. Ro'n i isio sôn am y cynhebrwng a ballu. A meddwl be wnawn ni fory.'

Bodlonodd Nant am funud ddod i eistedd ar y gadair roedd Nyrs Beti'n ei phatio. 'Dwi *yn* mynd wedyn.'

'Ond i lle'r ewch chi a hithau'n ddu nos?' Syllodd Nyrs Beti drwy'r ffenest wrth ddweud hyn. 'Ar eich pen eich hun?'

Doedd dim pwrpas dweud i ble. Felly atebodd Nant ddim. Dim ond rhoi rhyw wên gam, goch.

Unwaith roedd hi wedi cael Nant i eistedd yn ei hôl, ymlaciodd Nyrs Beti ychydig a mentrodd ddweud, gyda thwincl bach yn ei llygaid, 'Mi aeth y claddu'n dda. Lyfli, a deud y gwir.'

'Do. Dwi'n falch ein bod ni wedi gneud hynna. Mae'r cylch yna'n grwn rŵan rywsut.'

'Roedd o'n rhan o'r broses o glirio'r tŷ, bron, toedd. Yr holl gypyrdda caeedig a'r drysa clo 'na, yntê galon.'

'Ia.' Rhoddodd Nant ei llaw ar law rychiog, wythiennog yr hen wraig wrth ei hymyl. 'Dim ond i ni beidio â chau rhai newydd wrth fynd yn ein blaena. Peidiwch â thrio dal arna i.'

Doedd yna ddim math o fygythiad yn y frawddeg, dim ond anwyldeb. Nyrs Beti oedd yn groendenau. Ond parodd geiriau Nant i'r hen wraig newid ei thac a dweud mewn llais oedd bron â bod yn hunan-dosturiol, yn llais hogan bach, 'Dim ond isio helpu dipyn bach ydw i.'

'Ia, dwi'n deall.' Gadawodd Nant ei llaw ar law Nyrs Beti. 'Rydach chi wedi landio i ganol helynt. Camgymeriad oedd gadael y tŷ 'ma i mi, sy heb ddim pres, a rhoi'r pres i gyd i Owen. Mae hynny wedi troi 'ngŵr yn f'erbyn i.'

'Ond mae o hefyd yn rhoi cyfla i chi, tydi.'

'Cyfla . . .' Edrychodd Nant i ffwrdd oddi wrth wyneb Nyrs Beti am funud. Roedd yr edrychiad ar ei hwyneb hi mor daer ac mor hoffus fel na fedrai hi sbio'n hir i fyw ei llygaid hi.

I gyfeiriad yr ardd lle buon nhw gynnau, er mai dim ond düwch oedd i'w weld, y trodd Nant ei golygon. Yna ailwynebodd Nyrs Beti a dweud, o mor annisgwyl, 'Fel medra i weld yn iawn o 'mlaen yn lle sbio'n ôl dros ysgwydd o hyd nes bod y cric 'na'n rhan ohona i.'

A Nyrs Beti, oedd fel petai hi wedi bod yn disgwyl i Nant ddod o hyd i'r ateb i gwestiwn anodd a dyrys, yn fodlon nawr ei bod wedi ei gael. 'Ia,' meddai hi, 'a mynd rhagoch, 'te Nant. Ac mi helpa i chi hynny alla i. Mi fydd yn fraint cael gneud.'

A phan ddywedodd Nyrs Beti hynny, gydag arddeliad, dechreuodd Nant chwerthin. Nid chwerthin bach taclus, dan reolaeth, na chwerthin trist person mewn profedigaeth, ond powlio chwerthin nes bod y llestri ar y bwrdd yn ysgwyd wrth i'w phengliniau ei daro. Bu'n rhaid i Nyrs Beti dynnu ei llaw yn rhydd i achub y jwg llefrith oedd yn bygwth dawnsio i ffwrdd a malu ar y teils.

'*Bring it on* 'ta,' meddai Nant.

11

Yn lle bodloni ar hynny am y tro, llamodd Nyrs Beti at y tecell i wneud y te a mynd ag o trwodd i'r parlwr canol at y tân trydan i'r ddwy ohonyn nhw. Efo 'Gawn ni sgwrs bach ein dwy, galon' dros ei hysgwydd a winc ar Nant. Roedd mor amlwg â haul ar bared nad oedd hi'n bwriadu gwastraffu dim amser cyn bwrw i'r dwfn. Efallai ei bod yn meddwl nad oedd llawer o amser ganddi gan fod Nant erbyn hyn wedi gwisgo'i chôt a sgarff a golwg ar gychwyn arni. Gadawyd y llestri swper yn y sinc heb eu golchi, a'r brechdanau oedd heb eu bwyta heb orchudd drostynt. Am y tro roedd y gêm chwarae tŷ bach wedi'i rhoi heibio.

'Chafodd eich mam mo'i ffling, dach chi'n gweld, 'y mach hi.' Dechreuodd y sgwrs cyn i Nant gyrraedd o'r gegin hyd yn oed a hanner eistedd ar flaen y gadair gyferbyn â Nyrs Beti. 'Dyna oedd hanner y drwg. Roedd hi'n priodi'n ddeunaw oed.'

'Fel fi.' Doedd Nant ddim yn fodlon i hyn gael ei ddefnyddio fel esgus na rheswm dros ddim.

'Roedd hi'n ddyddia *Rock 'n Roll*, Buddy Holly ac Elvis. *Rock around the clock* a 'Blue Suede Shoes'. Doris Day yn y Plaza, stiletos a sgerti tyn.'

'I be oedd isio priodi, 'ta, os oedd bywyd mor ddifyr? Be oedd y brys?'

'Eich tad yn bishyn, toedd, efo digon o bres a job dda. Ac roedd yn ffordd i'ch mam ddengid o adra.'

Bu mam Cathy, Nan-nan Lerpwl, yn y Glyn unwaith. Unwaith yn ormod. Ond roedd hyd yn oed yr un ymweliad hwnnw'n ddigon i brofi y bu Cymru'n lwcus o gael madael ag Ethel Parry, pan fudodd hi i Lerpwl i weithio yn y swyddfa basport ac i fagu ei dwy ferch yno mewn surni a thlodi a chan ddibynnu ar ddosys jin a gynyddai gyda threigl y blynyddoedd. Clywyd y Doctor ei hun yn dweud fwy nag unwaith hefyd mai diwrnod hapusaf bywyd Ernest, tad Cathy, oedd y diwrnod yr aeth ar ei ben i lorri laeth ar un o lonydd cefn Môn a marw yn y fan a'r lle.

'Dwi'n meddwl y basan nhw wedi bod yn well petaen nhw wedi cael aros yn Lerpwl. Am ryw reswm mi aeth eich mam yn fwy a mwy ansefydlog ar ôl dŵad yma, yn lle'i bod hi'n sadio a bodloni. Roeddwn i'n gweld dirywiad ynddi ar ôl i Owen fynd i ffwrdd i'r ysgol.'

Roedd Nyrs Beti, fel pawb arall a weithiai yn y syrjyri, yn cofio'r crio a'r sterics a'r strancio yr adeg honno. Digon i wneud i rywun feddwl, a dweud y gwir, fod yr hogyn yn llawer gwell ei le i ffwrdd yn yr ysgol nag adre. Ond golygai fod Nant, oedd wedi dod adra ar ôl yr hanner tymor cyntaf mewn ysgol breswyl i ferched yn Swydd Gaer ac wedi gwrthod yn bendant fynd yn ôl, ar ei phen ei hun bach yn llyffanta hyd y lle.

'Roedd hi'n sownd yn ei harddega, toedd,' meddai Nant. 'Ac yn dal i ymddwyn fel *teenager* pan oedd hi bron yn ddeugain. Fel pan adawodd hi ni i gyd ganol nos ar ôl y parti Dolig staff 'na. Jest cerdded allan a pheidio dŵad yn ôl. Yn ddi-feind o bawb ond hi'i hun. Roedd hi'n gwbod mod i'n disgwyl babi ac ar fin priodi. Ond welish i moni byth wedyn.'

'Be ddigwyddodd y noson honno ddaru ei gyrru hi, 'te.'

'Be oedd hynny 'ta? Dwi erioed wedi cael gwbod.'

'Ddwedodd neb wrthach chi? Naddo, ella. Ond fedrwch chi ddim dallt heb gael gwbod. Does dim pwrpas celu bellach. Mi aeth hi efo dyn arall. Eich tad ffeindiodd nhw. Roedd o'n gandryll ulw.'

'Pwy oedd o?'

'Dwn i ddim. Doeddwn i ddim yn y parti, os cofiwch chi, roeddwn i 'di riteirio ers rhai blynyddoedd yr adeg hynny. Doedd neb yn siarad am y peth. Doedd fiw. Roeddach chi'n gweithio yma ar y pryd, toeddach.'

A daeth golwg bell i lygaid Nant: ceisio cofio oedd hi, debyg, pa ddynion yn union oedd yn y parti Nadolig hwnnw.

'Ond doedd hi ddim yn dda cyn hynny, Nant, neu fydda hynna ddim wedi digwydd. Symptom oedd o. A chri am help oedd yr *overdose*.'

'Ella.'

'Dim ella, dyna oedd o yn sicr. Doedd hi ddim wedi cymryd dim gwerth o dabledi, 'chi. Dim ond rhyw waelod potel – chwech neu saith. Ond ei bod hi wedi'u cymryd nhw yn y lle rong, yn nhŷ 'i mam. A honno'n cysgu mor drwm ar ôl noson fawr i ddathlu'r Dolig fel na ffeindiodd hi Cathy nes ei bod hi'n rhy hwyr. Tasa fo wedi digwydd yma, mi fasa hi wedi bod yn iawn.'

'Pa mor eironig ydi hynna? Ac wedyn mi fynnodd Nain gael rhyw gynhebrwng gwirion yn Lerpwl. Yng nghapel Princes Road – enw stiwpid – a chladdu'r llwch yn Lerpwl. Er mwyn iddi hi gael mynd i weld y bedd a rhoi bloda arno fo. Er nad oedd yna ddim byd ond llwch. Be oedd blydi ots amdani? Gnawas farus. Ein mam ni oedd hi, 'te, Owen a fi.'

'Ia. Anodd, mi alla i weld. Anodd iawn.'

'A dwi'n dal yn fan'na rywsut yn emosiynol, yn y capel 'na yn Princes Road a mynwent Allerton. Dwi'n dal i ddeffro o freuddwydion lle dwi'n chwilio yn fanno rhwng y bedda am Mam.'

'Ond nid yno mae hi, naci, Nant.'

Erbyn hyn roedd golwg guriedig ar Nant. Cododd ac estyn goriadau'r car. 'Peidiwch â chloi'r drws.'

'Cym'wch bwyll heno rŵan, Nant.'

Wedi iddi fynd cododd Nyrs Beti a mynd trwodd i ffenest y parlwr mawr yn y ffrynt i wylio Nant yn bagio'r car. Un sâl oedd hi am fagio, er ei bod wedi cael digon o bractis. A dyna lle bu'r hen wraig am yn hir wedyn ar ôl i Nant droi allan i'r lôn, a chanu'r corn, a diflannu, yn dal ei gwynt am hir, a'i dwrn ar ei cheg. Gan obeithio, gobeithio mai'r un Nant a ddeuai'n ei hôl ati.

Gyrrodd Nant yn syth i lawr i'r Prins a pharcio rownd y cefn. I'r snŷg aeth hi, fan'no oedd y lle gorau am fendar. Tynnodd ei chôt, gosod ei hun ar stôl wrth y bar a gordro.

'Dybl fodca a tonic, a newid i brynu smôcs.' Rhoddodd bapur ugain punt ar y bar.

'Ti'n gwbod na chei di ddim smocio yn fan'ma, dwyt del?'

Nodiodd Nant. 'A' i allan i'r cefn, gwna, fath â pawb arall.'

Cymerodd ei gwydryn, tywallt joch dda o donic dros y fodca, a swigio'n helaeth cyn edrych o'i chwmpas. Roedd y ddiod yn gryf, yn sur ac yn adfywiol. Cododd ei gwydryn i gyfeiriad y farferch oedd hefyd yn edrych ar ôl y bar cyhoeddus a'r lownj. Er ei bod yn tynnu am wyth o'r gloch, roedd hi'n dal yn ddigon distaw a dim pwrpas talu cyflog i fwy o staff nag oedd rhaid.

'Un arall tro nesa doi di trwadd, ia? Diolch.'

'Selebrêtio?'

Roedd Meic Nant y Pandy – dyn yn ei chwedegau a eisteddai yn y bar arall, a pheint cynta'r noson o'i flaen – wedi clywed. Roedd o'n hŷn na'r farferch, ac yn gyn-glaf yn y Glyn. Galwodd arni draw. 'Lina!' Thrafferthodd o ddim siarad dan ei wynt. 'Newydd gladdu'i thad! 'Rhen Ddoctor Cynfal. Ti'n rêl het!'

Trodd y ferch at Nant, oedd wedi clywed hyn, ac ysgwyd ei phen yn ddramatig ac yn llawn cydymdeimlad. 'Ofnadwy o sori.'

Cododd Nant ei gwydryn i gydnabod yr ymddiheuriad. Roedd popeth yn iawn. Erbyn hyn, doedd dim cymaint o wahaniaeth. Roedd effaith y fodca'n dechrau cicio'n sdrêt i mewn ar stumog wag a diffyg cwsg. Be oedd un brofedigaeth fach arall? 'Dim problem.'

Trodd oddi wrth y bar i edrych o'i chwmpas. Yn y bar arall roedd y sgrin fawr a lleisiau'n codi a gostwng i ganlyn hynt gêm bêl-droed. Doedd dim byd yma, yn y snỳg, ond hen luniau rhad wedi ffêdio, printiau o'r 'Hay Wain', Constable, 'Cae Pabi' Monet a 'Blodau Haul' Van Gogh. Ystrydebau i gyd. Mae'n rhaid bod rhyw gwmni bragu wedi'u rhoi nhw am ddim i ganlyn archebion mawr rywbryd yn yr wythdegau. Erbyn hyn roedd mwg ugain mlynedd o smociwrs wedi pylu'r lliwiau'n fflat.

Roedd y seddi a redai o gwmpas y snỳg wedi'u

gorchuddio mewn deunydd tebyg i orchudd seddi trenau ac wedi'u haddurno â thyllau sigaréts yma ac acw. Gorchuddiwyd y stolion hefyd yn yr un defnydd. Byddai'n para hyd dragwyddoldeb. Ar lawr roedd carped oedd wedi caledu i fod yn sylwedd cwbl newydd, nid annhebyg i leino ond ei fod yn glynu yn eich sgidiau. Allai neb ddweud pa liw oedd arno, os nad lliw mwd, er bod ambell edau o las a choch i'w gweld rownd y cyrion. Daeth i fod o dan draed cenedlaethau o yfwrs oedd wedi troi'u cwrw, glwybaniaeth traed ar dywydd glawog a sglodion a chreision wedi'u gwasgu'n seitan.

Welai hi mo'r peiriant sigaréts chwaith. Mae'n rhaid ei fod allan yn y pasej. Daeth i lawr oddi ar y stôl i fynd i chwilio amdano, achos byddai'n rhaid cael smôc heno. Byddai'r fodca'n para'n hirach efo smôcs, ac yn blasu'n well. Fyddai fodca ar ei ben ei hun ddim yn ddigon.

'Hei, Nant! *Stranger*. Jacqui! Sioned! Als! Sbiwch pwy sy'n fan'ma, Nant!'

Yr haf diwetha, a phob haf o ran hynny, byddai Nant yn mynd i weithio yn y brif babell fwyd yn y Primin. Porthi'r swyddogion a'r beirniaid a'r holl is-lywyddion efo cawl a salads, treiffls a chinio poeth. Roedd o'n bres bach ecstra iddi hi ond, yn fwy na hynny, yn filoedd o sbort. Nesta oedd hon a safai o'i blaen nawr, yn cau'r pasej, bob amser yn harti ac yn chwerthin ar ddiwedd bron bob brawddeg a ddeuai o'i cheg. Clamp o hogan nobl, ei gwallt yn gwta ac yn jél i gyd, a heno'n gwisgo hêlo o dinsel arian. Dyn a ŵyr ar be roedd hi'n byw am weddill y flwyddyn ond roedd un peth yn saff, doedd hi ddim yn llwgu. Edrychai Nant fel plentyn wrth ei hochor.

Cafodd fraich soled am ei hysgwydd, yn ei chodi oddi ar lawr bron.

'Sori i glywad am dy hen ddyn di. Be ti'n da'n fan'ma, blodyn? Efo pwy wyt ti?'

'Fy hun. Jest wedi dŵad allan am chênj bach. Dach chi'n iawn?'

'Iawn? Well na iawn! Tyd atan ni, siŵr. Be ti'n yfad? Fodca? Ies', un ar y naw ydi hon. Edrach yn ddiniwad, 'de, ond watsh owt! 'Dan ni'n mynd i gael gêm o pŵl; fedri di chwarae?'

'Medra.'

'Ac wedyn sesh tequila slamyrs. Fedri di handlo tequila?'

'Medra, siŵr.' Medra! O ddiawl. Ond roedd o'n filgwaith gwell na bod ei hun yn gori ar stôl yn y snŷg yn gogordroi dros gamgymeriadau pobl eraill oedd wedi soledu o'i chwmpas dros y blynyddoedd. Dilynodd Nant Nesta i'r bar yn barod i fwynhau ei hun.

'Dw i ishio cibáb.'

Dair awr, hanner litr o fodca a saith tequila'n ddiweddarach, safai'r criw wrth y cloc: Jaqui ac Als un bob ochr i Nant yn ei dal i fyny fel dau bolyn. Roedd hithau wedi cael coron o dinsel a honno wedi llithro ar un ochor. Rhoddodd gynnig ar ei sythu ond nid ei thynnu; fel y ffedogau nefi blŵ yn y Primin, roedd yn gwneud iddi berthyn. Disgwyl roedden nhw i Ed nôl Nant er mwyn iddyn nhw gael mynd am Indian. Roedd Nant wedi mynd tu hwnt i fynd i'r Indians – oedd yn fynd go bell, mewn gwirionedd. Ond doedd dim pwrpas mynd â rhywun fyddai wedi colapsio neu gysgu cyn i'r cyrri gyrraedd efo nhw am fwyd hwyr; doedd Indians ddim yn rhad, a phres Nant wedi hen orffen. Ac os byddai hi'n chwydu yn yr Indians, nhw fyddai'n cael y bai a ban o chwe mis. Roedden nhw ar eu warning diwetha fel roedd hi.

'Rhaid i mi gael cibáb.'

'Gei di un rŵan, cyw.' Trodd Nesta at weddill y criw wrth stwffio'i ffôn yn ôl i'w bag. 'Fydd o yma mewn dau funud. Ella bydd hi'n damio ni tro nesa welith hi ni, ond be arall fedran ni neud, 'de? Fedran ni ddim mo'i gadael hi'n fan'ma 'i hun, na fedran?'

'Ella na fydd hi ddim yn cofio beth bynnag!'

'O leia 'dan ni'n gwbod eith hi adra'n saff.'

Cyrhaeddodd Sioned yn ôl a'i gwynt yn ei dwrn. 'Dyma fo dy gibáb di. Gei di dalu i mi eto.'

'Ac mi gei di dy dalu, Sioned, ar dy ganfed. Cyn y Primin nesa! Na, wsnos nesa. Ti'n werth y byd.' Dechreuodd Nant lowcio'r cibáb yn farus, heb drafferthu efo'r salad ddaeth i'w ganlyn. Mwya sydyn roedd hithau hefyd yn ysu am gig.

I lawr yr allt daeth Mazda Ed a'i olau'n dangos yr holl lanast ar hyd ochrau'r strydoedd, yn bapurau tsips a chaniau a bagiau plastig wedi torri. Trodd i mewn ar y chwith ac arafu wrth ymyl y giang genod. Heb ddiffodd yr injian plygodd Ed drosodd i agor y drws pella. Gwenu roedd o, er ei bod yn wên reit smarmi.

'Jymp in.'

'Sut oeddat ti'n gwybod 'mod i ar noson allan yn fan'ma efo genod y Primin?'

'Frân wen ffoniodd fi.'

'Ond dwi ddim isio mynd i Gyndyn.'

'Deud ti.'

'A dwi ddim isio mynd i'r Glyn chwaith. Dwi isio mynd i hotel.'

Chwarddodd y genod wrth helpu i'w chodi i sedd flaen y tryc. 'Deud ti wrtho fo, hotel grand. Ewch am Fiwmaras 'na! Bulkley 'di'r lle!'

'Hwyl, Nant, cym ofal.'

'Lyf iw!'

'Welwn ni di nos Wenar nesa! Noson *blue moons*!'

Ffliciodd Ed y golau ar y criw oedd yn chwifio ac yn neidio i fyny ac i lawr fel petai Nant yn cychwyn i Seland Newydd am hanner blwyddyn i gneifio, cyn troi a chychwyn i fyny'r allt. Trodd i edrych arni hi wedyn a chilwenu eto. 'Be ddigwyddodd? Noson fawr?'

'Uffar o noson dda, un o nosweithia gora 'mywyd i, deud gwir.' Edrychodd Nant allan i weld lle'r oedden nhw. 'Ti'n mynd y ffor' rong. Pam ti ddim yn mynd â fi i Fiwmares?'

'Biwmares?'

'Hotel. Hot secs. Tyd 'laen!'

'Paid â rwdlian . . .'

'Ond dyna be dwi isio. Caru efo chdi fath â pobol mewn ffilm. Iawn, dwi'n mynd allan 'ta . . . Gerdda i . . .' Dechreuodd chwilio am handlen y drws i'w agor, gan ddatod ei belt er mwyn gwyro ymlaen i chwilota. Bu'n rhaid i Ed swyrfio, a stopio.

'Iesu gwyn, ti'n beryg bywyd!' Daliodd ei afael ynddi, ond roedd hi'n gwingo ac yn ceisio dod yn rhydd o'i afael.

'Sut ti'n agor y drws 'ma? Dwi'n mynd i gerddad. Agor y drws 'ma.'

'Nant gwranda arna i, ti 'di cael diod. Chei di ddim hotel yr adag yma o'r nos, siŵr Dduw. Mae'n hannar awr 'di hannar.'

‘Ond . . . Ed, gwranda . . . ond . . . dwi isio bod efo chdi, yn gorwadd efo chdi a caru efo chdi ar dir neb . . . lle niwtral . . . fel hotel . . . chdi a fi mewn hotel . . . yn noeth . . . yn y gwely . . . A fydda i isio chdi, fel dwi bob amsar isio chdi fel'na . . .’

‘Ond bora fory fyddi di ddim yn cofio! Neu ella basat ti'n difaru. Heb sôn am dalu am y ffycin hotel. Felly, dydi o ddim yn syniad da, sti. Dim heno.’

‘Ond be ti'n mynd i neud efo fi 'ta? Dwi *ddim* yn mynd i'r Glyn heno, nac i Gyndyn chwaith. Dwi 'di deud hynny, do?’

‘Wel, do.’ Syllodd Ed arni'n ddyfal. Yn y diwedd trodd y fan i mewn i'r gilfach lle byddai'r bysiau ysgol yn codi plant yn y boreau. Diffoddodd y peiriant. ‘Gysgwn ni'n fan'ma 'ta.’ Estynnodd i'r sêt gefn am hen rỳg. Hwnnw fyddai ganddo pan âi i sêls pell a dim am wario ar westy. Roedd y rỳg yn flew drosto ac yn oglau ci, ond roedd o'n gynnes. Edrychodd Nant yn ddilornus ar y blanced, ac yna ar ei gŵr.

‘Hynna ydi'r gora fedri di gynnig i mi?’

‘Gei di 'nghôt i os ydi'n well gen ti.’

Heb aros iddi dderbyn na gwrthod, tynnodd Ed ei gôt olew drom, gynnes a'i wres yn dal ynddi a'i dal o'i blaen.

‘Ond dydi'r gôt ddim yn ddigon, dydi'r gôt jest ddim yn ddigon. Fedra i ddim caru efo blydi côt, na fedra?’

Roedd yr adar bach yn dechrau telori pan ollyngodd Ed Nant wrth giât y Glyn a chwsg yn dechrau mynd yn drech na Nyrs Beti ar ôl oriau o droi a throsi. Roedd goleuadau'r cyntedd a'r landin yn dal ymlaen. Caeodd Nant ddrws y ffrynt a'r drws canol yn swnllyd ar ei hôl, tynnu'i hesgidiau a dringo'r grisiau ar flaenau'i thraed gan siglo o ochor i ochor. Ar ei phedwar y dringodd hi'r grisiau olaf.

Oedodd wrth ddrws Nyrs Beti. Doedd dim golau lamp yno, ond doedd arni hi ddim isio mynd yn ôl i'w hen lofft rŵan. Roedd pob man yn rhy anodd. Gyda chnoc a chnoc uwch wedyn, mentrodd a cherdded draw at y gwely a'r garthen Gymreig arno. Yno gwelodd amlinell ysgafn, hir Nyrs Beti yng ngolau'r lamp o'r lôn tu allan. Eisteddodd Nant yn dringar ar y gwely ac estyn ei llaw tuag at yr hen wraig.

Dim siw na symudiad o'r gwely.

'Dwi'n ôl, Nyrs Beti. Dwi yma.'

Ond roedd Nyrs Beti'n cysgu'n drwm, yn ôl pob golwg.

Am amser hir, bu Nant yn eistedd yno. O'i chwmpas doedd dim ond cypyrddau a silffoedd gwag. A'r oerni'n cydiad ynddi. Drws nesaf, ffrog briodas ei mam yn crogi.

Ond doedd hi wedi cysgu prin ddim heno – na neithiwr nac echnos chwaith – ac yn y diwedd aeth lludded yn drech na phob emosiwn. Tynnodd ei chôt a'i throwsus, ond nid y goron dinsel, a dringo i mewn i'r hen wely llydan at Nyrs Beti. Cyn pen munudau roedd hi'n cysgu'n drwm.

Ac yn araf, araf, dyma fraich denau Nyrs Beti yn codi i'w chynnwys hi.

12

Swatiodd y ddwy yn y gwely mawr ac roedden nhw'n dal i gysgu'n sownd a Nant yn chwyrnu pan ganodd y ffôn am hanner awr wedi deg y bore wedyn. Cymerodd amser hir ar ôl iddo ddechrau canu cyn i'r un o'r ddwy symud yr un bodyn. Rhoddodd Nyrs Beti broc bach i Nant yn y diwedd: 'Ffôn.'

Stryffagliodd Nant ar ei heistedd ac edrych o'i chwmpas yn syn. A griddfan. Roedd ei gwallt am ben ei dannedd a cholur neithiwr yn strempiau duon rownd ei llygaid. Wrth iddi ddadebru dechreuodd ei hwyneb newid o'r olwg wag, ifanc fydd ar wyneb rhywun newydd ddeffro i'r uwd emosiynau a ddaw wrth i noson gynt fawr drybowndian i'r cof. O dipyn i beth bustachodd o'r gwely a llusgo i ateb y swnyn oedd yn dal i ganu yn hen lofft y Doctor.

Cododd Nyrs Beti wedyn a mynd ati i wisgo amdani mor gyflym ag y gallai. Iddi gofio, doedd hi erioed yn ei bywyd wedi cysgu cyn hwyred â hyn. Wrthi'n rhedeg dŵr ymolchi yn y sinc oedd hi pan ailymddangosodd Nant yn nrws y llofft. Roedd hi'n llwyd fel uwd.

'Owen,' meddai hi, 'ar ei ffordd yma. At ginio. Efo newyddion.' Cerddodd yn ei blaen wedyn nes cyrraedd y gwely. Disgynnodd yn glewt i mewn iddo a thynnu'r dillad dros ei phen. Roedd y llais a glywyd o dan y dillad toc yn fynglyd ac yn druenus. 'Petai Iesu Grist ei hun yn dŵad yma am ginio, fedrwn i ddim cwcio iddo fo heddiw.'

Peidiwch chi â phoeni, galon,' meddai Nyrs Beti gan brysuro ati a thwtio'r dillad gwely o'i chwmpas yn barod, mewn chwinciad, i ailddechrau ar ei gyrfa fel nyrs. Tynnodd y goron dinsel yn ofalus oddi am ben Nant a'i gosod ar gilbost y gwely. 'Mi ddo i â phanad a dwy dabled cur pen i chi ymhen rhyw awr. Cysgwch chi rŵan. Ofala i am y cinio.'

Ond o ran hwylio cinio, ar ôl gaddo, y diwedd fu rhoi'r cawl i aildwymo ac agor tun gellyg, mor hen nes ei fod wedi dechrau rhydu o gwmpas ei ymylon, a thun llefrith a thorri brechdan, ddigon blêr, i fynd hefo nhw. Allai hi ddim dychmygu beth arall i'w gael ac felly, ar ôl danfon paned a thabledi i Nant, aeth ati i osod y bwrdd yn y parlwr canol. Câi well hwyl ar dasg felly.

O dipyn i beth clywodd synau Nant yn codi ac yn cyrraedd i lawr i'r gegin.

'Diolch i chi,' meddai Nant pan ddaeth hi trwodd ymhen hir a hwyr i weld sut roedd pethau'n dod ymlaen. Gollyngodd ei hun i'r gadair agosaf. 'Mi aeth hi'n noson fawr braidd.'

'Well?'

'Diodda'n enbyd.' Edrychodd ar y bwrdd. 'Dim ond i ddau rydach chi wedi gosod. Pwy sy ddim yn cael cinio?'

'Dim llawer o awydd bwyd arna i,' atebodd yr hyna. 'Mi fydd yn well i chi'ch dau gael sgwrs ac mi gliria inna dipyn ar fy hen stafell.'

'Na, rhaid i chi fyta efo ni.'

Ond doedd dim troi ar Nyrs Beti. 'Mae ganddo fo newydd,' meddai hi, 'nid i mi, nage, ŵyr o ddim fy mod i yma. Efo chi y mae o am siarad. Peidiwch â meddwl fy mod i wedi anghofio gymaint o ffrindia oeddach chi'ch dau ers talwm.'

Ddywedodd Nant ddim byd wedyn, ond rhoi cynnig ar wenu a mynd trwodd i'r gegin yn ei hôl. Mwy o ddŵr, meddyliodd, mwy eto o ddŵr. Dilynodd Nyrs Beti hi.

'Nant,' meddai hi mewn llais bach, 'tydw i ddim am eich dychryn na dim byd felly. Rhyw bwt o gyfaddefiad bach sy gen i.'

Trodd Nant oddi wrth y sinc i wynebu Nyrs Beti, ond yn ddigon araf i beidio â chodi cyfog arni'i hun. 'Rydach chi'n sâl. Roeddwn i'n gwbod. Dydach chi ddim yn edrach hanner da heddiw, rydach chi'n edrych cyn waethad â fi. A dydach chi ddim wedi bod yn gneud eich ymarferion. Be sy?'

'Na, dydw i ddim yn sâl.' Tynnodd Nyrs Beti anadl ddofn cyn dweud rhagor. 'Meddwl ella y dylwn i ddeud rhag ofn fod Owen wedi dod yma i drio'ch perswadio chi i werthu'r tŷ 'ma ar eich union. Ac i chitha gymryd ei gyngor o.'

'Waeth beth fydd gan Owen i'w ddeud,' oedd ateb Nant a rhyw benderfyniad newydd yn ei llais, 'wnaiff o ddim effeithio arnoch chi.' Doedd hynny ddim yn hollol wir a gallai Nant weld, hyd yn oed o grafangau'r hangofyr gwaethaf ers blynyddoedd, y gallai diwrnod wawrio – yn y dyfodol gweddol agos o bosib – pan fyddai hi a'i bys yn ei cheg yn meddwl beth i'w wneud efo Nyrs Beti. Ond chymerai hi mo'r deyrnas â chyfaddef hynny wrthi rŵan.

'Dim ond, 'te galon,' ac mor hir oedd y geiriau'n dod o enau Nyrs Beti, 'fy mod i, yn dechnegol felly, yn ddigartre.'

'Digartre?'

'Mewn Cartre ym Mae Colwyn roeddwn i, wyddoch chi, tan ddechra'r wythnos yma.'

Ar ôl dweud cyn lleied â hyn, bu'n rhaid i Nyrs Beti fynd i eistedd wrth fwrdd y gegin. Daeth Nant ati i eistedd gyferbyn.

'Ac . . ?'

'Wel, mi ges fy nhroi i'r lôn, waeth i chi ddeud.'

'Ond am be, Nyrs Beti bach? Methu talu oeddech chi?'

'O bobol annwyl naci, dim byd fel'na. Na, gormod o drafferth oedd hefo fi, 'te.'

'Pa fath o drafferth?'

'Wel, trio helpu fyddwn i – gosod y byrdda a helpu efo nyrsio weithia, wyddoch chi – newid dresings a rhoi ffisig a phetha felly. A chymryd pwysedd gwaed. Doedd gan y genod bach ifanc 'na ddim syniad beth oeddan nhw'n 'i neud hannar yr amser, a doeddan nhw ddim wedi pasio debyg i ddim.'

'O diar.'

'Ac wedyn, roeddan nhw'n ofnadwy o sdowt fy mod i'n cymryd tabledi a ffisig a ballu fy hun, fel roeddwn i'n gweld yn dda.' Gwelodd yr olwg o fraw ar wyneb Nant ac ychwanegu. 'Wel, roeddwn i'n gwybod yn well na nhw sut roeddwn i'n teimlo, doeddwn?'

'Ond,' meddai Nant, 'be ddigwyddodd i chi fynd i gartre yn y lle cynta, Nyrs Beti?'

'Pwl,' meddai Nyrs Beti, a'i gadael ar hynny.

'Ond fyddan nhw ddim yn poeni amdanach chi?'

'Go brin, mi gesh fy rhoi mewn tacsi a dyna fo.'

'Ond tacsi i ble?'

'Ddywedon nhw ddim. Roeddan nhw'n fy nhrin i

fel gwrthodedig. Mi ddoish i i'r dre 'ma ac wedyn – ar ôl talu i'r dreifar, a rhoi clamp o dip iddo fo, rhag iddo achwyn – mi gerddais i draw yma. Roedd y Metron wedi deud wrtha i fod eich tad wedi marw.'

'A be fasach chi wedi'i neud taswn i ddim yma? Petaech chi wedi cael y lle'n wag?'

'Wn i ddim,' meddai Beti. 'Ond yr hyn sy'n fy mhoeni fi ydi be os na chaf i aros yma am ychydig bach, nes ein bod ni wedi dod i ben â phetha. Be ddaw ohona i? I ble'r a' i?'

'A dyna pam eich bod chi wedi colli'ch stumog?' oedd ateb Nant. 'Ond wna i mo'ch troi chi heibio, siŵr. Ac ella, maes o law, y galla i gael lle i chi'n nes ata i, i mi gael galw i'ch gweld chi ac ati.'

Ond edrychodd Nyrs Beti'n alaethus drist arni ac ysgwyd ei phen.

'Be sy?'

'Rydw i wedi cael fy rhoi ar ryw restr,' meddai hi, 'o ddefaid duon melltigedig. *Banned from all residential homes within a hundred mile radius*.'

'Nefi wen,' chwarddodd Nant yn harti gan anghofio'r cur. 'Mae'n rhaid eich bod chi wedi bod yn dipyn o lond llaw i gael eich rhoi ar y rhestr honno!'

'Rhy dda oeddwn i, 'chi, i fod mewn Cartre,' oedd esboniad terfynol Nyrs Beti ar y sefyllfa.

Unig ymateb Nant oedd gwneud coffi i'r ddwy ohonyn nhw, un trwy lefrith efo mêl ynddo i Nyrs Beti a thrwy ddŵr (ond yn gryf fel triog) iddi hi'i hun.

Cyn eu bod wedi gorffen ei yfed, agorodd y drws ffrynt yn un storm a daeth Owen i mewn. Brasgamodd i'r gegin yn llawn bywyd, a sgôl o ddail a phapurach i'w ganlyn. Rhoddodd gusan gynnes i Nant ar ei boch ac wedyn troi ar ei sawdl i rythu'n syn ar Nyrs Beti.

'Good god!' meddai. *'Betty Richards! I thought they'd buried you at least twenty years ago!'*

'Wel mae'n ddrwg gen i'ch siomi chi,' meddai Nyrs Beti a golwg ddrwg yn ei llygaid oedd yn esbonio pam eu bod nhw wedi cael cymaint o drafferth efo hi yn y Cartref Henoed 'na.

'Mae Nyrs Beti'n aros am ychydig ddyddia.'

'Wel, esgusodwch fi rŵan,' meddai Nyrs Beti gan godi ar ei thraed, 'mae gen i dipyn o waith clirio i'w neud. Braf iawn cael eich gweld chi eto, Owen. Mwynhewch y cinio!'

Edrychodd y ddau arni'n mynd, a chyn gynted ag y caeodd y drws trodd Owen yn ôl i wynebu Nant a serennu gwên arni.

'Synnu 'ngweld i'n ôl mor fuan?' holodd, ond roedd o'n anniddig. Dechreuodd fownsio'n fwy na cherdded o gwmpas y gegin gan fwrw golwg o gwmpas ar yr arwyddion cartrefol oedd yno: bagiau neges, ffrwythau, priciau tân sbâr, côt wedi'i thaflu dros gefn cadair. Gwisgai ddillad anffurfiol heddiw, trowsus melfaréd a siwmper wlân dros grys glas golau, ac edrychai'n fengach nag mewn siwt. At hynny, roedd o wedi golchi'i wallt melyn golau nes ei fod yn wyllt ac yn disgyn i'w lygaid. Bron nad oedd o'n hogyn eto, yn cyrraedd adref o'r ysgol neu o'r coleg yn byrlymu o storïau. 'Ond Nant, mi fu'n rhaid i mi fynd yn f'ôl i Lundain, i'r ysbyty ac i ganol y sefyllfa adra, cyn i mi fedru gweld be oedd wedi bod o dan fy nhrwyn i drwy'r adeg.'

'Be oedd wedi bod o dan dy drwyn di drwy'r adeg, felly?'

'Wel, yr ateb. Y cyfla i mi newid fy mywyd er gwell. Ti'n gwybod be ydi o? Dwi wedi bod mor ddall!'

'Dim rŵan,' meddai Nant yn bendant, gan godi'i llaw i roi taw arno. 'Gei di ddeud heno. Rŵan, dwi angen awyr iach i glirio 'mhen. Tyd, awn ni i'r ardd. Gei di fenthyg hen gôt Dad.'

A dyna pryd y symudodd Nyrs Beti oddi wrth ddrws y gegin lle bu ei chlust yn sownd wrth dwll y clo gydol y sgwrs. A'r gwyro hwnnw wrth y drws oedd swm a sylwedd yr ymarfer corff am y dydd. Wedi ofni roedd hi, yng ngwendid y funud, y byddai Nant yn bwrw iddi heb sychu'i cheg i ddatgelu ei hanes, ond doedd hi ddim ar gyfyl eu sgwrs. Roedd hynny'n ei phlesio ac yn ei phoeni. O dipyn i beth bodlonodd, ac aeth drwodd i'w hen stafell ac eistedd yno'n segur. Doedd ganddi ddim diléit i daflu pethau heddiw fel y gwnaeth ddoe – hen fandeisiau a phlasteri a phadiau gwlân cotwm na dim arall. Dim ond eistedd a'i dwylo'n llonydd ar ei glin fel petai hi'n disgwyl i rywun ddod i'w hymgeleddu hi.

Ar ôl cinio, cyn i Nant gael cyfle i egluro'r trefniadau cysgu rhyfedd, roedd Owen wedi'i g'leuo hi am ei hen lofft. Doedd o ddim angen dim byd, dim ond cael mynd yno. A dyna ble'r oedd o, pan gyrhaeddodd hi, wedi codi bag meddyginiaethau Nyrs Beti oddi ar y llawr ac yn mynd drwyddyn nhw.

'Ies',' meddai wrthi, 'o lle daeth y rhain?'

'Petha Nyrs Beti ydyn nhw,' meddai Nant. 'Wnes i ddim craffu. Pam? Problem?'

'Problem?' adleisiodd Owen gan ddal i ddarllen labelau ar bacedi. 'Wel, rhyfeddol ei bod hi'n dal yn fyw, ddeudwn i. Faint oeddat ti'n ddeud oedd ei hoed hi?'

'Ddeudes i ddim,' meddai Nant. 'Ond tua oed Dad. Tua wyth deg pump, wyth deg chwech ella? Ddyla hi fod mewn ysbyty?'

'Wel,' atebodd Owen yn bwyllog. 'Mae hi ar dabledi pwysedd gwaed a *beta blockers*, tabledi at gryd cymala, *thyroxin, sedative,* a lot o dabledi at boen. Felly deud ti wrtha i.'

'Dwi ddim callach. Dwi ddim yn ddoctor. Ond mae o'n swnio'n lot. Ond mi wn i na fydd hi ddim isio mynd i'r ysbyty.'

'Dydyn nhw byth. Call iawn hefyd. Gofyn i ti fod yn reit ulw iach i fynd i'r ysbyty y dyddia yma.'

'Be wna i?'

'Mi ddylia hi gael tsiecio'i gwaed a ballu o leia. Lle mae'i doctor hi?'

'Bae Colwyn.'

'Bae Colwyn? Wel, fanno dyla hitha fod, felly, dim yn fan'ma.'

Gwnaeth y wybodaeth yma i Nant deimlo'n anniddig, ond ddywedodd hi 'run gair. Siawns nad oedd hi wedi synhwyro cynt sut roedd pethau. Dim ond cerdded draw at y wardrob wnaeth hi, a golwg feddylgar arni, ac at ddesg a chist Owen. Bwrw ymlaen oedd orau. Er agor y tri dodrefnyn, doedd yno ddim affliw o ddim.

'Does gen ti ddim gorffennol yn fan'ma,' meddai Nant. 'Sbia.'

'Dyna ni, felly. Meddwl y baswn i'n bwrw golwg ar y landerydd a'r to nesa. Lle mae'r ystol?'

'Am nad wyt ti wedi bod yma ers bron i ugain mlynedd. Dim edliw ydw i – deud.'

'Ond y gwreiddia wedi'u gosod yma ymhell cyn hynny, siŵr. Lle arall oedd gen i ond fan'ma, a'r ysgol?'

'Ond does dim isio i ti deimlo cyfrifoldeb mwya sydyn am y to a'r landerydd. Fy mhroblem i ydi'r rheini. Neu, a'i roi o mewn ffordd arall, fi sy'n mynd i orfod sbio arnyn nhw'n dirywio'n araf fath â phob dim arall yma. Neu werthu. Neu gael job o ryw fath. Mae Ed wedi bod yn deud . . .'

Roedd Owen wedi bod yn sefyll a'i gefn ati, yn syllu ar ei wely. Ond trodd i'w hwynebu hi. A phan ddaeth y datganiad, achos dyna beth oedd o, yn fwy na gosodiad na chwestiwn na gofyn barn, roedd o mor annisgwyl â newyddion drwg iawn gan eich meddyg.

'Dwi wedi ailfeddwl, Nant. Mi faswn i'n licio'r tŷ 'ma, a'i holl broblema. Licio'i brynu fo gen ti, neu ffeirio etifeddiaeth efo ti.'

Doedd Nant ddim yn disgwyl hyn, o bopeth, y gnoc led ochor hon.

'Pam?'

'A dŵad yn f'ôl yma. Cario'r hen draddodiad teuluol yn 'i flaen. Dod yn ôl yma fel meddyg teulu. A gneud 'chydig o waith preifat.'

'A be mae Sioned yn ei ddeud?'

'Fasa Sioned ddim yn dod, na fasa? Na'r plant. Maen nhw'n teimlo mai yn Llundain maen nhw'n perthyn.'

'O, rwyt ti wedi trafod, felly. Dim ond chdi, 'ta, Owen, yn y tŷ mawr 'ma?'

'A ffrind i mi. David. Homeopathydd. A thyfwr perlysia.'

'Ffrind i ti?'

''Nghariad newydd i, 'ta.'

Mynnodd Owen fwrw ati i glirio'r dail o'r landerydd a thynnu'r crafangau eiddew oedd wedi dechrau ymgripio i fyny'r talcen pella at y corn, fel petai dim wedi digwydd. Wel, o ran hynny, doedd yna ddim wedi digwydd. Chafodd Nant ddim cyfle i ddatgelu'r newydd wrth Nyrs Beti am iddi gael ei chadw'n brysur yn dal yr ysgol drwy'r pnawn. Rywsut, roedd yn braf cael dod yn ôl at rywbeth soled felly, rhoi ei phen ar bwys yr ysgol a'i dal yn sownd a di-syfl ar berygl bywyd. Ond roedd Nyrs Beti mor groendenau, ac yn fwy o ysbryd nag o gorff, fel ei bod yn synhwyro i'r dim fod yna rywbeth go fawr wedi peri styrbans.

Erbyn i Owen ddod yn ei ôl i'r Glyn gyda'r nos, ar ôl bod yn y dre yn prynu gwin a bwyd Indiaidd, doedd Nant ddim yno. Roedd hi wedi mynd, meddai Nyrs Beti, efo dim ond ei bag a'i chôt heb ddweud i ble. Ond roedd hi wedi mynd i rywle i gyfarfod rhywun, gwyddai gymaint â hynny, achos roedd hi wedi'i chlywed yn siarad ar ei ffôn bach. Nid ei bod hi'n clustfeinio ar sgyrsiau pobol eraill, ond i gyfarfod rhywun yn y Bulkley ym Miwmares roedd hi wedi mynd. Pwy, wyddai hi ddim, a phryd fyddai hi'n ôl, wyddai hi mo hynny chwaith.

Ond daeth Nyrs Beti i'r adwy'n orchestol ar fater y bwyd Indiaidd. Roedd hi wedi bod yn ffond iawn o fwyd sbeisi, meddai hi, ers pan fyddai hi'n mynd i Lundain ar ei holidês yn y chwedegau. Ac o ddynes oedd yn ddim ond croen ac asgwrn, a dim ond trugaredd a phacedeidiau tabledi ac ymarfer corff yn ei chadw hi'r ochr yma i'r afon, gwnaeth yn arwrol gan fwyta drosti hi ei hun a Nant.

Pan ddringodd Nant i mewn i'r gwely at Nyrs Beti oriau lawer yn ddiweddarach, roedd y lorri ludw i'w chlywed yn rhuo tu allan a phostmyn y dre yn cychwyn ar eu rowndiau gyda'u pynnau cardiau a pharseli Nadolig.

Ac roedd gan Nant hen ddigon o bryderon allai fod wedi'i chadw'n effro nes y byddai'n bryd i bawb arall ddeffro: y dolc hegar ddiweddara i'w cherdyn credyd, newyddion Owen, pryder am Nyrs Beti – heb sôn am y VAT 'na roedd hi'n dal heb fynd ati i'w wneud i Peredur.

Ond er hyn i gyd, gwyddai y byddai hi'n cysgu. Heno, fu yna ddim trafod arian. Ynganwyd mo enwau Owen na Peredur na neb arall. Soniwyd dim am eiddo nac am arian.

Caru ydi'r ffisig cysgu gorau.

13

'Peredur?'

Roedd y llanc wedi tynnu'i gôt ers meitin wrth ddadlwytho'i rawiau a'i drosol, yr ordd a'r dril – roedd yn haws symud hebddi. A doedd mo'i hangen o ran hynny; roedd o'n cadw gwres ei gorff wrth gludo'i offer rownd i'r cefnau yn barod i ddechrau ceibio wrth ddrws y seler. Owen oedd wedi ei ffonio fo o'r Glyn y noson cynt, heb orfod gofyn caniatâd Nant gan nad oedd hi ddim yno, i ofyn a ddeuai o draw i helpu i agor drws y seler drannoeth. Job 'diolch yn fawr' oedd hon mwy na thebyg, felly, barnai Peredur; job ddiddiolch, job am ddim, a job oedd yn mynd i gael ei stwffio i ben cynta'r dydd cyn mynd i'r afael â'r gwaith go-iawn oedd ganddo dan law.

Cefn ei siyrsi las dyllog a welodd ei fam pan aeth hi allan i chwilio amdano.

'Mi fydd Owen yma mewn dau funud. Ar y ffôn mae o. Gymeri di goffi i weitiad?' Dim gair. 'Neu de?' Dim ateb. Dim coffi na the, yn amlwg, felly. 'Peredur, be sy? Peredur!' Dim ateb. Os nad oedd codi gordd yn uchel uwch ei ben gyda holl rym pen ffensiwr Rali Sirol y Ffermwyr Ifanc a'i hyrddio at ddrws derw trwm y seler yn ateb. Ond wedyn, ar ôl yr ergyd, dyma'r llanc yn ailfeddwl ac yn troi i'w hwynebu hi.

'Gin i ddigon i neud heb ddŵad i fan'ma i falu cachu . . . Mae'r hogan 'na sy 'cw, Janey . . . fuo rhaid cael doctor ati neithiwr yn oria mân y bora.

Wedi colli mwy o gwsg efo honna na'r un fuwch sy wedi bod acw. A phaid â gofyn i mi lle oedd Dad . . . doedd o ddim adra . . . mwy nag oedd o echnos. Ac oeddwn i'n meddwl dy fod ti am neud y VAT i mi . . .'

'Heno. Gaddo.'

'Ies', ti'n fan'ma yn hel dail efo rhyw blydi ddynas bach oedd pawb yn meddwl 'i bod hi 'di cicio'r bwcad chwartar canrif yn ôl . . .'

'Ond i chdi, Peredur – gyda phob parch – os nad oes gan bobol dir neu beirianna neu ddefaid, neu'u bod nhw'n ferchaid a rhagoriaetha erill fel bronna mawr neu ben ola siapus, neu'n fêts i ti, dydyn nhw ddim yn bod . . .'

'Paid â malu . . .'

'Mae o'n wir. Dy oed di ydi o!'

Trodd Nant ar ei sawdl i gychwyn yn ôl am y tŷ. Ambell dro roedd yn rhaid dweud y caswir. Daeth golwg dwtsh yn hunanfoddhaus i'w hwyneb wrth feddwl ei bod hi wedi cael y gair ola, ac am y tro wedi rhoi'i mab yn ei le.

'Watsha di roi dy ben mor uchal yn y cymyla fel nad wyt ti ddim yn gweld be sy'n digwydd wrth dy draed di!'

Trodd yn ôl i'w wynebu fo. 'Rydw i'n gweld lle dwi'n mynd.'

'Sy'n fwy na fedrat ti ddeud am y noson o'r blaen. Hongian glywish i.'

Cododd Peredur yr ordd yn uchel yn barod am ail ergyd, a syllu i fyw ei llygadau hi. Efalla fod yna fymryn o dwincl yn y llygad, ond allai Nant mo'i weld. Efalla ei bod hi'n rhy agos ato o hyd i allu gweld. Roedd o'n siglo-swingio'r ordd i hel nerth cyn ei 'nelu hi eto. Ond cyn iddo gael taro dyna

Owen yn ymddangos yn y drws cefn, wedi'i lapio mewn côt drom a sgarff a menig.

'Na, Peredur,' meddai gan godi ei law. 'Paid.' Roedd yr ordd yn dal i swingio ac yn bygwth codi. 'Paid â thorri'r drws i lawr. Mi fasa'n well i ni dorri'r clo na malu'r drws.'

'Be 'di'r ots?' meddai Peredur gan daflu'r ordd o'r neilltu'n bwdlyd. 'Be ffwc 'di'r ots? A be oedd isio i mi ddŵad yma os mai'r cwbwl oeddach chi am 'i neud oedd torri clo efo sgriwdreifar?'

Aeth Nant yn ei hôl i'r tŷ a mynd ati i blicio tatws at ginio, wedi llithro'n ôl i'w hen rôl, a golwg guriedig arni. Aeth Peredur i'r fan i rowlio smôc ac eistedd yno a'r drws hanner ar gau ac un goes allan. Bob hyn a hyn câi'r drws gic nerthol.

Ymhen hir a hwyr daeth Nyrs Beti i lawr o'r llofft a mynd fel rhyw gysgod gwantan i lawr i'r ardd isa i roi cynnig ar yr ymarferion corfforol beunyddiol. Roedd hi wedi clywed y gweiddi ac roedd hynny wedi'i thaflu hi. Câi ei hatgoffa am ddyddiau yn y Cartre Henoed pan fyddai rhai o'r hen greaduriaid yn gwrthod codi, neu'n gwrthod gwisgo neu'n gwrthod mynd i'r bath, ac un o'r nyrsys yno fyddai'n gweiddi arnyn nhw. Ac weithiau arni hi.

Ond, hyd yma, roedd Owen yn iawn. Doedd y tensiwn o'i gylch ddim wedi ei gyffwrdd. Ar ôl tynnu'i fenig aeth ati, gyda'i sgiliau llawfeddyg, i gynllunio sut y byddai'n mynd ati i bigo'r clo mawr ar ddrws y seler i'w agor yn ddi-boen.

Roedd pethau wedi bod yn iawn yn y seler – hynny ydi, yn ddidrafferth cyn belled ag y gellid dweud o'r tu allan – ers i'w dad gau'r drws a rhoi clo clap arno wedyn flynyddoedd yn ôl. Fu yna ddim llifogydd, dymchweliadau, dirgryniadau na ffrwydradau yno ers hynny. Ac roedd y cloeon cadarn yna a waharddai unrhyw fynediad yn gwneud eu gwaith yn iawn. Cadw pethau i mewn a chadw pobl allan.

Ond doedd dim gobaith gadael llonydd unwaith roedd Owen wedi gwneud penderfyniad i fforio. Pan ddaeth yn ei ôl o'r gegin gyda chyllyll o wahanol faint, a sgriwdreifars a lli fach a menig plastig tyn, gwyn am ei ddwylo a mynd ati i osod yr arfau allan yn rhes filitaraidd ar y gwelltglas, roedd yn amlwg fod triniaeth yn anochel.

Ar ôl gorffen ei smôc a chofio'i oed, daeth Peredur draw at ei ewythr i gynnig help ac i weld beth ellid ei gyflawni gyda medrusrwydd yn hytrach na grym gordd. Ymhen dim roedd o wedi ymgymryd â swydd y cynorthwy-ydd ac yn estyn yr arfau i Owen.

Ar ôl iddo dreulio pum mlynedd yn pasio'n feddyg yng Nghaerdydd, roedd Owen wedi mynd ati i wneud ei hyfforddiant llawfeddygol sylfaenol yn Sheffield ac wedyn yn Lerpwl. Beth gyrrodd o i gyfeiriad felly sy'n gwestiwn, ac eto efallai na ddylai fod yn destun syndod – roedd cymaint o'i ffrindiau coleg yn frwd dros faes llawfeddygaeth. Byddai'i dad weithiau'n ei annog i'r cyfeiriad hwnnw hefyd, er ei waetha'i hun achos dyna roedd yntau wedi rhoi'i fryd arno'n ŵr ifanc nes i amgylchiadau ei rwystro. Gwyddai na ddylai o wneud hynny, a phe bai Cathy o gwmpas, y byddai wedi rhoi stop ar y peth yn syth. Yn wir, byddai Cathy wedi bod yn gwbl fodlon gweld ei mab yn gweithio fel gyrrwr bws neu blastrwr, dim ond iddo fod yn hapus.

Beth bynnag, cymerodd Owen ddwy flynedd o

saib ar ôl cwblhau ei BST i ddilyn cwrs meddyg teulu. Cafodd gyfle wedyn i ymuno â thîm oedd yn gweithio ar brosiect ymchwil ac ysgrifennu papur ar ailffurfio meinwe meddal yn dilyn llawdriniaethau thorasig. Roedd yn rhaid wrth brofiad fel hyn er mwyn gallu honni arbenigedd. Ni fu erioed waith mor araf a manwl a diflas, a'r eironi pennaf oedd – hyd yn oed ar ôl gweld a phrofi drosto'i hun mor anodd yw ailffurfio cnawd o fewn y gwddw ar ôl llawdriniaeth canser – ei fod o'n dal i fynnu cael ambell smôc. Yr angen i fentro ynddo oedd hynny, i ddal her ac i gicio yn erbyn tresi ei broffesiwn. Ond, a'r papur hwnnw dan ei gesail, mater gweddol hawdd oedd cael lle i ennill profiad fel Uwch Gofrestrydd yn Birmingham i ddechrau ac wedyn ym Mryste ac Ysbyty Guy's, Llundain. Yn ddamcaniaethol, felly, roedd Owen yn gymwys i weithio fel meddyg teulu a doedd dim i'w rwystro rhag dod yn ei ôl a chychwyn neu ailgychwyn practis yn ei hen gartref. Dim heblaw am Nant. Ond roedd un peth yn sicr; roedd wedi ei orgymhwyso ar gyfer y math o driniaeth roedd yn ei chynnal ar y pryd!

O fewn llai na deng munud, roedd o wedi llwyddo i dynnu'r clo'n ddarnau nes ei fod yno ar lawr o'i gwmpas – y cyfan wedi'i osod allan yn ddarnau mân o fetel mor daclus fel y gallai eu rhoi yn ôl yn gysáct yn eu trefn a'u priod le. Edrychodd Peredur ac yntau ar ei gilydd am ennyd cyn i'r un ohonynt agor y drws; heblaw fod Owen yno, byddai Peredur yn sicr wedi rhoi ysgwydd iddo a'i hyrddio'n agored ers meitin a llamu i lawr y grisiau.

'Yn y gegin ar y sil ffenast,' meddai Owen, 'mae

yna lantern bach a channwyll ynddi. Cystal cael gola bob un.'

'Lord Carnarvon, myn uffar i,' cwynodd Peredur, cyn mynd yn ufudd i nôl y lantern. Weithiau, roedd yn braf bod dan law yn lle arwain eich hun.

Pwy ddaeth i'w gwfwr wrth iddo'i throedio hi am y drws cefn ond Nyrs Beti, a'r mymryn lleia o wrid yn ei bochau ar ôl ei hymarferion, yn cario ysgwydd oen roedd hi wedi dod o hyd iddi wrth y giât bach i'r ardd. 'Tylwyth teg ffeind,' meddai hi'n wên o glust i glust a'i gwynt yn dal yn fyr.

'O ddiawl,' meddai Peredur.

Stopiodd i graffu'n fanwl ar y darn cig, fel petai o'n astudio anifail byw ar gae sioe. Cig wedi dod o rewgell oedd o, ac erbyn hyn yn gorffen dadmer.

'Texel,' cyhoeddodd. 'Fedrwn i ddim taeru, ond mae o'n debyg iawn i be sy gynnon ni acw.'

'Ond nid eich mam . . .' cychwynnodd Nyrs Beti. 'Mi fasa . . .'

'O naci,' cytunodd Peredur, 'tylwythan deg go nobl efo mwstásh, ddeudwn i.'

Cymerodd y cig o freichiau Nyrs Beti a throi fel pe bai am fynd ag o i'w gerbyd, ond cafodd ei stopio yn ei dracs gan fys esgyrnog yng nghanol ei gefn.

'Esgusoder,' meddai hi. A chymryd yr ysgwydd yn ôl. 'Mae'n beth hynod anlwcus cymryd unrhyw beth mae'r tylwyth teg wedi'i roi'n anrheg i rywun arall.'

'O, felly?' gofynnodd Peredur. 'Pwy sy'n deud?'

'Hen goel gwlad,' atebodd Nyrs Beti'n llawen. 'Na ddwg a ddyro dylwythen. Mi fydd yn fendigedig i ginio, a gobeithio y gwnewch chi aros i rannu'r wledd efo ni.'

Ac mae'n debyg fod y gwahoddiad a'r blys wedi

bod yn ormod i Peredur, oedd wedi byw ar duniau bêcd bins a sbarion lobsgows a tsips ers dyddiau lawer. A dyma fodloni i'r offrwm gael ei gludo i'r gegin at y llysiau roedd ei fam wedi bod yn eu plicio mor ffyrnig.

'Beth am gwpanaid bach rŵan,' meddai Nyrs Beti wrth Nant oedd wedi goleuo trwyddi ar ôl gweld y cig oen, 'i aros i'r dynion ddod yn eu hola.' Dywedai hynny fel pe baen nhw wedi mynd i'r mynydd i hel defaid, nid i seler o dan yr union adeilad lle'r oedd y banad i gael ei hyfed. Rhoddodd ddŵr yn y tecell a'i osod ar yr Aga i ferwi, ond am unwaith byddai'n rhaid iddi hi fynd â'r dasg i'w phen os oedd hi am ddiod o de.

Y munud y cafodd Nant ei dwylo ar y cig oen, doedd dim arall yn bod yn y gegin iddi hi. Aeth ati i'w olchi o dan ddŵr y tap gan ei anwesu wrth wneud hynny, fel petai o'n gnawd byw, nid darn o anifail marw. Roedd cyrten bach o saim lliw hufen a phatrwm fel les arno wedi'i lapio am yr ysgwydd, a dyma hi'n ei dynnu ac wedyn yn ei osod wrth ymyl y cig yn y tun fel ffrog wedi'i diosg. I Nyrs Beti, roedd hyn fel gwylio rhyw seremoni gyfrin nad oedd hi'n rhan ohoni ond fel cludydd. Roedd yna berthynas drwy'r cnawd yma – rhwng y sawl oedd wedi rhoi'r offrwm a'r sawl oedd yn ei dderbyn. A rhwng y cig a'r cogydd. Allai hi ddim treiddio'r un ohonyn nhw. Aeth Nant ati'n gariadus i dywallt olew olewydd, a thaenu halen a gwthio sbrigiau o rosmari i'r cnawd. Ar ôl iddi orffen cafodd y cig ei osod yn y popty a safodd Nant yn agos at y gwres.

Fyddai o ddim yno'n hir. Fe fydden nhw'n ei fwyta'n binc.

14

Doedd yna ddim canllaw i'r grisiau cerrig a arweiniai i lawr i grombil y seler. Owen arweiniodd, a Peredur wrth ei gwt yn troi golau ei lantern i bob cyfeiriad i edrych be welai o. Doedd yna ddim byd i'w weld ar y waliau ond addurniadau trwch o we pry cop. Roedd y rhai uwch ei ben yn cael eu dal yn y lantern ac yn cydio yn ei wallt a'i ddillad. Slafan anghynnas oedden nhw hefyd, fel y mwcws ddaw i ganlyn llid y coluddion. Gan fod Owen yn fyrrach, roedd o'n llwyddo i wyro o'u cyrraedd, a Peredur ar ei ôl yn cael y cyrtan llysnafeddog lond ei wep.

'Sglyfaeth ddiawl!'

'Ond o leia does 'na ddim llygod mawr yma.'

'Cysurwr Job.'

'Er, gwylia dy draed rhag ofn. Mi alla 'na rai fod wedi dod trwy ryw hen dwll gwynt.'

'Diolch am y cyngor.'

Unwaith roedden nhw'n cyrraedd gwaelod y grisiau, ymrannai'r seler yn ddwy ystafell o'u blaenau: drws yr un oedd ar y dde yn agored a'r un ar y chwith wedi'i gau. Trwy'r drws agored y mentrodd y ddau gyntaf.

Anelodd Owen y dortsh ar hyd y llawr i ddechrau, ac yna'n uwch hyd y waliau. Fel hen dai llaeth ers talwm roedd yma fwrdd llydan wedi'i wneud o dri slabyn mawr o lechen las. Yma y byddai'r dŵr y byddai Gwennie Jones, howscipar Robert Hughes, a morynion Lora Watkins wedyn, a Dilys yn eu plith, yn ei gario o'r ffynnon yn cael ei storio nes byddai ei angen yn y gegin. Ar y wal bella crogai'r hen iau o hyd. O dan y bwrdd safai rhes daclus o bwcedi gweigion. Ac ar y llechi gwelid jygiau tun mawr wedi'u gadael yn rhes, a'r rhwd wedi hel ar eu gweflau nhw.

'Cyn bod y tŷ ar y mêns, ylwch.'

'Ia, edrych i fyny fan'na, poteli gwin ydi'r rheina ar y silff dop yna?' Peredur estynnodd yr agosa ato a gafael ynddi mor dringar rhwng bys a bawd rhag yr atgas we pry cop fel bod Owen wedi'i bachu o'i afael. Roedd o'n dipyn o *connoisseur*, o'r dyddiau pan fyddai o'n hobnobio efo llawfeddygon ar ryw gyrsiau penwythnos flynyddoedd yn ôl mewn ymdrech i hybu ei yrfa. Un Nadolig, ar ôl i Cathy farw, roedd wedi cyrraedd adra efo potel o Chablis Grand Cru a Chateau Neuf du Pape, a'i dad yn cael trafferth ei ddiodde fo. Gwenwyn oedd hynny, debyg iawn; o'r holl bethau roedd o wedi ymddiddori ynddyn nhw doedd gwin ddim yn un. Ond ar ôl hynny, cyn i Owen ddod adra ar Basg neu ballu, byddai Doctor Cynfal yn gofalu fod ganddo botel neu ddwy reit sylweddol at swper a chinio Sul. Wisgi oedd ei dipl o o hyd, er hynny, fel llawer o ddynion ei gyfnod; diferyn bach at deneuo'r gwaed gyda'r nos cyn mynd i'w wely, a diferyn bach arall wedyn dros y galon.

Ond os oedd hon yn *vintage*, fyddai dim modd profi hynny bellach gan fod llygod bach wedi bwyta'r label i gyd. Dim ond blas y gwin ynddi hi fyddai'n gallu profi a oedd hi'n flwyddyn well na'r cyffredin, neu'n wir yn flwyddyn wych. Ar ôl ei dal yn y golau a chraffu i weld a oedd y ddiod yn glir, gosododd Owen y botel yn ôl yn ofalus yn ei lle.

'Maen nhw'n cael eu storio ar eu hochr,' meddai 'fel bod y gwin yn cyffwrdd y corcyn, yli, rhag iddo fo sychu. Rhaid i ni fynd ag un i fyny i'w chael efo cinio.'

'Dyn peintia ydw i,' oedd ateb Peredur, 'ac a deud y gwir, mi fedrwn i neud efo un y munud yma.'

'Braidd yn gynnar, ydi ddim?' oedd ymateb sychlyd Owen.

'Mae'n afiach yma, dydi? Dowch i ni gael gweld be sy yn y lle arall 'na i ni gael mynd o'r blydi lle 'ma.'

'Yli, yn y gongol 'na.' Cododd Peredur ei lantern a'i throi i oleuo'r gongl. Berfa oedd yno, a rhyw daclau ynddi. Yr olwyn wedi hen fynd yn fflat. 'Berfa Dad o'i ddyddia garddio,' meddai Owen. 'Mae'n siŵr ei fod o wedi dŵad â'r rhain yma pan roddodd o'r gora iddi.'

'Dwi ddim yn ei gofio fo'n ei defnyddio hi,' meddai Peredur.

'Wel na finna,' oedd ateb Owen, 'rhwng fy mod i i ffwrdd yn yr ysgol ac wedyn wedi treulio blynyddoedd yn y coleg, a phob gwylia bron mewn gwahanol ysbytai. Yli, dyma'r cwbwl o'r tacla: rhaw, cortyn, fforch fach, rydlyd erbyn hyn, menig a throwel.'

'Sgip.'

'Na,' oedd ateb byr ond pendant Owen. Ond pam cadw'r rhain, o bopeth? Os nad dychmygu'r cariad newydd yna'n garddio yma efo arfau'i dad yr oedd o.

Canodd ffôn bach Peredur a'r diwn hwyliog yn taro'n hollol chwithig yn y lle mud hwn. 'Hei, be ti isio?'

Cododd Owen ei lygaid, ac edrych draw, ac wedyn eu cau nhw.

'Pam ddiawl na fasach chi wedi gweitiad i mi ddŵad yna? Ddeudish i un ar ddeg o'r gloch, a dydi hi ddim yn hynny eto, nac'di?' A gwrando, ac wedyn: 'Mae isio ffycin mynadd. Fydda i yna rŵan.' A diffodd.

'Problem?' holodd Owen yn gynnil; mewn rhai pethau, roedd yn feddyg hyd flaenau'i fysedd.

''Dan ni'n agor llyn yn Pant, job grant i ryw foi. Ddeudish i wrthyn nhw am aros nes i mi gyrraedd cyn dechrau codi'r brwyn a'r mwd 'na. Fi bia'r blydi jac. Ond na, oedd rhaid cael myrraeth.'

'A rŵan?'

'Dympar 'di mynd yn sownd. Sori, Owen, fydd rhaid i mi fynd.'

'Diolch am ddŵad heibio i roi help llaw. Os bydda i isio contractyr, fydda i'n gwbod lle i holi.'

'Llundain braidd yn bell i fynd efo jac codi baw, 'de.'

'Os na alla i berswadio dy fam i werthu fan'ma i mi.'

'Y? Dach chi ddim wedi gofyn iddi? O ddifri?'

'Do. Ddoe.'

'Niws i mi. Be ydi hyn heddiw 'ma, 'ta? Gneud yn siŵr nad oes 'na ddim sybseidans?'

Chafodd y cwestiwn mo'i ofyn yn glên nac yn grafog o ran hynny. Isio gwybodaeth roedd o. Safodd Peredur yno am funud yn disgwyl, ond ddaeth dim ateb nac esboniad na dim arall. Felly cododd ei law at ei dalcen mewn dynwarediad o salíwt a chadw'i ffôn yn ei boced. Gadawodd y lantern ar y stand lechen, ac roedd ei golau hi'n sirioli hyd yn oed y lle diffaith yma wrth i sŵn ei draed yn gadael glindarddach ar y grisiau cerrig.

Ar ôl iddo fynd, taniodd Owen sigarét. Troellai'r mwg ohoni'n gylchoedd i fyny at y golau ddydd uwchben. Dim ond ar ôl iddo fynd drwy'i hanner hi, ac i'w chyffur gyflymu curiad ei galon, y cerddodd draw at yr ail ddrws, gosod ei dortsh ar y ris lechen gyferbyn â thwll y clo a chychwyn ar ail lawdriniaeth y dydd.

Doedd y drws hwn ddim wedi'i gloi heb reswm. Yn y fan yma roedd y drwg oedd wedi bod yn cronni dros flynyddoedd hir ymddeoliad yr hen ddoctor. Yma yr oedd y dolur roedd o wedi penderfynu cau y drws arno a'i anwybyddu, er ei fod yn gwybod mai lledu y mae pob tyfiant o adael iddo. Profai hynny rywsut nad yw meddyg yn feddyg ym mhob peth. Cywiro neu fendio popeth y gellid eu cywiro neu'u mendio. Dim ond pobl; doedd waeth am dŷ.

Gosodwyd y clo clap y tro olaf hwnnw y daeth Doctor Cynfal i lawr i'r seler, wedi i Cathy farw, ac i Owen fynd i'r coleg ac i Nant fynd i Gyndyn, a chloi'r drws allan yn ddiweddarach. Yn union fel y bydd llawfeddygon weithiau'n agor claf, edrych i mewn, ysgwyd pen, a'i gau o'n ôl. Dyna be wnaeth o i'r stafell yma yn y seler – agor y drws, edrych i mewn, gweld drwg mwy nag y gallai ei drin, ysgwyd pen, cau'r drws. A'i gloi.

Ond wnaeth Owen ddim gwastraffu'i sgiliau llawfeddygol ar yr ail ddrws yma. Y cwbwl wnaeth o oedd picio i fyny'r grisiau i nôl carreg, a hynny'n dipyn mwy sionc na'i dad y diwrnod hwnnw dros bymtheng mlynedd yn ôl. Gaeaf oedd hi bryd hynny, bore o aeaf fel y byddai gaeafau go-iawn a barrug yn hir ar lawr. Daeth Dr Cynfal allan drwy ddrws y cefn mewn côt dros ei byjamas heb drafferth gwisgo amdano hyd yn oed, fel petai o wedi meddwl yn sydyn fod yn rhaid gwneud y peth y munud hwnnw. Roedd ei bengliniau fo wedi stiffio dros nos a chafodd drafferth efo'r hen risiau cerrig – a doedd ffisig y noson cynt yn ddim help. Roedd y clo clap wedi bod ganddo ers tipyn; roedd wedi'i brynu ar hap a bu'n gorwedd yn segur ar silff y ffenest yn y gegin. Ond yn sydyn gefn nos roedd wedi gwawrio arno beth fyddai ei waith – cloi yma rhag y dyfodol. Ac felly y bu.

Carreg glan môr a gafodd Owen at y gwaith a defnyddio honno wedyn, gnoc a chnoc, i chwalu'r clo clap oedd yn dal y bollt ar draws y drws yn dipiau. Dyfal donc . . . donc . . . donc.

'Owen, lle wyt ti? Owen! Cinio mewn chwarter awr.' Sefyll ar ben y grisiau wnaeth Nant a gweiddi i lawr i'r dwnjwn. Roedd o wedi bod i lawr yna'n hir ar ôl torri'r ail glo, mor hir nes bod y gannwyll yn y lantern wedi llosgi'n stwmp a'r batri yn y dortsh wedi pylu'n ddim ond golau bach melyn, gwantan.

Roedd yna aroglau cig oen rhost lond yr awyr oedd yn sawru fel aroglau dechrau haf nid twll gaeaf. Ac roedd Nant wedi cynhesu yng ngwres yr Aga ac wedi tynnu'i siwmper; gwisgai grys llewys cwta ac roedd lliw yn ei bochau. Edrychai'n fengach ac yn harddach ac yn fwy cnawdol nag ar unrhyw adeg ers iddi gyrraedd yma. Bron iawn nad oedd hi'n hogan ifanc unwaith eto.

Mor braf oedd yr oerni tu allan ar ôl gwres y gegin. 'Owen. Owen?'

Ar ôl aros yn hir am ateb, heb gael yr un, deintiodd i lawr y grisiau a'i gael o, yn sefyll yn y tywyllwch bron, a'r garreg yn dal i fod yn ei law. A golwg hurt, syfrdan ar ei wyneb o.

'Owen?' Daeth Nant o'r tu ôl iddo fo, a gafael amdano fo. 'Wyt ti am ginio?'

Fe wnaeth o ddadmer ychydig ar ei chyffyrddiad hi, a bron nad oedden nhw'n blant eto, ar un o'u hanturiaethau gwaharddedig. Trodd Owen ati a sefyll lond y drws yr oedd o wedi'i orfodi'n agored, fel na fedrai hi weld be oedd tu ôl iddo fo. Adwaith i warchod oedd hynny yn ei feddwl o, tra medrai o.

'Wyt ti'n cofio ni'n dŵad i fan'ma, Nant?'

'Nac'dw, mi fydda Dad yn warnio, bydda, rhag ofn i ni ddisgyn a thorri'n coesa.'

'Mor rhyfadd na ddaethon ni ddim. Roeddan ni'n gneud popath nad oeddan ni i fod i neud . . .'

'Oeddan. Smocio, cnoi fferins, chwarae efo rafins Ty'n y Gors, piwsio cleifion efo'r gwn slygs 'na . . .'

'Ond mi roedd gan bawb 'i gyfrinacha yn y tŷ 'ma, y petha oedd isio'u cuddiad. Drycha.' A safodd o'r naill du i Nant gael craffu i mewn i'r düwch.

Y waliau gwlyb ddiferol o ddŵr a welodd hi gyntaf. Roedden nhw'n edrych fel petaen nhw wedi bod yn crio ers blynyddoedd.

Ac wedyn edrychodd i lawr. A gweld nad oedd y llawr mor wlyb ag y byddai rhywun wedi disgwyl am fod yr holl wlybaniaeth wedi treiddio drwy'r llawr i'r ddaear o dan eu traed nhw. Ac ar ganol y llawr tamp, allai hi ddim peidio â gweld.

Yr arch.

Wnaeth hi ddim hyd yn oed rhoi sgrech, fel y byddai rhywun yn disgwyl i ferch emosiynol, brofedigaethus ei wneud. Y cwbwl wnaeth hi oedd troi i edrych i fyw llygaid ei brawd. A beth bynnag oedd hi'n disgwyl ei weld yno – diflastod, dicter, syndod neu ryfeddod – go brin ei bod hi wedi disgwyl gweld dagrau.

Achos roedd yr arch yn wag, a'i chaead wedi'i osod yn daclus wrth ei hymyl, a'r llwydni wedi gafael ynddi. Doedd yno ddim corff.

'Twt,' meddai hi, yn methu cuddio'r holl gryndod yn ei llais, 'be ydi arch? Ti wedi gweld mwy o bobol yn marw na'r rhan fwya ohonon ni. Dim ond pren ydi o, wedi'i dorri i siâp dyn.' Ond roedd hithau wedi gwelwi rhywfaint. Roedd hynny'n amlwg er mor wantan oedd golau'r dortsh a'r gannwyll.

Rhyw adwaith greddfol oedd o. Gweld yr arch yma fu o'r golwg mor hir yng ngwaelodion cudd y lle yma oedd a'i holl ethos ar wella, cefnu ar farwolaeth a rhoi popeth i fywyd. Y feddygfa sanctaidd. Ac eto, roedd y symbol eithaf yma o oruchafiaeth y bedd wedi bod yma drwy'r amser – drwy bob syrjyri, a thriniaeth a thrafodaeth ar gyffuriau a chyngor, yma reit odanyn nhw.

Fel dafad wyllt dywyll a'i gwreiddiau hir.

Cefnodd Owen ar yr arch a throi at wres Nant. Daeth yr haul o rywle tu ôl i gwmwl a thywynnu i le diarth – i lawr y grisiau yma – gan ddangos yr aur yn ei gwallt hi.

'Arwydd ydi o,' meddai. 'Omen i mi.'

'Naci ddim!' protestiodd ei chwaer yn ffrom. 'Arch wedi hanner pydru ydi hi. Rhyw hen arch adawodd rhywun yma ryw dro ac anghofio amdani.'

'Ond mae ganddi neges i mi,' mynnodd Owen. 'Mae'n rhybudd.'

'Sut?'

'I mi beidio dod yn ôl.'

'Mae hynna'n siarad gwallgo! Be petait ti wedi cefnu bob tro yn dy fywyd y doist ti ar draws arwydd o farwolaeth? Lle fasat ti heddiw?'

Llais bach, ysgafn, fel llais bachgen roddodd yr ateb iddi. 'Mi faswn i'n athro Saesneg mewn ysgol breswyl i fechgyn,' meddai. 'Sef lle'r oeddwn i isio bod.'

'O, Owen, Owsi, Ows bach!' Caeodd ei breichiau amdano, a hi oedd y chwaer fawr rŵan. 'Paid â deud hynna. Ar ôl yr holl flynyddoedd yna o weithio, o basio arholiada, o ddysgu dy grefft. Mi wnest ti ddewis galwedigaeth anrhydeddus.'

'Naddo, mi es i fel oen i'r lladdfa i ganlyn fy ffrindia ac i blesio 'nhad.'

'Ond rwyt ti wedi cael gyrfa dda . . .'

'Rydw i'n dal yn gofrestrydd. Ar ôl pymtheng mlynedd. Mae'r lleill i gyd flynyddoedd yn fengach na fi. Dydw i ddim wedi gallu arbenigo . . .'

'Ond mae pob llawdriniaeth yn cyfri . . . Ti'n gallu dod â phobol yn ôl o borth marwolaeth . . .'

'Dwi'n dal i neud stwff rwtîn fel tynnu pendics, petha y basa unrhyw ffŵl yn gallu'u gneud dim ond i ti ddangos sut . . .'

'Dydi hynna jest ddim yn wir!'

'Ydi mae o, a ti'n gwybod pam mai dyna lle'r ydw i o hyd? Nid o ddiffyg gallu, achos mewn arholiada roeddwn i'n gallu curo'r blydi lot ohonyn nhw. Ac nid am nad ydw i'n ddigon cryf neu ffit i fedru sefyll am saith neu wyth awr uwchben fy nhraed yn rhoi llawdriniaeth. Doedd hynna ddim yn broblem chwaith. Ac nid am nad oedd y contacts iawn gen i . . .'

'Pam ta, Owen, meddach chdi?'

'Mi ddeuda i wrthat ti pam. Fi fy hun oedd y drwg. 'Y mhersonoliaeth i. Doeddwn i ddim digon *bloody minded*, yli; dim digon o gythraul ynaf i, dim digon o hyder yndda fi fy hun, ac felly yn y pen draw ddim yn ddigon o foi i fedru gneud y penderfyniada sydyn, tyngedfennol 'na yn y theatr. Yn wahanol i Dad, fasa wedi gneud chwip o lawfeddyg tasa fo wedi cael y cyfla.'

'Ond does dim rhaid i ti fod fel'na.'

'Fedra i ddim bod fel arall a byw yn 'y nghroen. A does dim gwahaniaeth erbyn hun prun bynnag. Roedd 'na ddigon o rai ifanc yn ysu am gael y cyfla, ac yn fodlon sathru unrhyw un oedd yn sefyll yn eu ffor' iddyn nhw gael cyrraedd y nod. Proffesiwn fel 'na ydi o.'

Roedd y ddau'n dawel wedyn, yn sbio eto ar yr arch. Roedd cyffesu'n dir diarth, anghyfarwydd yn y tŷ hwn erioed. Cyffesu gwendid neu hiraeth neu gamgymeriad. Nant fentrodd gynta.

'Mi ddeudodd Dad wrtha i . . . am y ddamwain pan dorrwyd nerf yng ngwddw'r ferch 'na; yr ymchwiliad . . . mae'n siŵr y basa fo wedi gallu digwydd i unrhyw un . . . ond mae'n siŵr ei fod o wedi bod yn uffern. Ac mi roeddwn i isio dy helpu di, ac isio dy gysuro di, ond chawn ni ddim cyfadde ei fod o wedi torri'i air i ti a deud wrtha i. Dyna chwalodd bob dim. Ia, Owen?'

Chafodd y cwestiwn a'r cydymdeimlad ddim hyd yn oed eu cydnabod. Mynnodd Owen bydru ymlaen.

Achos ar ôl mynd cyn belled â hyn, ymlaen oedd yr unig ffordd.

'Ac wedyn, pan oedd fy mhriodas i'n chwalu'n dipia o dan fy nwylo i, mi wnes i gwarfod fy ngghariad newydd.'

'David?'

Goleuodd ei lygaid wrth iddi yngan ei enw. 'David, a'i feddygaeth dirion, organig.'

'Fel yr hen fynachod ers talwm.'

'Dwi'n gwybod be ydi gogonianna llawfeddygaeth, be sy'n rhoi'r *fix* a'r ias yna sy'n gyrru dynion yn ôl i'r theatr dro ar ôl tro ar ôl iddyn nhw neud eu pres, a phan fasat ti'n meddwl nad oes yna ddim byd newydd i'w weld, a dim achos iddyn nhw ddal i'w neud o. Yn fwy na gneud rhywbeth da, y gic yna ti'n gael o fedru gwella'n sydyn ydi o – *instant gratification*. Mor gyflym â lein o *heroin*, mae o fel sioc drydan anfarth o blesar drwy dy gorff di, y gallu trwsio gwyrthiol yna.'

'Ac wedyn mi ddaeth David?'

'David a'i berlysia, a'i bwyll. Yn aros misoedd i weld ei blanhigion yn tyfu a blodeuo iddo fo gael 'u powdro nhw; ac yn gweithio efo'r tymhora, efo troad y rhod. Fo ddaeth â fi'n ôl at fy nghoed.'

'Ond wnaiff meddygaeth fel'na ddim gweithio bob tro. Meddylia di am . . .'

'Na wnaiff, dwi'n gwbod hynny – yn well na chdi, yn well na'r rhan fwya.' Tawodd eto, am fod hynny'n haws na dygnu ymlaen. Roedd yr agor yma i'w ddyfnderoedd ei hun yn anodd a pheryglus, a phoenus tu hwnt i bob dirnad.

'Ond roeddwn i isio dengid efo fo, yli, i le mwy araf a gwâr, oddi wrth y peirianna a'r gweithdrefna a'r systema a'r dedleins a'r targeda, yn ôl at y pridd. Mewn gair, dod adra. Ond wedyn mae hyn yn digwydd . . .' A chwifiodd ei law yn bathetig i gyfeiriad yr arch.

Ond doedd gan Nant ddim amynedd efo'i ofergoel.

'Nid dyna ddyla dy stopio di ddŵad yma, Owen, ond dy blant di. Mali a Beca. Ailadrodd camgymeriada'r gorffennol fasa dŵad yma o'u cyrraedd nhw. Plentyndod fel'na gest ti – unwaith gyrron nhw chdi i ffwr' i'r ysgol.'

'A dyna ydi dy ffordd di o ddeud na wnei di ddim gwerthu i mi?'

'Ond roeddwn i'n meddwl nad oeddat ti isio ar ôl gweld honna?' At yr arch roedd hi'n pwyntio. Dilynodd llygaid Owen ei bys llydan hi.

'Be wna i, 'ta?'

'Mynd adra, mynd i dy waith, chwarae efo dy blant, tynnu rhagor o bendics . . .'

'Ond dwi'n mynd i fyw efo David. Lle bynnag y bydd hynny, dwi'n mynd i fyw efo fo. Mi geith Sioned y tŷ ac mi gaiff y plant fod efo hi.'

'Ond mi fydd y genod d'angen di, cofia.'

'Ti'n iawn.'

'Tyd â fo yma i mi gael 'i gwarfod o.'

'Be fasa Ed a Peredur yn ddeud? Y dynion *macho* 'na sy'n byw efo chdi?'

'Wel, ar hyn o bryd, dydyn nhw ddim yn byw efo fi. Heblaw am y tŷ 'ma a'r ardd, mae pawb a phob dim yn newid.'

'Mae'r ardd yn newid . . .'

'A dyna i ti reswm arall pam y bydd rhaid i ti ddŵad yn ôl. I ni gael claddu'r llwch, neu be bynnag ydan ni am neud efo fo.'

'Y tro nesa, 'ta. Wythnos nesa. Diwrnod Dolig.'

Ac wrth i'r gannwyll lyncu'i phen a diffodd, ac i'r llygedyn bach melyn ola o oleuni ddarfod yn y dortsh, chwiliodd y naill am law y llall a cherdded drwy'r tywyllwch i fyny'r hen risiau diganllaw yn ddihangol i olau dydd.

Ond wedyn, ar ôl i Owen fynd i'r tŷ i gynhesu, daeth Nant yn ei hôl i sefyll ar y ris uchaf a chraffu i lawr drwy'r mwrllwch i'r dwnjwn i edrych a fedrai hi gael un cip arall ar yr arch. A phelydryn diarth o olau yn ei llygad nad oedd i'w weld cyn hynny, nad oedd o yno cyn y munud hwnnw.

15

Ymhell ar ôl i'r tri ymgasglu yn y gegin at ginio, ac i Peredur ymuno â nhw ar ôl achub ei ddympar, wrth i'r sgwrs ddechrau suo'n araf o amgylch y bwrdd, roedd y pelydryn hwnnw'n dal mor ddisglair â darn o fetel yn llygad Nant. Roedd o'n ei gwneud yn dlws ond hefyd yn beryg – yr olwg yna oedd arni fel petai cynllwyn yn ymffurfio yn ei phen.

'Wedi penderfynu peidio â phrynu'r Glyn 'ma ydw i,' esboniodd Owen wrth ei nai. Dŵr oer gafwyd efo'r cinio yn y diwedd, nid y gwin, a hwnnw fel stremp wlyb loyw tu mewn iddo fo, yn ei dawelu fo. Byddai David wedi cymeradwyo. 'Nid am fod 'na ormod o waith gwario a gwaith trin. Dwi'n siŵr na fasa adeiladwr ddim yn hir yn datrys y tamprwydd yna yn y seler. Mae o'n edrach yn waeth nag ydi o. Rhyw beipan wedi bod yn gollwng, ella.'

'Pam, 'ta?'

'Dy fam sy wedi siarad sens i 'mhen i, yli. Deud y dylwn i aros yn nes at y genod, er 'y mod i a Sioned yn gwahanu. A hi sy'n iawn.'

'Ein mam ni oll, ylwch.'

'Call iawn, Owen.' Nyrs Beti oedd wedi rhoi ei phig i fewn. 'A digon hawdd i chi brynu rhyw le bach ffordd hyn, ar gyflog *surgeon* – bwthyn gwylia bach . . .'

Roedd Nyrs Beti'n perthyn i'r to hwnnw o nyrsys oedd â pharch a ymylai ar fod yn ffurf ar addoliad at lawfeddygon ac arbenigwyr. Ac er ei bod yn nabod y llawfeddyg hwn ers ei fod yn hogyn bach, roedd y reddf yno'n dal ynddi. Ac o leiaf roedd Owen yn ymdebygu i'r teipcast o'r proffesiwn hwnnw yn un peth: gwybod yn well na phawb.

'Na, prynu rhywla o fewn cyrraedd i Waterloo wna i, cyfleus ar y trên ne' i ddreifio . . . Tyddyn, ella, efo 'chydig o dir, yn Surrey neu Kent. Mae'n dda cael bod yn agos at y pridd, tydi.'

'Ydi,' meddai Nant. 'Mae bod yn wraig ffarm wedi dysgu hynny i mi, er mor wahanol ydi pob pridd. Dyna i chi Cyndyn . . .'

'Corsiog, llawn cerrig a rhedyn, ac yn dir sâl, waeth faint o lwch rowch chi iddo fo . . .' porthodd Peredur.

'Fel yr enw. Ia.'

'Ac yma. Yr ardd, a'r cae tu ôl. Tir Mam. Mae hwnna'n dir arbennig.'

'Yndi,' cytunodd ei mab, 'ond nad oes 'na ddim digon ohono fo i ti fedru gneud uffar o ddim byd efo fo. A chaet ti byth ganiatâd cynllunio yn fan'ma . . . rhy bell o'r dre.'

'Ond mae'n siŵr fod 'na bosibiliada erill,' awgrymodd Owen, yn falch o lywio'r sgwrs oddi wrtho fo'i hun i gyfeiriad mwy cyfforddus. 'Cadw merlyn? Tyfu llysia? 'I werthu fo, hyd yn oed, i gael pres i ail-neud y tŷ?'

Trodd Peredur i wynebu'i fam yn llawn brwdfrydedd. 'Mae o'n iawn, 'sti! 'Sat ti'n cael cythraul o bris da am y tir. Mi fasa fo'n bres del i ti, Mam. 'Sat ti'n gallu iwsio nhw i gychwyn busnas bach dy hun . . .'

'Fasa dy dad ddim yn diolch i ti am ddeud hynna,' chwarddodd Nant.

'A gwerthu'r basdyns merinos gwirion 'na'r un pryd. Mwy o draffarth na'u gwerth.'

'Mae o'n deud y gwir, Nant,' meddai Owen. 'Hwn ydi dy gyfla di. Yntê, Nyrs Beti?'

'Pres,' meddai'r hen wraig gan ysgwyd ei phen. Prin gyffwrdd y cig oen pinc roedd hi wedi'i wneud. Iddi hi, roedd gweld gwaed ar blât yn beth annaturiol ac yn codi pwys. 'Dwi wedi mynd mor hen fel nad ydi pres yn golygu dim i mi. Ar ôl gweithio'n galad am yr holl flynyddoedd 'na i'w hel nhw, mi aethon i gyd mewn byr o dro yn y Cartra 'na. At y diwadd, dim ond rhyw gymun o bensiwn oeddwn i'n gael, a nhwytha'n cymryd y gweddill. Dim ond pres pocad.'

'Ond be am eich cartra chi?' gofynnodd Nant yn syn. 'Eich cartra chi a'ch mam.'

'Tŷ rhent oedd o.'

'Ond be ddaw ohonoch chi, Nyrs Beti?' Owen a ofynnodd y cwestiwn oedd ym meddyliau'r tri arall. Roedd hi gymaint yn haws iddo fo ofyn. 'Ewch chi'n ôl i'r Cartre . . . ym Mae Colwyn? Fedrwn i ddim peidio gweld eich meddyginiaetha chi yn y llofft ddoe, ac er na dwi ddim yn arbenigo mewn *geriatrics*, mae . . .'

'Nac af.' Roedd Nyrs Beti'n flin. 'A toedd gynnoch chi ddim hawl i fusnesu . . .'

'Ond fel meddyg . . . rhaid i chi fadda i mi, allwn i ddim peidio gweld . . . Mae o'n gyfrifoldeb i Nant.'

Cododd Nyrs Beti, yr un arall a wyddai bob peth, i fynd â'i phlât at y sinc, heb yngan gair arall a'i chefn yn edrych yn fach ac yn grwm. Edrychodd y dynion ar ei gilydd, y ddau o'r un feddwl.

'Mi fydd Nyrs Beti'n iawn efo fi,' meddai Nant yn uchel. 'Mi gaiff hi gofrestru efo Doctor Price yn y dre 'ma wythnos nesa.'

A gwnaeth Peredur ac Owen lygaid mawr arni ar yr un pryd, cystal â dweud fod isio sbio'i phen hi. Ond doedd Nyrs Beti ddim wedi'i llorio chwaith. Ymarfogi roedd hi.

'Mi gewch chi'r Kyffin gen i, Nant, at fy lle. Mi gaiff fod ar wal y parlwr tra bydda i; fydda i ddim yn blino edrach arno fo, ac wedyn mi fydd o i chi.'

'Na,' meddai Nant.

'Ia,' meddai Owen a Peredur a Nyrs Beti, a'r un gair bach hwnnw'n eu huno nhw. Ia.

'Ond nid . . .' Doedd Nant ddim wedi gorffen, ond ei bod isio gofalu'i bod yn dweud yn iawn. '. . . nid os ydach chi'n mynd i 'mhrynu fi efo fo. Nid i chi gael eich ffordd ar bob dim, Nyrs Beti. Dwi'n hapus iawn i chi fod yma, ac i'ch bwydo chi, ond wna i ddim ffeirio fy rhyddid am lun. Hyd yn oed lun gan Kyffin Williams.'

'Digon teg,' barnodd Owen. 'Yntê, Nyrs Beti . . .'

'Ond mae o'n dipyn o gomitment.' Roedd Peredur wedi dechrau meddwl rŵan ar ôl clywed 'ond' ei fam. 'Ti wedi edrych ar ôl Taid am flynyddoedd; ti ddim dros hynny eto, ti'n dal heb ddadflino, a dyma chdi'n dechra eto. Ac am faint? Blwyddyn, dwy, pump, deg . . . A newydd symud yma wyt ti – be am Dad a Cyndyn . . ?'

'Beth bynnag fydd yn digwydd,' meddai Nant, 'fydda i ddim yn mynd yn ôl i Gyndyn, dim ond i nôl fy nillad a llyfra a ballu.'

'Ti 'di gadael Dad, felly?'

'Na, nid dyna ddwedes i. Ond mi rydw i wedi gadael Cyndyn. Mae'r cyfnod yna o 'mywyd i drosodd.'

'Rydw i ar y ffordd,' meddai Nyrs Beti.

'A finna . . .' Ond chwerthin yn iach roedd Peredur. Roedd o'n ddigon sicr o'i le.

'Ar ffor' eich plania chi. Mi a' i . . .'

'Ewch chi i nunlla,' atebodd Nant, 'ond i nôl y llun 'na a'i roi o ar y wal yn y parlwr. Helpith Peredur chi. Nid eich bod chi ar ffor' y plania, Nyrs Beti, ond rydach chi yn 'u canol nhw. Chi roddodd fi ar ben ffor' . . . a dwi angen eich help chi i agor y drysa 'na sy wedi bygro bob dim. Wedyn, gawn ni drafod y dyfodol . . .'

'Wedyn?'

'Ar ôl cael y cric 'na o 'ngwddw i a 'nhroi i i wynebu'r ffordd iawn . . . ond tan hynny, yma mae'ch lle chi. Os bydd rhaid i ni ailfeddwl ymhen amser, mi allwch chi bob amser werthu'r Kyffin a byw mewn steil mewn hotel grand! Tair seren.'

'Ond nid yn Colwyn Bay.'

'Naci.' Ac ar hynny cytunai pob un ohonyn nhw. 'Nid yn Colwyn Bay.'

Er mor dda gan Nant yn ystod y dyddiau diwetha fu cael aildroedio'r llwybr i lawr i'r dre, doedd hi ddim am wrthod y cyfle i gael pàs yn Audi Quattro Sports TT du Owen. Erbyn hynny, ar ôl clirio'r llestri cinio ac i'w brawd newid ei ddillad a hel ei stwff at ei gilydd, roedd Peredur wedi hen fynd yn ôl at ei waith. Safai Nyrs Beti yn ffenest fawr gron y parlwr yn codi'i llaw arnyn nhw. Tu ôl iddi, roedd llun Kyffin o Eryri i'w weld ar y wal uwchben y lle tân.

'Wyt ti isio lot o neges yn y dre?' gofynnodd Owen gan droi llyw'r car o'r dreif a'i olwg ar y lôn, cyn tynnu allan. Pan gafodd o rwydd hynt i roi'i droed i lawr, roedd fel cael reid ar gefn piwma. 'Mi alla i aros amdanat ti a dŵad â chdi'n ôl wedyn, os na fyddi di'n hir.'

'Na, mae'n iawn. Mynd i weld Iestyn ydw i.'

Tynnodd Owen ei lygad oddi ar y lôn i syllu arni. 'Iestyn Richards? Pam? Dim byd i neud . . .'

'Efo'r ewyllys? Na. Sâl ydi o. Mi fuo'r erchyll Anti Pat acw'n cwyno iddo fo. Clefyd y galon. Mae o wedi bod yn dda efo ni, tydi, ac roedd o'n ffrind triw i Dad, felly ro'n i'n meddwl y baswn i'n mynd i edrych amdano fo . . . gweld sut mae o drosta i'n hun.'

'Iawn, wel cofia fi ato fo. Mi ollynga i chdi wrth 'i swyddfa fo. Gan obeithio na fydd o ddim yn y llys, 'te?'

'Mae o wedi rhoi'r gora i waith llys.' Roedd Nant rhwng dau feddwl a oedd hi am ddatgelu'r rheswm arall dros ei hymweliad. Bu'n ddiwrnod o gyffesiadau ac o ddatgeliadau. Oedd yna le i un bach arall? Nac oedd, penderfynodd, gan weld amlinell y tensiwn wedi ailgydiad yn wyneb ei brawd, nad oedd ddim yno amser cinio, hyd yn oed. Roedd Owen yn cychwyn ar ei daith bell yn ôl, ac roedd y dolc i'w gynlluniau i ddod yn ôl i'w hen gartre wedi bod yn ddigon heb roi slap arall. Slap hegar, o bosib.

Ac roedd hi isio iddo fo ddod yn ôl ati, toedd, yn ôl eto i'r Glyn i eistedd yn braf wrth yr un bwrdd â hi, i rannu cynlluniau y naill a'r llall, ac i fynd ati efo'i gilydd rhyw bnawn cyn troad y rhod i chwalu llwch eu tad, Doctor Cynfal.

'Rho sws fawr i'r genod bach del 'na drosta i.'

Dringodd allan o'r car a sefyll tu allan i swyddfa Iestyn Richards yn ymladd y demtasiwn i estyn am ddrych o'i bag er mwyn rhoi mascara a lipstic ac i gribo'i gwallt yn rhydd.

Ond pan gyrhaeddodd Nant ben y grisiau i'r swyddfa, cawell gafodd hi. Roedd gweld yr ysgrifenyddes ifanc wrthi'n peintio'i hewinedd yn biws o dan y ddesg yn ddigon o arwydd o hynny. Sgeif pnawn dydd Gwener oedd peth fel'na.

'Meddwl cael gair efo Mr Richards?'

'*Junior* 'ta *senior*?'

'Mr Iestyn Richards.'

'Wedi mynd adra'n gynnar. Ydach chi isio bwcio apointment?'

'Na, mae'n iawn.'

'Alla i ddeud pwy sy wedi galw?'

'Nant.'

'Nant? Jones? Williams? Griffiths?'

'Ydach chi'n nabod mwy nag un Nant?'

'Nac'dw, dwi ddim yn bersonol 'de, ond efo busnas, dach chi'n gwbod . . . isio cael y *details* i gyd yn iawn.'

'Dim busnas ydi o,' atebodd Nant. 'Yma fel ffrind ydw i. Ond Nant Owen ydi'r enw.'

'Nant Owen. Ocê . . .'

Rhoddodd yr ysgrifenyddes ei holl sylw i Nant rŵan. Eisteddai yno ac un llaw allan o'i blaen a'r bysedd wedi'u taenu'n disgwyl i'r paent sychu. Roedd hi'n amlwg nad oedd yn meddwl y byddai'r ymwelydd yn achwyn wrth ei chyflogwr chwaith.

Edrychodd y ferch ar Nant trwy gil ei llygad, gan basio barn arni o'i phen i'w thraed. Yn amlwg, doedd hon ddim yn rhywun oedd yn siopa rhyw lawer yn Llandudno nac yn unrhyw le arall o ran hynny. Doedd ganddi ddim syniad am golur. Na sut esgidiau i'w gwisgo i edrych yn dda mewn pâr o jîns. Doedd hi ddim yn gwybod fod angen gwneud trefniant cyn dod i weld twrnai chwaith, ffrind neu beidio. Ond penderfynodd yr ysgrifenyddes bod yr ymwelydd o leia'n edrych yn dryst oherwydd dywedodd dan ei gwynt, 'Dydi o ddim yn dda, chi. Cwyno efo'i galon.'

'Wn i,' meddai Nant.

'Yn ôl ei wraig o, Mrs Richards, mi alla unrhyw beth ddigwydd ar unrhyw adag. Mae o'n straen drwy'r amsar.' Chwifiodd y llaw â'r ewinedd piws perffaith cystal ag awgrymu mai dyna pam ei bod yn ymlacio pan gâi hi'r cyfle. 'Mi alla fo gael 'i daro'n wael a fynta efo cleient. Weithia mi fydda i'n meddwl be tasa fo'n mynd yn sâl a dim ond fi yma efo fo, ella. Dwi'n poeni amdano fo. '

Wyddai Nant ddim sut i'w hateb. Doedd yna dim ateb y gallai hi ei roi. Yr ateb perffaith fyddai i Iestyn un ai fynd am y driniaeth fawr roedd Pat mor awyddus iddo'i chael, neu ymddeol. 'Sefyllfa anodd iawn,' clywodd ei hun yn dweud.

'Ac mae Mrs Richards yn tantro a rhefru. Wyddoch chi, pan gafodd o'r pwl dwaetha, fuo'n rhaid cael paramedics yma. Ond doedd Mrs Richards, Pat, ddim adra. Mae hi'n deud mai 'i ffordd hi o gôpio ydi dal i fynd. Cadw'n brysur. Crwydro, hynny ydi. Ond tydi hynna'n ddim cysur i mi, nac'di.'

Tro Nant oedd hi rŵan i graffu ar yr ysgrifenyddes. Roedd hi'n ifanc, yn ei hugeiniau cynnar o bosib, gyda gwallt melyn potel wedi'i sythu at ei hysgwyddau a brown tywyll yn dangos odano, a llygaid glas golau. Roedd hi braidd yn ormod o geg hefyd ac eto roedd ei chalon yn y lle iawn. Meddyliodd Nant ei bod hi'n edrych yn gyfarwydd rywsut. Oedd hi'n un o gyn-gariadon Peredur o ddyddiau ysgol, y rhai na fyddai o byth yn dod â nhw adra ond y byddai hi'n cael cip arnyn nhw pan fyddai'n mynd i'w nôl o'r dre neu i'r traeth ar nos Wener? Neu ai yn y mart gyda'i thad roedd hi wedi'i gweld, mewn dillad blêr a hen a heb golur, yn gwerthu defaid? Neu mewn cyngherddau ysgol yn canu? Allai Nant yn ei byw â chofio, ond daeth i'r casgliad bod y ferch hefyd yn dryst.

Estynnodd feiro o'i bag a sgwennu rhif ei ffôn bach ar un o'r cardiau busnes ar y cownter. Pasiodd o drosodd i'r ferch. Roedd yr ewinedd wedi sychu digon erbyn hyn iddi allu gafael ynddo ar ei hunion.

'Rhag ofn,' meddai Nant, 'mi allech chi'n ffonio i. Dwi adra bob amsar ac ar gael i helpu.' Er, sut help gofynnodd iddi'i hun, wrth godi ei llaw a throi am y drws, doedd hi ddim yn fodlon cyfadde, hyd yn oed wrthi hi'i hun.

16

Ond er ei bod wedi dweud 'dwi adra bob amsar', unwaith y cafodd Nant ei hun yn sefyll tu allan i swyddfa'r twrneiod eto, sylweddolodd nad oedd hi'n barod i fynd adra. Ar ôl cael cwmni Euros, ac wedyn Owen a Peredur, byddai'n wag yno efo dim ond Nyrs Beti a hithau heno. A byddai'n rhaid ailwynebu'r bwganod oedd wedi bod yn llechu'n barod i'w llarpio. Un o'r rheini, a'r un oedd yn bygwth fwyaf, oedd y VAT.

Yn lle troi am y Glyn, trodd a cherdded i fyny'r allt, heibio'r holl siopau elusen roedd hi wedi'u cefnogi bob un dros y blynyddoedd – nid trwy gyfrannu iddyn nhw'n gymaint â thrwy brynu ynddyn nhw – ac ymlaen tua'r stadau tai cyngor. Yno roedd Mrs Robaitsh, fyddai'n arfer dod i roi help llaw yn y gegin a glanhau y Glyn, yn dal i fyw gyda'i gŵr. Prin ddau air roedd hi wedi'i gael efo nhw ddiwrnod y cynhebrwng yn yr eglwys a'r Queen's wedyn, gan fod cymaint o bobl yno ar draws ei gilydd. Ond roedd Mrs Robaitsh yn wahanol i'r rhai oedd wedi dod i ddangos parch ac i dalu'r gymwynas ola er mwyn cael eu gweld a gweld pwy arall oedd yno, a hynny am ei bod hi wedi bod yn gymaint rhan o'u bywydau nhw fel teulu. Bu'n debycach i nain nag i ddynes llnau – yn graig safadwy yn ystod y cyfnod pan fyddai Cathy ar ei gwaethaf.

Stopiodd Nant yn y becws a mynd i mewn. Gan ei bod yn tynnu at ganol y pnawn doedd dim llawer o ddim ar ôl ar y silffoedd, a'r pethau mwya blasus i gyd wedi mynd – wedi'u bachu, siŵr o fod, gan staff swyddfeydd cyfagos ddeuai i mewn i brynu brechdan amser cinio. Crafodd ddigon o bres o'i phwrs i brynu torth. Heblaw am ei thad a Nyrs Beti, wyddai Nant ddim beth oedd hen greaduriaid ar eu pensiwn yn eu hoffi o ran cacennau. Dewisodd ddwy gacen wy, a dwy almond sleis, y pethau agosa at law. Fel roedd hi'n mynd i ofyn am yr un darten gyraints duon fach, a'r hufen wedi'i chwipio'n batrwm arni, oedd ar ôl yn y cownter oer iddi'i hun, i'w bwyta wrth ddringo'r allt, cofiodd am gacennau Anti Pat a meddwl: na.

Roedd Megan Robaitsh a'i gŵr wedi symud o'r tŷ lle bydden nhw'n arfer byw pan oedd Nant yn hogan, i fyngalo henoed yn agos at Gartref Plas y Bryn. Ond roedden nhw wedi cario'r enw gyda nhw ac felly byddai'n ddigon hawdd dod o hyd i'r lle rŵan. Rhedynog oedd yr enw: enw rhyfedd i dŷ ar stad dai cyngor lle na welid yr un rhedynen yn tyfu. Enw fferm, enw cartref Megan Robaitsh yn yr hen Sir Gaernarfon oedd o, ac ar wahân i'r cloc mawr a set o lestri te a gawsai ei nain a'i thaid adeg eu priodas, dyna'r unig beth a ddaethai gyda hi yno. Cerddodd Nant yn ei blaen heibio rhesi o geir, yn hen bron i gyd, a gerddi heb ddim arlliw o ddim yn tyfu ynddyn nhw ond tafod yr oen, blodyn het ac ambell seithliw binc. Chwiliai am yr enw rŵan wrth droedio'n ofalus ar hyd y pafin i osgoi'r baw ci ac fe'i cafodd yn y man: Rhedynog.

Cnociodd. Rhaid bod Megan Robaitsh wedi ei gweld yn dod ar hyd y llwybr, neu wedi ei hadnabod trwy wydr y drws. A rhaid ei bod yn sefyll bron ar ben y drws ffrynt i fod wedi gallu ei agor mor sydyn. Safodd yn ei hôl a'i chefn ar y pared i wneud lle i'w dynes ddiarth, a'i hwyneb yn olau gan y llawenydd o'i gweld.

'Nant, dowch i mewn, 'mechan i. Arthur, ylwch pwy sy wedi dŵad i'n gweld ni. Wel, mae'n braf eich gweld chi!'

Estynnodd Nant y cacennau i wraig y tŷ cyn camu i mewn. Roedd Megan Robaitsh yn ddiolchgar, ond yn twt twtio nad oedd angen cario dim yno. Trwy gil ei llygad sylwodd Nant ei bod yn edrych yn hŷn, yn llai, a'i gwallt yn glaerwyn, ond mor siriol ag erioed yn ei hoferôl binc. Doedd dim rhaid i Nant fod wedi gwagio'i phwrs i brynu rhywbeth i sicrhau'i chroeso. Cafodd groeso'r ferch afradlon.

Rywsut, roedd Megan ac Arthur Robaitsh wedi llwyddo i stwffio cynnwys eu hen barlwr yn y tŷ i barlwr llawer iawn, iawn llai y byngalo. Prin y gallech roi dau gam rhwng y seidbord, llwythog o ornaments, a'r ddwy gadair esmwyth, a'r antimacasars dros eu cefnau, bwrdd bach oedd yn dal coeden Nadolig fach smalio a chardiau, cwpwrdd gwydr llawn jòc o lestri a thegins, a bwrdd coffi wrth y ffenest wedyn. Eisteddodd Nant ar y gadair gefn uchel wrth y drws, a syllu o'i chwmpas ar yr holl drugareddau cyfarwydd tra oedd Mrs Robaitsh yn gwneud paned. Cofiai'r cŵn tsieni coch, y calendr plastig y gallech newid y mis a'r diwrnod arno bob dydd, y sebra mawr, y llun o Salem a lluniau plant y teulu'n ôl i Adda, er bod ychwanegiadau diweddar at y rheini.

Yn y gornel roedd y teledu ymlaen yn dangos rasio ceffylau. Roedd hi mor ofnadwy o glòs yno fel y meddyliai Nant y byddai hi'n mygu'n gorn. Cafodd hyd i hen dda-da mint budur yng ngwaelod ei chôt a'i wthio i'w cheg yn llechwraidd: dim cystal ag awyr iach, ond gwell na dioddef aroglau ei chwys ei hun yn y gwres canolog llethol.

Gweld y cloc mawr oedd wedi peri iddi ddechrau chwysu. Roedd y cloc hwnnw, cloc derw hardd ac iddo wyneb enamel, gyda haul a lleuad a'r enw Caernarvon arno, yn taro trwy atgofion ei phlentyndod. Ond ar ôl dod yma i'r byngalo, doedd y nenfwd ddim yn ddigon uchel i roi'r wyneb ar ben cist y cloc, ac felly roedd wedi'i osod yn dwt wrth ei ymyl, fel dyn wedi cael torri'i ben i ffwrdd.

'Petha rhyfedd ydi clocia mawr, chi,' meddai Arthur Robaitsh wrth ei gweld hi'n syllu. 'Dwi'n cofio pan oeddwn i'n gweithio ar stad Cefn Llanfair, i mi a Griffith Robaitsh, pen saer y stad roeddwn i'n gweithio odano fo, gael ein gyrru i ddanfon cloc mawr efo cart llaw o Dyddyn Isa i Gyndyn, wyddoch, lle rydach chi rŵan; roedd hynny yn y dyddia pan oedd y tenantiaid cyn eich tad-yng-nghyfraith yn mudo yno. Jac a Magi Prichard. Roedd hi'n ddwy filltir o daith, mae'n siŵr. Mynd dow dow a stopio am ryw smôc a ballu ac i edrach dros ben cloddiau, i gael ein gwynt atan. Cyrraedd. Dadlwytho'r cloc. Ei osod o wrth 'i gilydd. Gosod y pwysa a'i weindio fo. Duwcs, 'd âi o ddim. Dim tic na thoc.'

'Rhyfadd,' meddai Nant gan ddewis peidio difetha'r stori trwy ddweud nad oedd hi bellach yng Nghyndyn.

'Y diwedd fuo, ymhen tua phythefnos, ar ôl trio pob dim, mynd yn ôl yno – 'i dynnu fo'n ddarna, 'i lwytho fo'n ôl ar y drol, a'i bowlio fo wedyn yr holl ffor' yn ôl i Dyddyn Isa. Dadlwytho. Ei osod o wrth 'i gilydd. Gosod y pwysa. Job ara deg, 'chi, roedd yn rhaid cymryd pwyll. Ia, 'i weindio fo. Duwcs, mi roedd o'n mynd rêl boi.'

'Lecio'i le,' cynigiodd Nant.

'Ac yno y gadawyd o i'r tenantiaid newydd. Roedd hynny ymhell cyn i hen ddodrefn a ballu godi yn 'u prisia, chi. A chyn i'r hen Wyddelod 'na ddechra dŵad i ddrysa tai rhywun, ac i'ch cegin chi tasach chi'n troi'ch cefn, a chynnig fel a'r fel, llai na'u gwerth nhw o hyd, am ryw ddreseli a setla a chlocia. Duwcs, mi garion nhw hanner dodrefn Sir Fôn odd 'ma siŵr yn y chwedega a'r saithdega a hynny am y nesa peth i ddim.'

'Be ddaw o hwn?' gofynnodd Nant am y cloc a ddienyddiwyd.

'I Alwyn y mab mae o,' atebodd yr hen ŵr. 'Pan geith o dŷ, ac ar ôl i ni fynd. Dydi ddim ots gin Megan am betha fel'na, mi fasa'n well ganddi gael 'i le o. Mae hi'n bygwth rhoid y gwynab dan y gwely. Ond mi fydd yma tra bydda i.'

'A be os na fydd o'n licio'i gartra newydd?' Roedd yn rhaid i Nant gael gofyn. 'Os bydd o'n gwrthod mynd yno?'

'Wel ia,' cytunodd Arthur Robaitsh fel petai'n gwestiwn academaidd. 'Tydi hi'n job cael neb i drin cloc mawr rŵan.'

'Panad,' meddai Megan Robaitsh wrth brysuro i mewn i'r parlwr bach. 'Arthur, symudwch y papur 'na. Nant, dwi'n ofnadwy o falch eich bod chi wedi galw i'n gweld ni, ac mi fedra i feddwl be sy wedi dŵad â chi yma. Isio sôn am yr ewyllys, 'te.' Rhoddodd un bys ar ei cheg ac estyn y te efo'r llaw arall. Mygiau – dyna un peth oedd wedi newid yma dros y blynyddoedd: cwpanau a soseri a gofiai hi. ''Dan ni wedi clywad be sy wedi digwydd. Rhaid i chi beidio â meddwl 'mod i ddim dicach, cofiwch, na adawodd eich tad ddim byd i mi.'

Doedd hynny ddim wedi croesi meddwl Nant o gwbwl, ond rŵan daeth ar ei phen yn dalp.

'Mi dalodd eich tad gyflog da i mi ar hyd y blynyddoedd, ar yr adeg pan oedd arna i i isio fo go-iawn i helpu i fagu teulu. A be faswn i haws â phres rŵan, yn f'oed i?'

'Owen gafodd y pres,' esboniodd Nant.

'Ia, 'dan ni'n gwbod. 'Dan ni'n gwbod be sy wedi digwydd. A dydan ni ddim isio mynd i'ch ciarpat bag chi a busnesu, nac'dan Arthur?' Na, isio gwylio'r 3.15 o Aintree oedd Arthur. Nodiodd ei gytundeb ffyddlon er hynny. 'Nac isio gwbod be dach chi'n bwriadu'i neud efo'r tŷ na dim byd, nac ydan Arthur?'

'Nac ydan.'

'Eisio gofyn rhywbath oeddwn i,' meddai Nant gan sgrablio drwy'i meddwl i geisio cael trefn ar bethau wrth fynd yn ei blaen. Ac i geisio meddwl sut i wireddu syniad dyrchafol ac anrhydeddus y bobol yma ohoni. Cymerodd lymaid o'i the. 'Dau beth a deud y gwir.'

'Os medran ni, Nant bach. Unrhyw beth.'

'Eisio gofyn i ddechra pa un o'r platia Nantgarw ac Abertawe fasach chi'n licio'i gael i gofio am Dad.' Wrth gynnig hynny, roedd Nant nid yn unig wedi gwireddu ond wedi rhagori ar feddwl Megan Robaitsh ohoni. Roedd y cynnig o'r galon ac yn ddiffuant, ac eto dim ond y munud hwnnw y daeth iddi wrth weld yr holl drysorau diwerth roedd Megan Robaitsh wedi'u casglu'n annwyl yn ei chwpwrdd gwydr – yn gwningod, platiau penblwyddi priodas, hen lestri te a gwydrau 18 wedi'u harysgrifo.

'Fedra i ddim cymryd yr un ohonyn nhw.'

'Plis. Dowch draw i ddewis, neu mi ddo i ag un yma. Beth am yr un efo'r border melyn, a'r bloda yn y canol – rhosyn a chennin pedr a chlycha glas?'

Nodiodd Megan. Hwnnw oedd ei ffefryn o'r cyfan. Go brin fod ganddi unrhyw syniad am wir werth y platiau, ond byddai'r plât hwnnw'n cael ei drysori gymaint â'r holl lestreuach dwy a dimau oedd lond y cwpwrdd gwydr.

'Ac ro'n i isio gofyn rhywbath arall hefyd.'

'Ar bob cyfri. Os medrwn ni helpu, 'te.'

'Heddiw 'ma, mi aeth Owen a Peredur ati i glirio'r selar. Torri'r clo a mynd i lawr i weld sut olwg oedd ar y lle. Dwi erioed yn cofio bod yno pan oeddwn i'n fach . . . Roedd hen ferfa Dad yno, a photeli gwin o ryw oes, a rhyw hen jygia dŵr ac iau ac ati . . .'

'Dwi'n cofio'ch tad yn cloi'r rŵm bella, ar ôl i'ch mam farw. A'r llall wedyn cyn i mi roi'r gora iddi, pan oedd ei gryd cymala fo wedi mynd yn rhy ddrwg iddo fo arddio . . . Mae'n siŵr fod pymthang mlynadd ers hynny . . .'

'Mi ffeindion ni arch,' meddai Nant, 'neu mi wnaeth Owen. Doedd o ddim yn licio'r peth o gwbl. Ond ro'n i'n deud wrtho fo nad oedd hynny ddim mor anarferol . . . nad oedd dim angen iddo fo styrbio. Ac ella fod rhyw gyn-berchennog wedi cael un yn anrheg priodas – mi fydda pobl yn gneud petha felly ers talwm, byddan?'

'Yn oes yr hen Victoria,' meddai Arthur Robaitsh. 'Roeddwn i'n dechrau fel prentis saer yn bedair ar ddeg oed cyn yr Ail Ryfal Byd, ond welish i rioed beth felly. Roedd yn ddigon o waith i dlodion dalu am eirch aeloda'u teuluoedd 'u hunain heb roi rhai'n bresanta, ddyliwn.'

'Dwn i ddim a ddylwn i ddeud hyn wrthach chi,' meddai Megan Robaitsh heb gymryd unrhyw sylw o'i gŵr. 'Feddylies i ddim y byddach chi'n mynd i lawr yna rywsut. Ac mae rhywun yn anghofio gydag amser, tydi, hyd yn oed am y petha mwya annifyr?'

'Annifyr?'

'Wel, eich tad brynodd yr arch yna ar ôl i'ch mam farw. Roedd o am fynd i'w nôl hi i Lerpwl a dŵad â hi adra. A'i chladdu yma ym mynwent y dre.'

'Arch Mam?'

'Ond wnâi eich Nain ddim cytuno. Roedd hi wedi gordro arch, wedi trefnu gwasanaeth yn Princes Road yn Lerpwl ac wedi prynu bedd flynyddoedd ynghynt, pan fu 'i gŵr farw, a lle bob ochor i'w dwy ferch. Er mai claddu'r llwch fu yn y bedd hwnnw gan mai cremetio wnaethon nhw. Doedd fiw sôn wrthi. Mi aeth petha'n reit ddrwg rhyngddyn nhw, ydach chi ddim yn cofio?'

'Nac'dw, dydw i ddim. Wel, dwi'n cofio bod Nain yn rêl hen jadan, ond dwi ddim yn cofio helynt yr arch. Dwi'n siŵr na ddwedodd Dad 'run gair.'

'Digon posib; roeddach chi'n disgwyl Peredur ar y pryd, toeddach. Ond rŵan, mae amser wedi mynd . . . does dim diben celu, nac oes?'

'Nac oes. Diolch.'

'Matsian iddi!' cynghorodd Arthur Robaitsh. 'Mi fasa'n well petai'ch tad wedi gneud hynny flynyddoedd yn ôl. Rydw i'n cofio deud wrth Megan 'ma ar y pryd, matsian iddi, er 'mod i'n saer wrth fy ngalwedigaeth. Crefftwaith neu beidio, mewn sefyllfa fel'na . . .'

'Ac mi gadwodd Dad hi ar hyd y blynyddoedd,' synfyfyriodd Nant.

'Do,' meddai Megan, 'i lawr o'r golwg yn y selar 'na. Ond Nant, gwrandewch chi ar Arthur. Mae o bron yn naw deg oed ac wedi gneud aml i arch yn 'i ddydd.'

'A phrun bynnag,' meddai Arthur, i drio ysgafnu pethau, 'be arall fedar rhywun 'i neud efo arch? Fedrwch chi ddim yn hawdd iawn dyfu bloda ynddi, na fedrwch!'

'Na,' cytunodd Nant gan godi a rhoi ei mỳg yn ofalus yn ôl ar y bwrdd, yn methu gwybod pryd y gallai hel digon o nerth i ddod yn ôl yma efo'r plât border melyn.

'Dim ond dau ddewis sy 'na, 'te, ar ddiwadd y dydd. Llosgi neu gladdu. Tân neu bridd.'

Mynnai Megan Robaitsh gael dod i hebrwng Nant at y drws, er nad oedd ond dau gam ceiliog, a phrin fod lle i'r ddwy ohonyn nhw sefyll yn y cyntedd cul. Camodd Nant allan, ac wedyn troi'n ôl i ffarwelio. 'Diolch,' meddai. 'Ac mi ddaw'r plât yn fuan. Ond os nad ydi wahaniaeth, cyn i mi fynd . . . roedd yna un peth arall roeddwn i isio'i ofyn.'

Y tro yma, doedd yr hen wraig ddim mor awyddus i ateb. Roedd hi'n gwybod, mwy na thebyg, beth fyddai'r cwestiwn, ac mor anodd fyddai rhoi ateb gonest iddo.

'Sut cawsoch chi wybod am yr ewyllys?'

Erbyn meddwl, dim ond y hi, Nant, Iestyn Richards, Owen ac Ed oedd yn y cyfarfod hwnnw ddiwrnod yr angladd. A dim ond y nhw, ac Euros a Sioned, a Peredur a Nyrs Beti, oedd yn gwybod union natur ei chynnwys. A Pat – ond, fel gwraig i gyfreithiwr, siawns nad oedd hi wedi dysgu cau ei cheg ar fater felly.

'Alwyn welodd Ed yn y sêl,' cyfaddefodd yr hen wraig. 'Roedd o'n deud eich bod chi wedi cael cam. Roedd o'n 'i gaddo hi'n arw, medda Alwyn. Dyna oedd gynno fo efo pawb wela fo. Cofiwch, does arnach chi ddim byd i ni, Nant. Peidiwch â robio'ch hun i mi.'

Ond doedd fiw sôn am hynny. Gan fagio a throi i godi'i llaw, roedd Nant wedi ffarwelio a dechrau cerdded i lawr y pwt llwybr a thrwy'r stad. Ymlaen â hi wedyn i lawr yr allt, drwy'r dre ac i gyfeiriad y Glyn, a'r cynllun hwnnw oedd wedi taro yn ei phen fel mellten y bore hwnnw yn ymagor yn ei dychymyg gyda phob cam.

17

Wrth iddi brysuro'i chamau tuag adra, daeth rhagargoel gwae ar wartha Nant. Y dyddiau duon bach oedd y rhain, ac oriau goleuni'n brin. Cwta wythnos arall, a byddai'n Nadolig. Yn gynharach y pnawn hwnnw, doedd hi ddim wedi bod yn barod i droi am adra; roedd hi am gael dengid am dipyn, fel noson y bendar yn y Prins, a neithiwr yn y Buckley. Fel deifar, roedd yn rhaid iddi gael dod i fyny am wynt weithiau, ac ailsefydlu'i bêrings cyn plymio'n ôl i'r dwfn.

Yr hyn a wnâi iddi brysuro'i chamau'n awr ar hyd y lôn dywyll, nes bod ganddi bigyn yn ei hochr, oedd y ffaith ei bod hi wedi gadael Nyrs Beti ar ei phen ei hun am amser mor hir. Un peth oedd ei gadael hi ganol nos pan oedd hi'n cysgu yn ei gwely; mater arall, hollol wahanol, oedd ei gadael ganol dydd. Nid ei bod hi'n ofni y gallai rhywbeth ddigwydd iddi – codwm neu strôc neu drawiad – a hithau mor fychan a bregus a hen. Nid hynny oedd o. Na, ofni roedd hi beth allai Nyrs Beti ei wneud o gael y tŷ iddi hi'i hun am oriau di-ben-draw a neb i gadw cow arni.

Dyna oedd wedi digwydd yn y Cartre ym Mae Colwyn, 'te: Nyrs Beti wedi mynd dros ben llestri. O gofio mai nyrs oedd hi nad oedd erioed wedi ymddeol, yn ei meddwl ei hun, ac eto oedd yn gwbl ddifalio o'i hiechyd ei hunan i'r graddau y gallai fod yn peryglu'i heinioes trwy fod mor ddi-hid o'i thabledi, roedd byw efo Nyrs Beti fel byw efo *timebomb*. Arswydodd Nant wrth feddwl amdani'n mynd ati i gymryd pwysedd gwaed hen bobl eraill yn y Cartre, a gwaeth na hynny'n rhoi ffisig a thabledi iddyn nhw. Doedd dim syndod yn y byd fod y staff wedi dangos y drws iddi.

Ac yn gymaint â bod cynllun yn blodeuo ym meddwl Nant, ac wedi bod felly ers y bore, thalai hi ddim iddi anghofio fod gan Nyrs Beti ei hagenda hi ei hun hefyd. Heb os, y strategaeth orau, a'r unig un ymarferol a allai lwyddo, fyddai cael ei chynllun hi a phlan Nyrs Beti i gydredeg. Ac mewn gwirionedd, meddyliodd – wrth droi i mewn i ddreif y Glyn a chwilio ym mha ffenest roedd golau i roi rhyw awgrym iddi ble'r oedd yr hen wraig – gorau oll fyddai cyfuno'r ddau i ffurfio un cynllun mawr cytûn. Ac yn y bôn, mae'n bosib mai dau fersiwn gwahanol o'r un cynllun oedd ganddi hi a Nyrs Beti prun bynnag – y naill yn gynllun drafft, greddfol, a'r llall yn gynllun concrit, ymarferol. Na, nid felly chwaith, roedd hi'n methu yn fan'na; y llall yn gynllun cadarn wedi'i ddaearu'n ddiogel yn ei milltir sgwâr. Un felly fyddai'i hun hi.

Roedd caniatáu iddi hi'i hun feddwl am y cynllun eto fel agor blwch a gweld calon yn curo ynddo. Arafodd ei cham er mwyn cael sawru'r pleser yn llawn. Roedd o'n mynd â'i gwynt hi, yn torri drosti, yn ei meddiannu hi. Siampaen anweledig oedd o yn ei phen hi. Wrth feddwl amdano, roedd hithau'n cynhesu ac yn goleuo drwyddi i gyd. Teimlai fel pe bai tyfiant newydd yn ymagor tu mewn iddi, cryf ond bregus, addfwyn ond durol. Pe bai hi wedi ceisio egluro wrth rywun arall sut deimlad oedd o, y cyffro o ddarganfod ei bod yn feichiog oedd y peth tebycaf o fewn ei phrofiad. Rhywbeth wedi'i blannu. Rhywbeth yn dechrau tyfu. Rhywbeth a fyddai'n blodeuo maes o law yn rhyfeddod byw.

Ond thalai hi ddim iddi wirioni rŵan. Roedd angen iddi fod o gwmpas ei phethau, a'i thraed ar y ddaear. Roedd angen iddi fod yn y byd hwn. Llusgodd drywydd ei meddwl tuag at ddyfalu pa ddrygau allai Nyrs Beti fod wedi'u gwneud tra oedd hi oddi yma. Doedd hi ddim yn un am wylio'r teledu na darllen rhyw lawer, ac yn sicr fyddai hi ddim wedi mynd ati i hwylio swper. Y diwrnod o'r blaen, cawsai'r ddwy wynt dan aden i glirio llofft y Doctor a Cathy efo'i gilydd, ac roedden nhw wedi gwneud melin ac eglwys. Doedd Nyrs Beti ddim na allai hi wneud rhyw jobsys hyd y lle, ond ei bod fel petai hi wedi cyrraedd y cyfnod lle'r oedd hi angen cwmpeini er mwyn gallu gwneud. Yr unig ddau eithriad i hynny, hyd y gallai Nant farnu, oedd gosod y bwrdd a gwneud ei hymarferion cadw'n heini.

Gwaeddodd Nant 'W-ww' wrth roi'r goriad yn y drws ffrynt a cherdded i mewn. Ond ddaeth dim ateb, neu o leiaf doedd o ddim yn ateb clywadwy. Rhoddodd gynnig arall arni eto, yn uwch y tro hwn, a chlywed nid llais yn galw'n ôl, ond rhyw dwrw'n dod o'r cefnau, fel twrw trwm rhywbeth yn cael ei symud. Dodrefnyn – cwpwrdd neu fwrdd. Doedd hynny ddim yn bosib, yn siŵr. Allai Nyrs Beti byth symud dim byd trymach na bwrdd coffi neu stôl draed. Ond roedd un peth yn saff, roedd Nant wedi bod yn iawn i'w hamau ac i ofni'r gwaetha. A Duw yn unig a wyddai, meddyliodd rŵan, gan ollwng ei chôt a'i bag a dechrau rhedeg cyn gyflymed ag y gallai hi drwy'r cyntedd a'r parlwr canol a'r gegin i'r cefn, sut brofiad fyddai byw efo hi rownd y bedlan. Hotel, chwyrnodd dan ei gwynt, hotel ydi'r ateb, os oes 'na un gymerith hi yn rhywle ar yr ynys 'ma . . .

'Nyrs Beti. Nyrs Beti!'

'Fan'ma, Nant, allan yn y cowt.'

Agorodd Nant ddrws y cefn a'i chalon yn ei gwddf, yn disgwyl gweld o leiaf ddesg dderw ei thad, neu'r hen gwpwrdd cadw bandeisiau a phlasteri, neu un o'r hen feinciau capel o bosib, allan yn y cowt, ac ar ei ffordd i'r sgip. A dyna fyddai cosb Nant wedyn am fynd i jolihoetio – perswadio Nyrs Beti i roi'r peth hwnnw yn ei ôl yn ei briod le – ond mai hi, wrth gwrs, fyddai'n gorfod ei gario. Ac wedyn byddai gwaith ei hargyhoeddi hi y byddai'n well aros nes y bydden nhw ill dwy'n mynd ati i glirio efo'i gilydd, ar ôl yr ŵyl bellach. Ac ar ôl hynny byddai'n rhaid adfer trefn, hwylio swper ac o bosib cydgyfranogi yn y *bodily exercises* hyd yn oed, i adfer ei chyfeilles i'w hwyliau gorau.

Ond o bopeth, o bopeth, doedd hi ddim yn disgwyl gweld Nyrs Beti'n sefyll allan yn y cefn uwchben yr arch (yr oedd hi wedi perswadio Peredur i'w chario i fyny o'r seler), yn ei thracwisg a'i threiners gyda bwyell yn ei llaw, a golwg wyllt yn ei llygad, yn barod i ddechrau ei darnio.

'NA!'

'Ond roeddwn i'n meddwl y basa'n braf cael tân coed yn y parlwr, o dan y llun, a hitha mor oer . . .'

'Na, Nyrs Beti,' rhuthrodd Nant ymlaen. Ac er gwaetha'i hofn y gallai gael ei thrywanu mewn camgymeriad gan yr hen wraig oedd heb lwyr reolaeth dros symudiad ei chyhyrau, llamodd ati a chipio'r fwyell o'i dwylo crynedig. 'Na.'

Unwaith y cafodd yr arf yn saff yn ei dwylo, eisteddodd ar riniog drws y cefn a'i phen yn ei dwylo gan anadlu'n ddwfn ond yn methu dweud yr un gair. Daeth Nyrs Beti draw gyda'i chamau bach i sefyll wrth ei phen.

'Roeddwn i'n meddwl y basach chi wrth eich bodd, gweld tân go-iawn; dim ond ar Ddolig y bydda tân yn arfer bod yn y parlwr, 'te . . .'

'Ac mi gawn ni . . . dân yno . . . Dolig.' Roedd Nant yn ymladd i drio siarad. 'Ond Nyrs Beti, chewch chi mo honna i'w llosgi. Arch Mam oedd hi.'

'Arch eich Mam?' Syllodd Nyrs Beti'n anghrediniol arni. 'Ond yn Lerpwl . . . mi amlosgwyd eich mam . . .' Bron na ellid gweld cogiau rhydlyd ei chof yn dechrau troi. 'Rydw i'n cofio . . .'

'Mewn arch arall, un brynwyd gan fy annwyl Nan-nan,' gorffennodd Nant y broses o gofio, rhesymu a deall drosti. 'Dowch, helpwch fi, rydw i am fynd â hon i'r tŷ.'

'I'r tŷ? Peidiwch â chyboli, hogan; peth anlwcus . . . ofnadwy!'

'Peidiwch â bod yn wirion ac yn ofergoelus,' meddai Nant. 'Roedd pobol yn 'u rhoi nhw'n bresanta priodas ers talwm.'

'Wel os felly,' atebodd Nyrs Beti'n ffrom, 'dwi'n falch fy mod i'n hen ferch!'

'Dim ond i'r gegin,' perswadiodd Nant wedyn, er mwyn cael ei ffordd, 'at yr Aga. I sychu.'

'Ac wedyn ei llosgi hi?' holodd Nyrs Beti, 'ar ôl iddi sychu'n grimp?'

'Nage,' meddai Nant, 'ei pheintio hi. Rŵan, ydach

chi am helpu? Mi wna i swper i ni wedyn; mae hi wedi mynd yn hirbryd. Bîns ar dost a chaws ar 'i ben o?'

'Does gen i ddim stumog, wir,' cwynodd Nyrs Beti. 'Rhaid i chi gofio mod i'n dipyn hŷn na chi ac yn nes at wisgo'r wasgod bren.'

Yn y diwedd, cododd Nant yr arch ei hun ac anelodd am y gegin.

'Bîns ar dost efo caws ar 'i ben o i un, felly?' holodd wrth basio heibio iddi am y drws cefn a'r arch ar ei phenysgwydd. 'Tun bach o fîns.'

Ond roedd Nyrs Beti wedi llwgu; yn un peth roedden nhw wedi cael cinio cynnar cyn i Owen gychwyn, a hithau heb fedru bwyta dau damaid ohono. Ac wedyn roedd wedi bod wrthi'n gwneud ei hymarferion corfforol yn yr ardd cyn troi ar yr arch. Bu'r cyfan yn fwy o ymdrech nag roedd hi'n fodlon cyfadde. Erbyn hyn roedd hi ar ei chythlwng. A chan na fedrai hi wneud dim byd mwy na brechdan jam iddi hi'i hunan, bu'n rhaid iddi lyncu'i balchder.

'Na,' meddai hi mewn llais bach, pwdlyd, 'bîns ar dost efo caws ar 'i ben o i ddwy.'

18

Drwy'r bore trannoeth, er ei bod yn gafael o oer, allai Nant ddim aros i gael mynd allan drwy'r drws cefn. Ac roedd hi'n gwybod pam. Yn fwy na chael mynd i lawr i'r seler i swlffa, i weld cyflwr y waliau drosti'i hun, ac edrych o gwmpas y stafell arall roedd Peredur ac Owen wedi'i disgrifio iddi – y raciau gwin, y jygiau dŵr, y ferfa, a'r llechi mawrion – yn fwy na hynny i gyd, ac yn fwy na'r awydd i ddengid o wres cynyddol y tŷ, roedd hi angen cael mynd allan yno i chwilio am ei thad. Y clowr.

Achos doedd o ddim yn y tŷ, roedd hynny cyn saffed â dim. Roedd hi'n gwybod hynny achos bu'n chwilio amdano fo drwy'r gyda'r nos a'r bore, ac mewn breuddwydion poitshlyd gefn trymedd, a doedd o ddim yno. Er bod ei lyfrau yno, ei set wyddbwyll, ei sbectols, ei sbenglas a'i chwyddwydr, a'i lestri Abertawe a Nantgarw, doedd o ei hun ddim yno tu ôl iddyn nhw. Cerddodd drwy ei lofft wag, lle'r oedd hi wedi treulio cymaint o amser yn eistedd wrth ei wely drwy'r hydref yn ei wylio'n marw, i'r parlwr mawr lle'r oedd ei lyfrgell o, a'r parlwr canol lle byddai'n hoffi eistedd i wylio rhaglenni natur a hen ffilmiau du a gwyn. Rhywsut, er mai dim ond yma yn y Glyn roedd o wedi byw, ysgafn iawn oedd ôl y byw hwnnw yn y stafelloedd yma. A doedd o ddim yn dod yn fyw iddi drwy'i bethau, er iddi eu cyffwrdd nhw. Dim ond pethau oedden nhw allai fod wedi perthyn i unrhyw hen ŵr.

Yn y diwedd aeth i'w syrjyri. Caeodd y drws ar ei hôl i fod yn sicr o gael llonydd a mynd i eistedd ar y gadair dro a'i sedd ledr, tu ôl i'r ddesg. Ar ôl bod yno am dipyn, agorodd y droriau uchaf gan feddwl tybed a fyddai rhai o'i daclau meddygol yn dal i fod yno: ei stethosgop, mesurydd pwysedd gwaed, teclynnau edrych mewn clustiau a llygaid, morthwyl bach i daro pen-glin. Pethau fel'na. Ond doedden nhw ddim. Doedd yno ddim ond papur wedi melynu a beiros wedi sychu, hen gylchgronau meddygol a llythyrau'n hwrjio meddyginiaethau newydd. Roedd hynny'n ei synnu a'i siomi.

Ond wedyn daeth cof iddi, o dipyn i beth, am Peredur yn mynnu ei bod hi'n dod ag o yma i'r Glyn ryw gyda'r nos ar ôl yr ysgol, pan oedd o tua naw oed, wedi i ferch o un o'r elusennau a weithiai yn y Trydydd Byd fod yn siarad â'i ddosbarth yn yr ysgol. Ar ôl dangos ffilm o rai o drueiniaid Sierra Leone, roedd y siaradwraig wedi gofyn am bethau allai fod yn ddefnyddiol i'w cludo allan i'r wlad ddioddefus honno: yn eu plith, offer meddygol. Unwaith yr eglurodd Peredur i'w daid beth oedd ei neges, roedd yntau wedi estyn ei hen fag mawr lledr, ac roedd y ddau ohonyn nhw wedi pacio popeth yn drefnus ynddo fo. Allai hi ddim cofio'n iawn yn awr, roedd cymaint o amser wedi pasio, ond roedd yn ddigon posib fod rhywfaint o stwff Nyrs Beti wedi mynd i'r bag hefyd.

Ac eto doedd y cof hwnnw ddim yn ddigon i'w llonyddu. Doedd o ddim yn lleddfu'r dyheu. Cododd a cherdded drwy'r parlwr canol a'r gegin i'r lobi. Wrth basio cafodd gip ar Nyrs Beti'n eistedd wrth y bwrdd yn y parlwr, a'r bwrdd yn jig-so i gyd o'i blaen. Hen ddihenydd oedd o, o'r twll dan grisiau, a pheryg bod aml i ddarn ar goll, ond doedd dim gwahaniaeth am hynny, dim eto beth bynnag. Roedd hi'n ddiddig wrtho, ac roedd y llun o ardd flodau henffasiwn ar y bocs yn ei phlesio. Gadawodd Nant iddi a mynd i nôl ei chôt, a'r sgarff sipsi gochbiws efo'r ridens hir.

Allan â hi. Yn ei phoced cariai dortsh a batri newydd ynddi. Roedd hen lantern fach gannwyll goch ei mam yn dal yno ers y diwrnod cynt. Teimlad rhyfedd iawn wedyn oedd mentro i'r seler – i ran o'i chartre lle na bu hi erioed drwy holl flynyddoedd plentyndod a glasoed. Roedd y grisiau cerrig yn llithrig, a bu'n rhaid iddi gymryd gofal bob cam i lawr. Yn wahanol i'r dynion, doedd y gwe pry cop yn poeni dim arni. Unwaith y cyrhaeddodd y gwaelod, trodd ei chefn ar y stafell lle'r oedd Owen wedi darganfod yr arch; doedd dim byd iddi yno bellach. Yn y stafell arall roedd mwy o ôl mynd a dod, a doedd dim angen llawer o ffansi i ddychmygu morynion yma mewn bratiau gwynion yn cludo dŵr o ffynnon Llain i'w gadw'n oer, neu'n picio i lawr i nôl potelaid o win ar gyfer fusutors mwy cefnog na'i gilydd. Ond yn y dyddiau pan oedd y Glyn yn llety i ymwelwyr fyddai hynny, cyn i'w thaid, Doctor Harri, ei brynu. Dyddiau Mr a Mrs Watkins.

Ac wedyn yn y gornel roedd y ferfa, a'r tŵls garddio ynddi a'r olwyn yn hollol fflat. O bob man, dyma'r lle mwyaf chwithig i gadw berfa, yma lle nad oedd pridd yn y golwg na gwelltglas na pherthen. Neb i'w phowlio nac unman iddi gael mynd. Na dim gwaith iddi. Aeth Nant draw a chydio yn yr holl arfau yn ei breichiau a chychwyn ar ei hunion i fyny'r grisiau. Unwaith y cyrhaeddodd y cowt, trodd i gyfeiriad y cefnau a'r cwt garddio. A lympiodd yr holl bethau yn fan'no cyn dychwelyd i nôl y ferfa.

Hyd yn oed os oedd tad Nant wedi cael trafferth powlio'r ferfa i lawr i ddwnjwn y seler y bore hwnnw o aeaf bymtheng mlynedd yn ôl, cafodd ei ferch lawer mwy o drafferth wrth ei chario i fyny. O'r ddau, Peredur oedd wedi cael y fargen orau o ddigon efo'r arch – roedd honno dipyn yn fwy hylaw. Ond wedyn, roedd cael ei chario'n un o'r pethau oedd yn digwydd i arch fel mater o drefn, ond byth bron i ferfa. Ar ôl rhoi cynnig ar ei chodi yn ei chôl, a'i breichiau amdani, ac wedyn 'stachu i geisio'i gwthio i fyny'r grisiau, yn y diwedd rhoddodd Nant y ferfa ar ei chefn a'i chario i fyny'n ara bach gerfydd y llorpiau. Ac er mor fflat oedd yr olwyn, ac y byddai angen teiar newydd yn sicr, roedd hi *yn* powlio, o fath, ar ôl cyrraedd llwybr y cowt. Powliwyd hi draw at y cwt garddio. Mor wahanol i'r seler a'i chlo clap gwaharddol, ac mor wahanol i'r cwpwrdd pîn bach yn y lobi: roedd y goriad yma wedi'i adael yn y drws. Felly, cofiodd Nant, y byddai'r drefn yn rhai o'r tai teras bach y byddai hi'n eu pasio ar ei ffordd i'r ysgol: goriad yn nhwll y clo. Byddai'r perchennog yn gadael y goriad yn y clo tra byddai o neu hi wedi picio allan, neu weithiau'n gadael y goriad yn y drws am ei fod yn y tŷ. Adra. Ac yn disgwyl i rywun gyrraedd yno ato. Rhywun agos, debyg iawn.

Agorodd Nant y drws. Roedd hi'n gynhesach i mewn nag allan. Camodd dros y rhiniog ac edrych o'i chwmpas. Fu hi ddim yma ers darn o oes. Yn y gornel bella, roedd yna bentwr o daclau garddio coesog: rhaw, fforch fawr, cribyn, hof, siswrn tocio â choesau hir. Byddai hi'n rhoi'r stwff a ddaethai o'r seler efo'r rhain. Yn union o'i blaen wedyn safai hen gwpwrdd arferai fod yn y tŷ pan oedd hi'n hogan fach, un o'r pethau roedd ei Nain Maud wedi'u gadael pan symudodd i'r byngalo. Rhaid bod y cwpwrdd, a'i baneli wedi'u peintio'n las a brown, yn rhy henffasiwn gan Cathy. Agorodd Nant y drysau. Roedd yno drefn: potiau plastig o wahanol faint wedi'u pentyrru'n dwt, hen bacedi hadau wedi ffêdio, três ar gyfer plannu hadau, pellenni o gortyn, a sawl pâr o fenig garddio, rhai rwber plastig a chotwm. Pacedi ar eu hanner o fwyd rhosod a stwff lladd mwsog, a bwyd porfa a phelets lladd sliwod, a thu allan y pacedi wedi crebachu a'r cemegau oddi mewn wedi ffurfio crisialau ar ochrau ambell un.

Ond doedd ei thad ddim yma. Os nad oedd yma rywsut, ynghêl, yn y pethau hyn. Ac eto roedd un peth yn eglur fel dydd iddi yma o'i blaen: sef ei fod o, yn ei henaint, wedi cyfnewid ei arfau.

Yr ochr bella i'r hen beiriant torri gwellt, roedd yna docyn o sachau yn y gornel. Sachau go iawn oedd y rhai isaf ohonyn nhw, hen sachau brown llychlyd o oes wahanol, ac ar eu pennau wedyn sachau plastig yn bentwr ac ambell sach bapur. Aeth Nant draw atynt a'u trio efo'i throed i weld – rhoi ei phwys arnyn nhw gan hanner disgwyl gweld fflyd o lygod bach yn sgrialu. Ond ddaeth 'na'r un. Ac felly dyma hi'n eistedd, yn dringar i ddechrau, ar yr uchaf ac yn suddo i lawr gan bwyll bach. Unwaith roedd hi wedi mynd cyn ised ag yr âi, roedd hi'n ddiogel. O boced ei chôt estynnodd ei ffôn bach a chwilio am rif Peredur. Efalla y byddai o'n gwybod lle i chwilio.

'Mam? Ga i ffonio chdi'n ôl?'

'Dau funud fydda i. Isio gofyn –'

'Dwi'n pluo, dydw, yn Ty'n Rhos. Blydi plu yn 'y ngheg i a 'nghlustia fi a bob ffycin man . . .'

'Dim ond isio gofyn . . . dwi wrthi'n gneud y VAT . . .' Celwydd bach oedd o, ond un hanfodol. Cafodd well gwrandawiad yn syth.

'Oes 'na broblem? Bob dim yna, dydi?'

'A 'di dŵad allan am wynt bach. A meddwl . . .'

'Ia.' Roedd o'n wyliadwrus.

'Wyt ti'n cofio garddio efo Taid? Ar ôl i ddrws y seler gael 'i gloi . . . pan oeddat ti 'chydig yn hŷn ella? Y pnawnia Sadwrn 'na pan fyddwn i'n cwcio, neu adeg ŵyna...'

'Fedra i ddim gweld be uffar sy gynno fo i neud efo VAT, 'de, ond . . .'

'Ond . . .'

'Fel arfer roeddan ni'n chwarae *chess* neu'n gwatsiad teli, ond dwi'n cofio ryw dro, pan oeddat ti a Dad 'di mynd i rywla i brynu tarw. Oedd o'n rhy bell i mi gael dŵad . . .'

'Carlisle.'

'Oedd hi'n aea, ar ôl y Dolig, hannar tymor mae'n siŵr achos o'n i 'di cysgu 'na. Aethon ni i'r lle garddio 'na yn Gaerwen a phrynu pentwr o'r planhigion 'ma, fel parseli bach efo gwreiddia. Ac wedyn ffwr' â ni adra i'w plannu nhw. Oeddat ti fod i'w plannu nhw'n sdrêt awe.'

'Yn lle?'

'Yn lle? Be ddiawl 'di'r ots? Yng ngwaelod yr ardd, o dan y coed mawr 'na.'

'Wrth y clawdd.'

'Ia. A dwi'n cofio sgwennu'r hanas yn y dyddiadur

dosbarth wedyn, a chael row gin Miss Pritch am sgwennu "snodrops". "Snodrops" oedd Taid yn ddeud.' Gwnaeth lais merchetaidd i ddynwared. '"Eirlysiau ydi'r gair iawn, Peredur".'

'Sut y mentraist ti allan drwy'r eira i gyd.

Nid oes flodyn bach arall i'w weld yn y byd.'

'Y? Ac mi sgwennish i'r stori oedd Taid 'di ddeud am y sowldiwrs ar y ffor' o ryw ryfal, hwnnw lle oedd y ddynas 'na . . . Florence Nightingale . . .'

'Rhyfel y Crimea.'

'Hwnnw. Bod y sowldiwrs 'di dŵad â'r snodrops adra o fan'no yn 'u pacia cefn. 'U cario nhw mewn hen gadacha a'r gwaed 'di sychu arnyn nhw i'w mama a'u chiworydd a stwff. Oedd hi'n impressed efo hynna, 'de.'

Roedd Nant wedi cael digon. 'Diolch, Per.'

'Croeso, gei di dalu fi'n ôl, yli, trwy fynd yn syth yn ôl i mewn i'r tŷ ac ailafael yn y . . .'

Ond doedd o ddim yn bygwth. Pwysodd Nant y botwm i roi terfyn ar yr alwad a rhoi'r ffôn yn ei phoced. Eisteddodd yn llonydd am dipyn yn hel ei nerth. Roedd hi'n mynd i fod yn job codi o'r nyth sachau. Pwysodd ymlaen ac wedyn gwyro i'w chwrcwd ac ar ei phedwar i allu cael ei balans, a sefyll. Ond wedyn, ar ôl iddi sychu'r llwch oddi arni, mynd â'r ferfa dan do a'i rhoi i bwyso ar y talcen pella, roedd hi'n gwybod lle i fynd.

Caeodd ei chôt i'r top a cherdded allan i'r ardd honno oedd tu hwnt i'r cowt a'i forder twt, a thu draw i'r coed afalau a gellyg a rhosod ei mam, a gweddillion y goelcerth, i lawr i'r gwaelodion pella, dyfna. Yno, yn rhywle dan y derw a'r masarn, a'r criafol yn y cysgodion. Yno y byddai o, ac roedd o wedi bod drwy'r amser. Yno lle nad oedd ond y gaeaf yn cloi. Roedd hi wedi bod ar gam drywydd ond rŵan roedd hi'n gwybod ble i fynd.

Roedd hi wedi dechrau tywyllu a'r dydd yn colli pan aeth Nant i'r afael â'r Dreth ar Werth go-iawn. Ar yr un pryd, rhoddodd Nyrs Beti ar waith i ddatod y llathenni o oleuadau bach bob lliw roedden nhw wedi dod ar eu traws mewn bocs yn yr otoman y diwrnod o'r blaen. Doedd hynny ddim cweit yn gyfystyr â chydnabod y bydden nhw'n dathlu'r Nadolig ymhen ychydig ddyddiau ond roedd yn rhywbeth i gadw dwylo a dychymyg Nyrs Beti'n ddiddig, ac i gadw ei llygaid rhag crwydro draw at yr arch oedd erbyn hyn wedi cymryd ei lle yn ddigon twt o flaen yr Aga yn y gegin a'i phren golau, ysgafn yn cydweddu â gwyrdd y cypyrddau.

Doedd yr un ohonyn nhw'n disgwyl clywed cloch y drws yn canu. Allai Nant, ar y funud, ddim codi'i llygad o'r colofnau ffigurau roedd hi'n ceisio'u cyfrif. 'Ewch chi,' meddai hi wrth Nyrs Beti. Cododd hithau o dipyn i beth a mynd pitr patr drwodd i'r cyntedd gan gymryd ei hamser i agor y drws canol a'r bollt a'r clo ar y ffrynt.

Dyn ifanc yn ei ddauddegau a safai yno, mewn siwt dywyll, ond a'i wallt ar dro ffasiynol yn y ffrynt, gyda chymorth jél.

'Helô, ydi Mrs Nant Owen i mewn?' holodd heb hel dail. Ac wedyn, fel pe bai'n teimlo iddo fod braidd yn rhy ffwr-bwt. 'Barod at y Dolig?'

'Dewch mewn,' meddai Nyrs Beti'n fanesol gan dynnu'r drws ati i wneud lle iddo basio. Ac amneidiodd i gyfeiriad y parlwr canol lle'r oedd

Nant i'w gweld wrth y bwrdd, yn edrych yn wahanol efo'i sbectol, ac yn llwyr ganolbwyntio.

Cododd Nant ei phen wrth glywed sŵn lleisiau, ond er craffu i gyfeiriad y gŵr ifanc a gerddai tuag ati, doedd hi ddim yn ei nabod yn syth. Cofiai ei weld, cofiai ei wyneb hir, main a'r tro yna yn ei wallt. Ond methai gofio ble'r oedd wedi'i weld na phwy oedd o. Ond doedd dim angen iddi fod wedi gofidio am hynny. Estynnodd y gŵr ifanc ei fraich allan i ysgwyd llaw ymhell cyn ei chyrraedd, er mai llaw lipa, doeslyd braidd oedd hi.

'Helô, sut mae erbyn hyn? Jonathan Gwynne Williams. O gwmni Gwynne Williams. Ymgymerwyr?'

'O ia, cofio rŵan,' meddai Nant, 'eisteddwch. Oes 'na ryw broblem? Be fedra i neud i chi?'

'O nac oes,' meddai'r llanc ifanc gan droi i edrych ar y gadair a gynigid iddo, ac wedyn oddi wrthi. 'Na, dwi ddim yn aros, jest pasio oeddwn i a meddwl, tybad, gan 'i bod hi'n ddiwadd y mis ac yn Ddolig a ballu, a diwedd y flwyddyn, 'chi, isio gneud y llyfra a ballu . . .'

'O.' Dyma Nant yn dangos ei bod hithau'n gallu bod yn rhywun arall, yn oeraidd, boléit, grafog, yn gnawas. Er, roedd o'n ei haeddu hi bob tamaid. 'Wedi dod i nôl eich pres ydach chi?' Edrychodd ar y cloc gwydr ar y wal ac wedyn yn ôl arno fo. Cystal â dweud: rŵan, heno, fel'ma?

'Digwydd pasio,' meddai yntau wedyn, yn hanner ymddiheugar, ac yn difaru bron ei fod wedi dod. Gwyddai, os byddai hon yn codi'r ffôn at ei dad i gwyno, y byddai hwnnw'n gandryll efo fo. Ond yn y bôn roedd yn sicr mai fo oedd yn iawn, hyd yn oed os oedd yr amseru ychydig yn anffodus y tro hwn.

Mi dalai iddo ddyfalbarhau. Roedd ei dad wedi arfer gadael pres allan am fisoedd, yn rhy neis i anfon bil ac yn rhy neis wedyn i nôl ei arian, a'r busnes yn diodde o'r herwydd. A digon tebyg fu ei daid o'i flaen. Ond roedd oes rhedeg busnes yn y ffordd yna wedi pasio bellach, a chredai Jonathan Gwynne Williams fod cael arian am gladdedigaeth oedd newydd ei chynnal yn bwysicach na swcro teuluoedd profedigaethus trwy smalio nad oedd talu'n rhan o'r gwasanaeth. Nid ei fod o am fod yn annifyr ond, wedi'r cyfan, faint o bobl o'r un teulu fyddai yna i'w claddu o fewn cenhedlaeth? Un neu ddau ar y mwya; ac roedd o'n pasiad gwneud ei bres ac ymddeol yn hanner cant oed cyn y byddai gan hon neb arall iddo'i gladdu, gyda phob dyledus barch, wrth gwrs. 'Ond os ydi o'n draffarth . . .'

'Dim traffarth o gwbwl. 'Rhoswch ddau funud. Steddwch.'

Bodlonodd yntau i eistedd dan gilwg dreiddgar Nyrs Beti. Ymhen rhai munudau daeth Nant yn ei hôl, wedi dod o hyd i'w bag a'r llyfr siec ynddo, ac eisteddodd i'w hysgrifennu yng nghanol y papurau Treth ar Werth. Estynnodd y siec tuag ato.

'A Dolig Llawen i chitha hefyd,' meddai hi. 'Mwy llawen ar ôl cael honna, dwi'n siŵr.'

Cododd Jonathan i fynd, gyda nòd bach, gan feddwl y byddai'r bonws y gobeithiai'i dderbyn yn gwneud y cyfan yn werth chweil. Rhoddodd y siec yn daclus yn y waled ym mhoced uchaf ei siaced cyn troi i fynd. Cododd ei olygon wedyn a gweld yno o'i flaen yn y gegin, hanner blaen arch ar lawr. Doedd o ddim wedi dal sylw arni cynt wrth ddod i mewn rywsut, er bod ei lygaid wedi'u treinio'n naturiol at eirch.

'Wedi cael profedigaeth arall?' gofynnodd yn syn gan amneidio ati. 'Doeddwn i ddim yn gwbod . . .'

'Dim o'ch busnas chi,' brathodd Nyrs Beti.

'Dipyn o gystadleuaeth i chi, gyfaill,' meddai Nant, yn berwi o ddicter am y siec o dair mil o bunnau roedd hi newydd orfod ei hysgrifennu o'i chyfrif cyfredol hi ac Ed, nad oedd tair punt ynddo heb sôn am dair mil. 'O 'mhrofiad i, mae gan eich busnas chi dipyn o le i wella. Yn enwedig ar yr ochor Gofal Cwsmer. Nos dawch.'

Ac er bod y Glyn yn glamp o dŷ, roedd Jonathan wrth lwc yn cofio'i ffordd at y drws ffrynt heb i neb orfod ei hebrwng o. Ond bu'n rhaid i Nyrs Beti gael cloi a bolltio'n gadarn ar ei ôl.

Pan ddaeth hi yn ei hôl trwadd, dyna lle safai Nant yn ei hwynebu ar ganol y llawr fel pe bai hi'n barod i gychwyn ar grwsâd. Edrychodd Nyrs Beti ar ôl y llanc i gyfeiriad y drws ffrynt. 'Roedd gan hwnna lawer iawn o waith dysgu,' sylwodd.

'Y tro nesa,' gwaeddodd Nant a'i thymer yn tanbeidio trwy'i llygaid ac ym mhob gewyn o'i chorff. 'Faswn i ddim yn gadael i'r bastyn bach anghynnas drefnu cynhebrwng 'y nghath i, heb sôn am 'y nhad!'

Ac eto ar ôl cael ei siec, a honno'n boeth yn ei waled ym mhoced ei siaced, roedd melyster y gamp o gyrraedd ei nod ei hun, ac o weld ei fod yn gwneud ei farc trwy newid y ffordd roedd pethau'n cael eu gwneud yn Gwynne Williams a'i Gwmni, wedi cael ei difetha i Jonathan gan yr olwg yna o wrthuni ar wyneb Nant Owen wrth iddi basio'r siec iddo. Roedd o'n arian gonest am job wedi'i gwneud yn dda ac yn broffesiynol ond roedd hi wedi gwneud iddo deimlo'n fudur. Roedd Nant Owen yn ddynes drawiadol, siapus gyda gwallt cyrliog trwchus, gwefusau llydan a llygaid mawr gwyrdd – yn dipyn o slasan, mewn gwirionedd. A doedd hi ddim yn rhy hen iddo. Ond doedd o ddim wedi hoffi'i gweld yn edrych arno fo fel'na fel petai'n lwmp o faw.

A beth oedd ar ei meddwl wrth sôn am gystadleuaeth? Wyddai hi ddim fod pob busnes claddu'n hen, ac wedi'i seilio ar genedlaethau o brofiad a threfn a chysylltiadau? Doedd dim lle i neb dorri i mewn i'r farchnad yna. A phwy yn ei lawn bwyll, ar ôl colli rhywun annwyl, fydda byth yn dewis mynd at het *unstable* fel'na prun bynnag, nad oedd hi erioed mwy na thebyg wedi claddu bwji heb sôn am berson? Doedd hi ddim yn edrych fel rhywun *new age*, ac eto roedd yr hen sgarff fawr 'na efo ffrinj hir yn rêl y math o beth y bydden nhw'n wisgo. Ond os oedd hi'n meddwl ei bod hi'n mynd i newid y ffordd roedd y pethau 'ma'n cael eu gwneud yn Llanrhaeadr a'i slensio fo, mi gâi hi feddwl eto. Bitsh wirion.

Roedd yn rhyddhad neidio i mewn i'w Golf GTi Mark 2 a dyrnu mynd i lawr i'r dre. Ar noson Sadwrn cyn Dolig, gyda chymorth naw neu ddeg peint o lagyr efo'i griw, fyddai o ddim yn hir yn anghofio.

19

Erbyn bore Sul roedd yn gwbl amlwg i Nant y byddai'n rhaid iddi fynd i Gyndyn. Yn un peth, doedd ganddi fawr ddim dillad, heblaw am ei siwt angladd, un pâr o jîns, dau grys T a siwmper, ac roedd hi'n oer i loetran hyd y lle gefn nos heb gôt godi. At hynny byddai'n rhaid mynd i ddanfon stwff y VAT, a orffennwyd yn y diwedd yn oriau mân y bore, i Peredur. Ond yn fwy na'r pethau hyn roedd y siec: y siec am dair mil o bunnau y bu'n rhaid iddi ei hysgrifennu neithiwr i'r cyw claddwr.

Roedd rhyw barchusrwydd na wyddai hi ar y pryd o ble y daethai wedi meddiannu Nant pan gerddodd Jonathan Gwynne Williams i mewn i barlwr canol y Glyn i nôl ei bres. Mi allai hi fod wedi dweud wrtho y byddai'n galw i weld ei dad yn nes ymlaen yn yr wythnos, neu ddweud mai stad ei thad fyddai'n talu, neu mai ei brawd oedd yn gofalu am bethau felly: atebion digon rhesymol bob un. Ond dewis opsiwn y balch wnaeth hi ac ysgrifennu'r siec yn y fan a'r lle, er y gwyddai o'r gorau nad oedd arian yn y cyfrif i'w hanrhydeddu. Ac wrth wneud hynny, roedd hi wedi peryglu'r berthynas frau oedd yn dal rhyngddi hi a'i gŵr.

Balchder pwy oedd hwnna, pensynnodd wrth fynd ati i wneud paned a thost i'w cludo i fyny i Nyrs Beti yn ei gwely – y balchder yna oedd yn drech na rheswm. Roedd hi wedi gorfod dysgu'i roi heibio yn ystod blynyddoedd tyn ei phriodas, ond yn awr dyma fo'n ôl. Rhaid ei fod yn trigo yma yng nghartre'r Lewisiaid: teulu uchel eu parch, da eu byd, ac arian yn rhywbeth islaw sylw bron iddyn nhw. Roedd hi'n sicr o un peth; nid i'w mam roedd y gynneddf yna i fod yn ffôl o falch yn perthyn. Cathy, y ferch o Lerpwl oedd am aros yn *teenager*, a fynnai wisgo'r ffasiynau diweddaraf, a wrthododd ymuno gyda Merched y Wawr, ac a ddaliwyd yn caru efo dyn arall ym mharti Nadolig cyd-weithwyr ei thad.

Nage, yng ngwaed teulu Doctor Cynfal roedd y balchder anhyblyg yna'n glynu rhwng y celloedd coch a gwyn. Dyma'r balchder a'i rhwystrodd o rhag mynd ar ôl ei wraig pan ddihangodd hi i Lerpwl y noson honno. Y balchder hwnnw hefyd oedd wedi'i gadw rhag bod yn agored gydag Owen a Nant, a hwythau'n bobl ifanc ar y pryd, nid plant. A'r un balchder yn union oedd wedi peri iddo gadw'r arch roedd o wedi'i phrynu i'w wraig o'r golwg yn y seler am dros ugain mlynedd. Roedd hynny'n haws na gofyn i'r saer neu'r ymgymerwr ei chymryd yn ôl.

Ond roedd un peth yn anochel. Byddai'n rhaid iddi hi wynebu canlyniadau gadael i'r balchder hwnnw ailddechrau llifo trwy'i gwythiennau heddiw wrth dorri'r newydd wrth Ed. Cododd Nant ei choesau'n uchel i gamu dros yr arch er mwyn mynd i'r cwpwrdd lle cedwid y marmalêd. Job Nyrs Beti am y bore oedd mynd ati i wneud cadwyn efo hen stribedi papur amryliw roedden nhw wedi dod o hyd iddyn nhw yn yr otoman – addurniadau Nadolig o'r saithdegau. Erbyn hyn, roedd y glud ar y darnau papur wedi hen sychu, ond doedd dim gwahaniaeth; gwnâi selotêp yr un job yn union. A theimlai Nant y byddai'n dda calon iddi wrth eu sirioldeb pan gyrhaeddai hi'n ôl o Gyndyn.

Tryc Ed oedd yr unig un yno yng nghanol y tractors a'r peiriannau pan gyrhaeddodd Nant iard Cyndyn. Ar fore Sul fel hyn, roedd yn ddigon posib fod Peredur wedi aros efo un o'i ffrindiau yn y dre ar ôl methu bachu tacsi'r noson cynt. Neu gallai fod wedi mynd i weithio. Byddai pethau wedi bod cymaint yn haws pe bai o yno. Fe fydden nhw'n deulu eto, o leia dros dro. Ond a dim ond Ed a hithau yma, fyddai yna ddim pwrpas cogio.

Estynnodd Nant ei stwff oddi ar sedd teithiwr ei char ac oedi wedyn, yn anfoddog i agor y drws. Roedd hi'n braf yma yn yr hen Astra piws, a'r haul yn taro'n gynnes trwy'r gwydr. Gallai fod wedi mynd yn ôl i gysgu. Yma, roedd amser fel pe bai wedi sefyll yn stond, heblaw am rŵn y radio, a hithau'n ddihangol am dipyn eto. Dyna fyd fasa hwnnw, meddyliodd hi gan estyn yn anfoddog am handlen y drws, lle na fyddai dim ond y caneuon yn newid.

Ond roedd y ci coch yn falch o'i gweld hi. Carlamodd ar draws yr iard yn orfoleddus a gwyrodd hithau i'w fwytho, ac i siarad efo fo.

'Wel, helô Nedw. A sut wyt ti? Sut wyt ti ers talwm? Wyt ti'n falch o 'ngweld i? O, ti'n gi da. O ti'n gariad. Mae hi mor wych dy weld di, Nedw.' Roedd Nedw yn fwy na bodlon am garu mawr. Gwnâi ei frwdfrydedd i Nant chwerthin dros bob man. Llyfodd ei hwyneb yn gariadus a chodi'i bawennau budron i afael amdani. 'Lawr, lawr rŵan. O, ti'n gi da. Dwi mor falch o dy weld di, Nedw!'

Cododd Nant a daeth Nedw i'w chanlyn at y drws cefn, yn dynn wrth ei sawdl ac yn gobeithio am fwy o fwythau'n fuan. Ond chafodd o ddim dod i'r tŷ. Ci allan oedd o, fel roedd y cathod yn gathod allan.

Dyna fu trefn Cyndyn erioed, y drefn roedd hi wedi'i hetifeddu pan ddaeth hi yma'n wraig ifanc. Doedd y drws ddim ar glo ac aeth hithau i mewn i'r gegin.

Ar wahân i lanast, roedd popeth 'run fath. Yn ystod y misoedd pan fu hi'n byw yn y Glyn yn amlach nag yma, roedd hen steil ffermydd cefn gwlad Cymru yn y pedwar a'r pumdegau, lle na cheid dim ond hen lanciau'n byw, wedi ymledu hyd fwrdd y gegin. Y siwgwr mewn paced a llwy ynddo fo, dwy botel sos – un goch a'r llall yn frown – a'u corn gyddfau'n ddigon â throi stumog rhywun; mygiau budron a rhai â the oer yn dechrau llwydo ynddyn nhw, a phapurau newydd dyddiau dirifedi ar ben ei gilydd. A phost yn domennydd. Gwrthododd Nant y demtasiwn i glirio'r rhain ac i godi'r pynnau cotiau a siyrsis oedd ar gefnau cadeiriau a'r esgidiau oedd hyd lawr. Yn lle hynny, camodd yn ei blaen heibio a thu hwnt iddyn nhw i'r pasej oedd yn arwain i fyny'r grisiau.

Wrth ddringo i'r llofft, meddyliodd Nant am y darn oes a dreuliodd hi yma. Ar wahân i'w mab mawr, annibynnol oedd yn prysur dyfu allan o'i gartre, doedd dim llawer o ddim yn dyst i'r byw hwnnw. Am mai tŷ rhent oedd hwn, eiddo i Stad Cefn Llanfair, doedd fawr ddim wedi'i wario ar y tŷ ei hun dros y blynyddoedd – dim ond trwsio tamprwydd ac insiwleiddio'r atig a gosod cawod yn y stafell ymolchi; rhyw jobsys cynnal a chadw. Heblaw am betheuach cwbwl arwynebol felly – paent a phapur a deunyddiau – roedd bob dim fwy neu'n lai ddigyfnewid. Be fûm i'n ei wneud yma, meddyliodd wrthi'i hun, trwy'r amser hir yna, y sleisen fawr lydan yna o 'mywyd i? Mi fûm i'n cysgu yma, mi fûm i'n caru yma, mi fûm i'n trio cael deupen ynghyd yma, mi fûm i'n hwylio prydau bwyd yma. Ond nawr, wrth ddod yn ôl fel hyn, roedd yn ddychryn iddi sylweddoli nad oedd unrhyw hiraeth yn dod i'w chwarfod hi ar y grisiau yma, hanner y ffordd drwy'r lle, am ail hanner ei bywyd. Roedd fel edrych yn ôl ar hen ffilm *ciné* ar bobl mewn gwlad arall.

Ond atgofion allan oedd llawer o'i hatgofion, erbyn ystyried, nid rhai tŷ. Efallai nad yma roedd hi'n mynd i ganfod yr hanfod yna y chwiliai amdano. Dysgu Peredur i roi llith i oen llywaeth pan oedd o tua dwy oed, labro i helpu i godi'r sied newydd cyn y gaeaf, bod ar ei thraed yn y nos yn helpu i olchi'r gwartheg i'w cael yn barod i fynd i'r Primin, plannu tatw a chodi tatw. Efallai mai yn rhywle yng nghanol y pethau yna roedd yr elfen honno roedd hi angen ei sicrhau ei hun o barhad ei bodolaeth, nid yma o fewn muriau'r tŷ.

Fel roedd hi'n agor y cwpwrdd ar y grisiau i estyn cês i'w lenwi efo dillad, clywodd sŵn traed yn dynesu.

'Am be ti'n chwilio, Nant?' Doedd o ddim yn gyhuddgar chwaith.

Roedd hi'n falch o ddrws y cwpwrdd ar y funud honno i gelu'r adwaith cyntaf ar ei hwyneb pan glywodd hi lais ei gŵr. Ond nid dŵad yma i guddio oedd ei bwriad.

'Helô, Ed,' meddai hi gan gau'r drws. 'Ro'n i am ddŵad i chwilio amdanat ti rŵan.' Ac estynnodd y cês allan o bendrafoedd y cwpwrdd a'i osod wrth ei hochor.

'I be mae hwnna'n dda? I fynd â phetha odd 'ma 'ta i ddŵad â phetha'n ôl?'

'Dwi ddim yn gwerthu'r Glyn, Ed. Dwi wedi deud hynny a dwi ddim yn mynd i newid fy meddwl. A beth bynnag, mi roedd pris y boi Steff 'na ymhell ohoni. Can mil, ella ddau gan mil, allan ohoni.'

'A sut dwi i fod i neud yma ar 'y mhen fy hun, efo Peredur yn rhywla'n gweithio bob dydd a chditha ddim yma?'

'Dy ddewis di ydi hynny.'

Trodd Ed ei gefn arni i fynd i'r gegin, a dilynodd hithau. 'Fedra i ddim dallt,' meddai dros ei ysgwydd yn flin, 'pam na ddoi o'r lle 'na, gwerthu, fi roi'r gora i fan'ma ac ailddechra efo'n gilydd. Hynna ydw i'n fethu ddallt.'

'Ond be wyt *ti* isio ydi hynna, Ed.'

'A sgin ti ddim rhyw *sweet memories* am y blydi lle hyd yn oed. Gest di blentyndod diflas, gest di gam. Ac mae'r lle angan cymaint o waith . . .'

'Dwi ddim yn gwerthu.'

'A be sy gin i rŵan, felly? Ar ôl ugian mlynadd?'

'Be sy gen i? Newydd etifeddu 'nghartra ydw i. Doedd gen i bygyr ôl cyn hynny. Mae gen ti beirianna, stoc . . . Gei di ddŵad acw i fyw, dwi wedi deud . . . os ti isio.'

'Ond wyt ti isio fi? Hwnna ydi'r cwestiwn, 'de. Oeddat ti isio fi noson o'r blaen ar ôl cael boliad o lysh, a'r noson wedyn, wel dwi'n cymryd dy fod ti, mi gostiodd ddigon i ti beth bynnag. 'Ta isio rhoi prawf arnat ti dy hun oeddat ti, a finna'n cael 'n iwsio? Nant?'

'Dwi ddim yn gwbod,' cyfaddefodd hi. 'Dwi jest ddim yn gwbod. Mae 'nghorff i'n ymateb 'run fath ag erioed, dyheu amdanat ti, dy chwenychu di . . .'

'Wel, mae hynna'n swnio'n addawol.' Roedd yna wên rŵan, yr un hen wên gynnil, secsi ar ei wyneb o.

'Ia . . . ella mai fi sy wedi newid . . . ond mae'r gweddill ohona i, 'y mhen i, a 'nghalon i . . .'

'Yn licio Nyrs Beti yn well!'

A chwarddodd y ddau ohonyn nhw ar eu gwaetha.

A meddyliodd Nant, yn ystrywgar er nad yn ddichellgar, mai nawr oedd yr amser i sôn am y siec fawr 'na. Wel un ai nawr neu'n nes ymlaen, yn y gwely. Ond roedd Ed yn rhy graff i roi'r un peth hwnnw roedd hi gymaint o'i isio iddi eto. Yn lle hynny, estynnodd ei gôt oddi ar gefn un o'r cadeiriau a dweud, wrth ei gwisgo, 'Ti ddim ar frys, wyt ti? Ddoi di efo fi i weld Janey?'

'Janey? Pwy ar wyneb y ddaear ydi Janey?'

'Yr hogan yn y garafán.'

'O'n i'n meddwl mai Braint oedd yn y garafán.'

'Ia, Braint oedd yno. Ddoi di? Nant.'

Yn anfodlon, ond yn gweld y byddai ganddi hi gymwynas lawer iawn mwy i'w gofyn cyn gadael y bore hwnnw, dilynodd Nant ei gŵr allan o'r tŷ, trwy'r iard a heibio'r sied beiriannau a'r sied wartheg lle'r oedd y bustych yn cnoi silwair yn dawel yn un rhes hir, a'u hanadl yn codi uwch eu pennau, ac i lawr y lôn las. Roedd hi'n wlyb dan draed, a difarai Nant na fyddai hi wedi gwisgo'i si-bŵts.

Safodd Ed tu allan i'r hen garafán siabi pan gyrhaeddon nhw hi a chnocio'n barchus. 'Bydd yn barod,' rhybuddiodd hi, 'am sioc.'

Roedd Nant yn cofio Braint o'r adeg pan fyddai hi'n gweithio ar y til yn y Co-op. Un o genod stad Tyn Gors oedd hi, heb wneud dim byd ohoni yn yr ysgol, dim affliw o ddiddordeb er bod digon yn ei phen, ac wedyn bron â chael ei drysu gan ddiflastod y siop. Roedd ei henw hi'n edrych mor od ar y bathodyn 'na. 'Hi! I'm Braint. Always eager to help!' Gor-ddweud os bu gor-ddweud erioed. Mae'n debyg ei bod tua'r un oed â Pheredur, neu efallai ychydig yn iau. Yn ystod y misoedd tra oedd Nant yn hanner byw yn y Glyn ac yn helpu i ofalu am ei thad, roedd Ed wedi cymryd trugaredd ar Braint ac wedi gadael iddi ddod i fyw yn y garafán am y nesa peth i ddim ar ôl i bethau fynd yn flêr ac iddi gael cic-owt o adra. Feddyliodd Ed ddim i ofyn be oedd achos y chwalfa, dim ond cytuno ar rent pathetig a'i ystyried ei hun yn lwcus i'w gael. Dyna Braint, a'r hyn a wyddai hi am Braint. Ond Janey?

Yn araf agorodd y drws ond doedd neb yn sefyll yno. Roedd y sawl oedd wedi'i agor wedi cilio. Amneidiodd Ed ar i Nant ei ddilyn a dringo i mewn. Dilynodd hithau.

Roedd yr hogan yn gorwedd ar y gwely. Braint oedd hi hefyd, roedd Ed yn methu. Roedd Nant yn dal i'w hadnabod hi er ei bod wedi newid cymaint. Yn lle'r ferch ddel, fywiog, lond ei chroen, henffasiwn ei Chymraeg oedd wedi'i magu efo'i nain, roedd yna gorff ar y gwely nad oedd yn ddim mwy na chroen am asgwrn. Roedd ei jîns yn hongian amdani a'i llygaid yn od o ddisglair yn ei phen. Roedd wedi rhoi lliw coch yn ei gwallt rywdro, ond roedd ei hanner wedi tyfu allan.

'Helô? Ti'n 'y nghofio i?' Aeth Nant ymlaen ati, yn cael trafferth i gredu'r newid yn y ferch. Er, roedd hi wedi gweld yr un newid mewn degau o bobl ifanc o gwmpas y dre yn ystod y deng mlynedd diwethaf. Roedd hi'n adnabod yr arwyddion, a'r symptomau.

Nodiodd y ferch. Oedd, roedd hi'n cofio. Er bod ei llygaid mor annaturiol o sgleiniog, roedd ei chorff yn swrth a llipa. Roedd lliw fel lludw ar ei gwedd a'i gwallt yn seimllyd ac yn llipa.

'Wyt ti wedi bod yn sâl?' Roedd yn rhaid gofyn am ei bod hi'n edrych mor ddifrifol o gwla. Ysgydwodd y ferch ei phen. Edrychodd Nant ar Ed, ond golwg ddigon gwachul oedd arno. 'Ti angen gweld doctor,' cyhoeddodd Nant. 'Fory nesa, Braint.'

'Dim Braint,' mwmialodd y ferch. 'Janey.'

'Mi ddaeth 'na ryw ddynas i mewn i'r siop,' esboniodd Ed. 'I'r Co-op.' Roedd y ddau ohonyn nhw wedi bod yn sefyll uwchben y ferch ond eisteddodd o ar y bync rŵan i adrodd ei stori. 'Artist oedd hi. Dynas yn ei phedwar dega. O deulu da, pobol fawr, ond yn byw fel hipi. Peintio . . .'

'*Acrylics* a *water colours,*' porthodd y ferch. 'Trio gneud enw iddi'i hun. Jane Harper-Donnington. Janey.'

Meddyliodd Nant am ennyd. Oedd, roedd yr enw'n canu cloch. 'Dwi wedi clywad yr enw 'na,' meddai. 'Harper-Donnington. Cwmni soffas neu rywbath.'

'Ia.' Nodiodd y ddau.

'Pan fydda hi'n dŵad i mewn i'r siop mi fydda hi'n sbio ar 'n enw i, ar y badj 'na, ac yn 'i licio fo. A finna'n deud mai duwies geltaidd oedd hi ac mai Braint Môn oedd 'n enw i, wel, Braint Môn Jones. Mr Puw fydda'n mwydro am y peth drwy'r amser yn 'r ysgol. Ac roedd hi jest wedi mopio'n llwyr efo'r peth; roedd hi fel hogan bach wedi gweld tegan roedd hi isio mewn ffenast siop, beic neu ddol neu rywbath. Roedd hi isio fo . . . yr enw perffaith i artist fel hi, medda hi. Celtaidd a rhyw rwtsh fel'na. Wnes i ddim cymryd dim llawer o sylw, 'de; digon o *weirdos* o gwmpas y lle 'ma, does?'

'Ond wedyn . . .'

'Roedd hi'n dŵad i'r siop o hyd ac o hyd, roedd hi'n dŵad yno bob dydd yn begio arna i werthu'n enw iddi. Syniad blydi stiwpid. Roedd hi'n cychwyn am drip rownd y byd, medda hi, fel rhan o'r chwilio 'ma am eidentiti newydd.'

' Nytar, yn y bôn.' Cyfraniad Ed oedd hwn.

'Ac . . .'

'Roedd hi'n cynnig deng mil o bunna i mi, a'i henw hi 'i hun. 'Run enw ag anti fi, Jane; Janey, felly oedd hynna'n *okay*, ond wedyn . . . Gesh i *cheque*, un fawr, gaethon ni dynnu'n llunia, oeddwn i fod i ofyn i bawb alw fi'n Janey . . . Gesh i gadw'r Jones. *Big deal*. Gafodd hi *deed poll* i newid 'i henw ac off â hi i India neu rywle efo'n enw i . . .'

'A rŵan ti ydi Janey,' meddai Nant, yn meddwl ei bod wedi deall.

'A rŵan y fi ydi Janey a dwi'n marw,' cywirodd y ferch hi. 'Dwi'n marw 'chydig bach mwy bob dydd. Achos dwi ddim yn bod, yli. Mae'r ddynas 'na wedi prynu mwy na'n enw fi. Dwi ddim yn cael bod yn Braint a dwi'n methu bod yn Janey.'

'Seicosis ydi lot ohono fo,' meddai Ed wrth Nant. 'Saff i ti. Prynu gormod o dôp efo'r deng mil 'na a hwnnw'n stwff cry. A rhyw gyboits arall 'fyd ar draws 'i gilydd.'

'Rhaid i ti fynd i'r ysbyty,' oedd ymateb greddfol, cryf Nant. 'Mynd i weld rhywun. Cael help.'

''Sneb yn gallu helpu. Fues i'n *casualty* dair gwaith mis dwetha. Dwi'n mynd yn wan, dwi'n methu byta, dwi'n methu cysgu, dwi'n pasio allan, mae rhywun yn 'n ffeindio fi . . .'

'Ti'n cymryd rhyw ffycin cowdal.' Roedd yn rhaid i Ed gael dweud.

'A lle mae'r ddynas 'ma . . . yr artist?' Roedd Nant yn gwybod yn y bôn na ddylai hi ofyn hyn. Roedd fel coelio'r celwydd, llyncu'r heip, credu rhywbeth difaol na allai o fod yn ddim ond ffrwyth dychymyg paranoid wedi'i chwalu ar bob math o fficsys. 'Fedri di gael gafael arni?'

'Mae hi jest yn gyrru cardia post weithia o wahanol lefydd fath â Nepal ac Istanbul. Dim cyfeiriad, dim e-bost, dim ffordd o gysylltu . . . O Sisili y daeth y dwaetha.'

Eisteddodd Nant wrth ei hymyl a rhoi ei braich yn ysgafn ar ysgwydd y ferch. Wyddai hi ddim sut i'w chysuro. 'Yn y meddwl mae o, sti. Fedri ddim marw am fod rhywun wedi dwyn dy enw di. Ti jest angen gweld rhywun. Fedran ni drefnu . . .'

'Cyn Dolig?' Hyd yn oed gyda chysylltiadau meddygol y teulu, feddyliai Ed ddim fod hynny'n bosib.

'Fydd hi'n rhy hwyr.' Trodd y ferch ar ei hochr draw oddi wrthyn nhw. 'Fydd hi'n rhy hwyr i mi, pwy bynnag ydw i. Dwi'n mynd.'

Yn y diwedd, ar ôl cerdded allan o'r garafán i gynhesrwydd y bore, aeth Nant yn ei hôl i'r tŷ i nôl y cês ac wedyn i'r car heb sôn am y siec. Rywsut, yn wyneb y fath enbydrwydd, doedd dim posib iddi sôn.

20

Wrth yrru'n ôl o Gyndyn, aeth Nant yn ei blaen heibio i'r Glyn er ei bod yn nesu at amser cinio. Yn ei blaen i'r dre yr aeth hi, parcio yn y stryd yn ymyl siop Oxfam, a cherdded at y twll yn y wal agosaf. Doedd dim pwrpas iddi roi cerdyn y cyfrif cyfredol i mewn; roedden nhw'n rhy beryglus o agos at ffin y gorddrafft, ac roedd hynny cyn i'r siec 'na am dair mil o bunnau gael ei chyflwyno drannoeth. Yn lle hynny rhoddodd ei cherdyn credyd i mewn a syllu ar y sgrifen. Doedd hwn ddim yn gorfod trafferthu bod mor fonheddig â gofyn iddi a oedd am wneud ei thrafodion yn yr iaith Gymraeg. Y cwbl a ddywedai oedd y byddai'n codi arni am dynnu arian o'r cyfrif. Pwysodd y botwm 'Any Other Amount' a dal ei gwynt wedyn ar ôl teipio £300 i mewn. Ar ôl oedi, edrychodd o'i chwmpas i weld a oedd rhywun yn nesu, ond na, ar nos Sadwrn roedd y peiriannau yma'n brysur, pan fyddai criwiau ifanc yn dod o'r tafarndai i chwilio am fwy o bres yfed neu bres i gael bwyd hwyr. Tra oedd hi a'i chefn at y peiriant, daeth sŵn clicio ohono a throdd yn ôl ato. Roedd yr arian yno'n disgwyl amdani. A'i cherdyn. Cymerodd nhw'n gyflym, eu cyfrif a'u cadw ym mhoced ei chôt cyn prysuro ymlaen i'r twll yn y wal nesaf.

Un HSBC oedd hwnnw, a thra oedd hi'n mynd drwy'r un broses eto, gan ofyn am yr un swm, edrychodd o'i chwmpas ar y dre siabi, dlodaidd a sawl siop wedi cau. Hyd lawr o'i chwmpas roedd papurach – y darnau hynny roedd pobl wedi'u cael i ganlyn arian ond heb drafferthu eu rhoi yn eu waledi neu'u pyrsiau. Gwyrodd i godi'r rhai agosaf ati. Y cyntaf a dim ond un bunt a deugain yn ei gyfri ac wedi tynnu deg punt bach pitw neithiwr. Byddai'n gyflog ar bawb ymhen tridiau, ac mae'n amlwg fod rhai yn benderfynol o ddal a dal er mwyn aros tu clyta i'r clawdd. Dangosai'r nesaf wedyn gredyd o dros ugain mil. Ni allai Nant feddwl am unrhyw un roedd hi'n ei adnabod allai fod â gymaint o arian mewn cyfrif at iws; dim ond fusutors a dynion busnes oedd â chyfrifon cymaint â hynna. Mwy cysurlon oedd yr ola o'r tri: dyled o bymtheg cant. A hyn cyn y Nadolig, a chyn gwneud y siopa Nadolig o bosib. Nid y hi oedd yr unig un mewn twll, felly.

Estynnodd am yr ail dri chant o'r peiriant a cherdded ymlaen i lawr yr allt a rownd y tro i'r trydydd banc, a'r unig un arall yn y dre. Ar ôl godro hwn, byddai'n rhaid iddi fynd ymlaen i Fangor a Llandudno hefyd, o bosib. Yr unig ffordd i wneud y peth oedd yn beiriannol, gan godi uwchlaw ei realiti a dim ond mynd drwy'r mosiwns: y cerdyn i mewn – y pres allan. Rhoi'r pres yn ei phoced ac ymlaen at y peiriant nesa. Câi fynd adra ar ôl gwneud hynny wyth gwaith eto.

Wrth deimlo'r wadyn arian yn tewychu ym mhoced ei chôt, ac wrth glosio at y mil, aeth i ddechrau teimlo'n rhyfedd. Roedd ei brest yn dynn a châi drafferth llyncu. Ac er bod y tywydd wedi oeri a phobl yn ei phasio wedi'u lapio fel parseli, gallai'i theimlo'i hun nid yn unig yn chwysu ond yn drewi o chwys. Ond roedd yn rhaid dal ati bellach i'r pen. Wrth gyrraedd yn ôl i'w char, sylweddolodd nad oedd hi'n hollol siŵr hyd yn oed beth oedd ei chymhellion dros y fath weithredu: ai arbed ei henw da yn y dre fach siabi yma, neu osgoi'r dymestl a fyddai'n rhoi'r caibósh ar ei phriodas?

Roedd hi'n tynnu at dri o'r gloch y pnawn pan gyrhaeddodd Nant yn ei hôl i'r Glyn. Erbyn hynny, roedd dwy boced ei chôt yn bochio gan bapurau hanner canpunt ac ugain punt, a'u swmp wedi llurgunio'i siâp. Ar ôl parcio a chyn mynd i'r tŷ, estynnodd nhw allan i'w cyfri, cadw cant i'w rhoi yn ei phwrs, a rhoi'r gweddill ar sedd y teithiwr yn barod i'w cludo i mewn. Oddi ar y sedd gefn estynnodd y cês dillad a rhoi'r arian ynddo mewn bag papur llwyd.

Roedd hi'n barod wedyn at drannoeth.

Cyn ei bod wedi rhoi'r goriad yn y drws ffrynt, roedd Nyrs Beti yno'n ei agor iddi, yn llawn newyddion. Tra oedd Nant ar ei chrwydriadau, roedd Owen wedi ffonio i ofyn a gâi o ddod yno dros y Nadolig. Wyddai Nyrs Beti ddim beth i'w ddweud ac roedd hi wedi dweud mae'n siŵr y câi ond iddo ffonio'n ôl yn nes ymlaen i gael gair efo'i chwaer. Wedyn, roedd Euros y nyrs wedi ffonio i ddweud y byddai o'n cyrraedd yn ôl erbyn yr ŵyl, ac yn gofyn be hoffai Nant iddo ei gyfrannu o ran bwyd a diod. Gallai ddod â danteithion efo fo o Gaer. Roedd o wedi cynnig caws, gwin, ham a phwdin.

'Hogyn bach clên,' meddai Nyrs Beti. 'Mi fuon ni'n sgwrsio'n hir am nyrsio a ballu; mi gynigiodd alw yn Sea Breezes i nôl gweddill fy mhetha fi, a stopio'r taliada a threfnu bod fy mhensiwn i'n cael ei yrru i'r Swyddfa Post yma. Mae o am ddeud mai fo ydi fy ŵyr, medda fo. Strôc dda, 'te Nant?' A chwarddodd Nyrs Beti'n ddireidus.

'Ia wir,' meddai Nant. Gollyngodd ei hun i'r gadair agosaf at law yn y cyntedd a'r cês wrth ei hochr. Edrychai'n llipa a blinedig. Roedd ei bochau'n annaturiol o binc a'i llygaid gwyrdd clir yn edrych fel addurniadau ar ddalen wen ei hwyneb. Clywodd y geiriau nesaf yn dod allan o'i cheg fel pe baen nhw ddim yn perthyn iddi, neu ran arall ddiarth ohoni'i eu dweud. 'Ond wyddoch chi be, dwi ddim yn gwbod a alla i wynebu Dolig 'leni, Nyrs Beti.'

'O, ond rydw i'n licio Dolig!' Roedd y siom lond llais Nyrs Beti a hwyl y munud cynt wedi chwalu.

'Ond allwn ni byth gael Euros ac Owen, Peredur ac Ed a chi a fi rownd yr un bwrdd cinio.'

'Pam lai?'

'Mi fydd pawb wedi ffraeo; mi eith hi'n flêr.'

'Ond be wnawn ni, 'ta? Rydw i wedi bod yn edrych ymlaen drwy'r bora wrth wneud y trimins. Dewch i weld.' Gafaelodd yr hen wraig yn llaw Nant i'w thynnu drwodd i'r parlwr mawr. Ond roedd hi'n rhy eiddil i allu'i chodi oddi ar ei heistedd. Daliai Nant i eistedd yno'n llonydd a dim osgo syflyd arni. Ychwanegodd Nyrs Beti mewn llais truenus, 'Ac ella mai hwn fydd fy Nolig ola fi. A wnâi o ddim drwg i chi ystyriad rhywbath arall . . .'

'Be?' gofynnodd Nant yn wyliadwrus.

'Roedd Sea Breezes yn llawn o bobl oedd yn methu diodda'i gilydd, ond roeddan ni'n dal i gael Dolig siort ora. Roedd Mrs Richmond yn un dda am Ddolig. Rigio, canu carola, gwledd, sheri, coedan, presanta . . .'

'Wel os ydach chi isio Dolig felly, rydach chi'n gwbod lle i fynd, tydach,' atebodd Nant yn biwis. 'Rydw i wedi colli 'nhad ychydig dros wythnos yn ôl . . . ac mi gollish i fy mam ar Ddolig hefyd, ond dydach chi ddim yn cofio petha felly . . .'

'Wrth gwrs fy mod i'n cofio,' wfftiodd Nyrs Beti. 'Pwy alla anghofio? Ond beth am y rhai ohonan ni sy'n dal yma, Nant? Ydach chi ddim yn cofio'r hanas am y milwyr yn y Rhyfel Mawr roddodd y gora i ymladd ar ddiwrnod Nadolig a rhannu sigaréts a sgwrsio? Ac roedd y rheini i gyd wedi gweld profedigaetha – ac yn *survivors* . . .'

'Wel dwi ddim yn deud ei bod hi mor ddrwg â hynna arnan ni,' meddai Nant. 'Ond dwi ddim isio rhyw syrcas 'leni. Fedra i mo'i ddiodda fo.'

Ond roedd Nyrs Beti wedi ei chychwyn hi am y parlwr mawr ac yn galw arni: 'Dowch i weld y trimins, maen nhw'n ddigon o ryfeddod.'

'Annwyl' a 'thruenus' oedd y ddau ansoddair a ddaeth i feddwl Nant pan ddilynodd Nyrs Beti o'r diwedd i'r parlwr. Roedd y trimins fel gwaith plentyn. Wrth roi Nyrs Beti ar waith, roedd Nant wedi dychmygu stribedi hir, symetrig yn cychwyn o'r gwahanol gorneli ac yn croesi'i gilydd yn y canol o dan y golau crog. Ond yn lle'r ysblander disgwyliedig hwnnw, roedd yna gadwyn fach bitw goch a melyn uwchben y Kyffin, cadwyn fach arall mewn gwyrdd a choch ynghrog dros y drych ar y wal gyferbyn, a chadwyn ar hyd y silff ben tân. Ar y dresel, yn lle'i bod wedi gosod cadwyn ar hyd ei phen gyda phinnau bawd, roedd Nyrs Beti wedi dewis addurno ambell un o'r platiau Abertawe a Nantgarw hwnt ac yma. Roedd yr effaith fel bod mewn priodas lle'r oedd rhai o'r gwragedd mewn hetiau a'r lleill yn bennoeth.

'Be ydach chi'n feddwl?'

'Ddigon o sioe,' canmolodd Nant. Wedyn y gosododd hi'r wên ar ei hwyneb, wrth weld Nyrs Beti'n sefyll yno o'i blaen yn crefu'n fud amdani. 'Wir.' Roedd yn rhaid gwneud ymdrech. 'Nyrs Beti, tra dwi'n gwisgo 'nghôt mi a' i i'r ardd i weld oes 'no friga a moch coed. Gewch chi 'u peintio nhw'n arian a chlymu rubana arnyn nhw.'

'Ddo i efo chi. Dau funud.'

'Na.' Doedd Nant ddim am gael yr un adyn efo hi. Er mai newydd gyrraedd roedd hi, roedd rhaid arni gael dengid eto, am ryw hyd. Er iddi gael y weledigaeth, yr ateb perffaith hwnnw bore ddoe, a roddai bob dim yn ei le yma, roedd popeth er y noson cynt wedi cnocio'r gwynt a'r gyts allan ohoni. Bellach roedd yn rhaid wrth lonyddwch a thawelwch. Yn yr ardd, roedd 'na obaith y gallai hi roi'r darnau'n ôl at ei gilydd, ac ailgychwyn.

'Mi wna i banad o de a brechdan erbyn i chi ddŵad yn eich ôl 'ta,' meddai Nyrs Beti.

Nodiodd Nant ei diolch. Byddai hynny'n dda a hithau wedi bod heb 'run crystyn ers y bore. Ond roedd hefyd yn dda mewn ffordd arall; dangosai mor bell yr oedden nhw ill dwy wedi tramwyo'n barod, mewn dim ond ychydig o ddyddiau cwta. Roedd Nyrs Beti'n ailddysgu byw.

Yr unig beth a ddaethai Nant gyda hi o Gyndyn y diwrnod hwnnw, heblaw llond cês o ddillad, oedd ei hen welingtons gwyrdd. Roedd rhywbeth yn derfynol iawn ynglŷn â dod â'r rheini yma o'u cynefin, a theimlai'n fradwrus wrth eu stwffio i gefn y car. Ond byddai hi'n sicr eu hangen nhw, o gofio fod pen draw'r ardd wedi tyfu'n wyllt a Peredur byth yn trafferthu mynd â'r peiriant torri gwellt cyn belled â hynny – dim ond rhyw strimiad sydyn at fol y clawdd.

Aeth rownd ochr y tŷ i'w nôl nhw o'r car rŵan, gan adael ei sgidiau wrth y drws cefn. Cerddodd ar ei hunion wedyn yn y welingtons trwy'r cowt a'r giât bach oedd yn agor ar yr ardd newydd. Roedd y gwynt wedi troi i'r gogledd ers y bore, ac yn chwythu'n syth drwy'i chôt law a'i siwmper. Plethodd ei breichiau i'w gadw allan a phrysuro heibio'r berllan fach o goed afalau a gellyg, i lawr at y coed mawr: y coed masarn, y dderwen, y griafolen a'r bedw ac at y clawdd. Cofiai i'w thad blannu celynnen yn y clawdd yma, a dyfalodd tybed a oedd unrhyw siawns am sbrigiau aeron coch. Ond er iddi ddod o hyd i'r pren celyn, doedd dim aeron i'w lonni, a bu'n rhaid iddi fodloni ar godi llond ei hafflau o frigau o ganol y gwellt rhag ei bod yn mynd yn ei hôl i'r tŷ'n waglaw. Roedden nhw mor noeth fel nad oedd modd dweud brigau beth oedden nhw.

'Nant. Nant!' Cododd ei phen ac edrych i gyfeiriad y drws cefn. Ar y funud, allai hi ddim nabod y llais. Craffodd.

'Iestyn.' Roedd hi'n afresymol o falch o'i weld. Cerddai'n bwyllog trwy'r ardd tuag ati, yn ei ddillad dydd Sul – nid am ei fod yn gapelwr erbyn hyn, ond am mai dyna'r dillad roedd Pat yn eu hestyn iddo bob Saboth o hir arfer. Rhywbeth i wahaniaethu rhwng dyddiau siwtiau gwaith a dyddiau dillad golffio neu o leia fynd am dro i'r Clwb. Ond roedd yn dda iddo wrth y gôt fawr gynnes dros y siwt a hithau'n gafael o oer. Dyma'r tywydd gwaetha i galon dan straen.

'Roeddat ti wedi galw yn yr offis 'cw,' meddai wrth nesu ati. Er ei fod yn gwenu, roedd o hefyd yn tynnu tursiau, a'i wynt yn fyr. 'Awel ddeudodd.'

'I ddiolch.'

'Doedd dim isio.'

'Dowch, awn ni i'r tŷ, dydi hi ddim ffit o oer yma.'

'Mae hi yn oer, tydi. Dim yn dywydd garddio!'

'Na.' cytunodd Nant. Dangosodd y mymryn brigau yn ei llaw.

'Coed tân?'

'Na, meddwl ella y basa Nyrs Beti'n licio gneud rhyw drimin; mae hi mewn mwy o hwyl dathlu na fi.' Ond roedden nhw'n edrych mor dila, roedd yn rhaid i'r ddau chwerthin wrth i Nant eu dal i fyny.

'Mi fasa'n well i ti rai o'r rhain,' meddai Iestyn gan ymestyn uwchben am gangen o goeden a phlisgyn y cnau arni fel petalau browngoch yn troi at allan. '*Fagus Sylvatica*.'

'Bedw. Del. Diolch!'

'Roedd Pat yn deud 'i bod hi wedi gweld Nyrs Beti yn y dre. Ac mae hi yma byth?'

'Ydi. Yn gneud tamaid o de i mi ar y funud. Dod allan i fan'ma i drio clirio 'mhen 'nes i. Dwi ddim yn siŵr lle ydw i weithia . . .'

'Yma, 'ta Cyndyn?'

'A hynny. Na, yn y gorffennol rhwng colli Dad a Nyrs Beti'n landio yma fel huddug i botas, a thyrchu'r holl atgofion – 'n enwedig ar Ddolig – ynta yn y presennol.'

Rhoddodd Iestyn ei ddwylo o'r golwg ym mhocedi sidan ei gôt, a sbio dros y clawdd tua'r cae a'r defaid merino. 'Ond chawn ni ddim mynd i'r gorffennol, i newid petha nac i weld sut roedd petha go iawn 'r adag hynny, Nant.'

'Persbectif pawb sy'n wahanol, 'te. Be oeddwn i'n 'i weld fel plentyn a hogan a gwraig ifanc, a be oedd Nyrs Beti'n ei weld – neu'n hytrach faint mae hi'n ei gofio. Am wn i nad ydi atgofion a dychymyg wedi mynd yn un i Nyrs Beti . . .'

'Dewis be mae hi'n ei ddeud mae hi, debyca, i d'arbed di . . .'

'Mi ddwedodd y noson o'r blaen fod Mam wedi mynd efo rhyw ddyn y noson y diflannodd hi, noson y parti. Doeddwn i ddim yn gwbod hynny cynt. Ac mae o'n egluro cymaint. Ond wedyn mae Nyrs Beti'n mynnu na chafodd hi erioed wbod pwy oedd o. Ydach chi'n gwbod, Iestyn?'

'Fel twrna, rydw i'n arfer fy hawl i ddewis peidio ag ateb y cwestiwn yna. Ond erbyn hyn dydi pwy ddim yn berthnasol, a fasat ti ddim gwell o wybod.'

Bu saib yn y sgwrs. Ddywedai o ddim. Trodd Nant y sgwrs ato fo. 'Iestyn, mi fuo Pat yma. Roedd hi'n deud eich bod chi'n cwyno.'

Ysgwyd ei ben wnaeth o. Rhoddodd hithau ei braich trwy'i fraich a chychwynnodd y ddau ar y daith hir yn ôl at y cowt, a'r gegin a chynhesrwydd. Roedd hi'n dechrau tywyllu.

'Paid â chymryd dim sylw. Fel'na mae hi efo pawb. Ond ddyla hi ddim bod wedi dy boeni di, a chditha newydd golli dy dad . . .'

'Dŵad i gydymdeimlo wnaeth hi, dŵad â chacenna . . .'

'Dydw i ddim ar fwriad mynd am driniaeth,' Daeth llais Iestyn ar ei thraws yn gadarn, er nad yn gryf. Roedd o wedi sefyll yn ei unfan i gyhoeddi hynny. 'Mae hi wedi cael 'i ffordd ar bob dim bron, ar hyd y blynyddoedd, ond y tro yma . . .'

'Ond Iestyn, dyma'r peth pwysica o bob dim, ac ella mai hi sy'n iawn.' Dweud felly wnaeth Nant, er mwyn ei glywed o'n dadlau'n groes. I weld be ddywedai o.

'Na,' meddai. 'Well gen i farw fel 'y nhad a'i dad o'i flaen o. Disgyn yn farw heb ddim rhybudd. "Canys ni ŵyr neb y dydd na'r awr y daw mab y dyn".'

'Ond, Iestyn,' meddai Nant yn dirion. Roedden nhw wedi cyrraedd drws y cefn, a phwysodd arno tra oedd hi'n tynnu'i welingtons ac yn gwisgo'i sgidiau. Gwnaeth gartre i'w welingtons wrth ymyl ei sgidiau cerdded, a hen rai ei thad. 'Roedd hynny cyn dyddia *angiograms* a thriniaeth *by-pass*, a chyn fod 'na uneda gofal y galon fel heddiw. Mae rhybudd yn gallu bod yn achubol. Mi fasa Dad wedi deud wrthach chi am fynd.'

'Ac mi faswn inna wedi gwrando, ond wedyn wedi gneud fel roeddwn i'n gweld yn dda. A phrun bynnag,' ychwanegodd, 'y ffisig gora o hyd i galon glaf ydi panad boeth o goffi a diferyn o frandi reit neis yn 'i ganol o.'

Er gwaetha'i haddewid, doedd dim hanes fod Nyrs Beti wedi mynd ati i hwylio te. Roedd pobman yn dawel heb dincl yr un llestr. Gadawodd Nant Iestyn yn tynnu'i gôt yn y lobi ac aeth drwodd i'r parlwr. A dyna ble'r oedd hi'n hen gorffyn bach wedi gorwedd ar y soffa ac yn cysgu'n sownd. Estynnodd

Nant rŷg oddi ar gefn y soffa drosti. Mae'n siŵr fod gwneud a gosod yr holl drimins wedi disbyddu'i holl nerth.

Pan ddaeth Nant yn ei hôl roedd Iestyn yn sefyll wrth yr Aga uwchben yr arch.

'Be ydi peth fel hyn, Nant?'

'Owen ffeindiodd hi yn y seler y diwrnod o'r blaen,' esboniodd Nant. 'Yr arch brynodd Dad ar gyfer Mam oedd hi, ond fod Nan-nan wedi achub y blaen arno fo. Ydach chi'n cofio?'

Amneidiodd Iestyn. Oedd, roedd o'n cofio. 'Ond nid yn fan'ma mae'i lle hi, yn y gegin 'ma, lle rydach chi'n byw ac yn bod.'

Aeth Nant ati i lenwi'r tecell ac estyn y coffi. 'Dim ond am 'chydig, tra mae hi'n sychu allan. Roedd hi wedi tampio, roedd y pren yn pydru . . .'

'Ond neno'r trugaradd, dyna mae pren arch i fod i'w neud, Nant, pydru neu losgi . . .'

'Ond mi rydw i angan yr arch 'ma . . .'

'Iesu gwyn, i be? Llosga hi.'

'Diwrnod cynhebrwng Mam yn Lerpwl, ydach chi'n cofio . . .' Trodd Nant i'w wynebu wrth siarad. 'Ar ôl y gwasanaeth yn Princes Road, roeddan nhw'n mynd i'r amlosgfa. Mi aeth Nain ac Anti Liz a Dad yn y car cynta . . .'

'Dwi'n cofio, 'sdim angen i ti ddeud.'

'Oes. Ac Owen a finna'n dod tu ôl efo Anti Eurwen ac Yncl Huw, brawd Dad. Roedd 'na lot o draffig am 'i bod hi'n Ddolig. A dim ond rhyw ddwywaith erioed roedd o wedi bod yn Lerpwl cynt, ac mi gollodd o'r hers ac mi aeth â ni i duw a ŵyr lle, i Mossley Hill neu rywla. A dreifio a dreifio rownd a rownd a dim syniad lle'r oeddan ni . . .'

'Dwi'n cofio . . .'

'Ac ar ôl aros hynny fedren nhw amdanon ni yn yr amlosgfa, mi fuo'n rhaid iddyn nhw gynnal y gwasanaeth hebddon ni, achos roedd 'na deulu arall yn ciwio tu allan . . .'

'Dwi'n dallt. Ond roedd o amser pell yn ôl, Nant; gad iddo fo fynd.'

'Ond pan ddaeth yr arch 'na i'r fei ddoe, mi ges i'r syniad o neud rhywbath symbolaidd. Mae hi'n ugian mlynadd . . .'

Edrychodd Iestyn arni'n hir heb ddweud dim. 'Gad hi,' medda fo.

'Mi ffeindion ni ffrog briodas Mam yn y llofft. Rydw i am gladdu'r ffrog briodas yn yr arch, a . . .'

'Ond Nant bach, enaid rhydd oedd dy fam, yn fwy na dim arall. Mi fethodd dy dad ei dal hi erioed, methu'i chynnwys hi. Mae rhoi 'i ffrog briodas hi, o bob dim, mewn arch, i mi swnio'n . . .'

'Yn yr ardd yma. 'I gardd hi.'

Ond hyd yn oed wedyn, allai Iestyn ddim cynhesu at y cynllun. Eisteddodd wrth y bwrdd a'i ddwylo o'i flaen yn rhythu; wrth ei weld sylweddolodd Nant mor ffansïol a ffôl roedd ei chynllun hi'n siŵr o fod yn swnio iddo fo, ac yntau â'i galon ansicr yn lliwied iddo bob dydd mor frau ydi einioes.

'Anghofia am y coffi,' dywedodd yn y diwedd. 'Mi gymera i'r brandi'n sdrêt.'

Gefn trymedd y noson honno, deffrôdd Nant i sŵn clecian diarth ac afreolaidd yn dod o gyfeiriad y gegin. Cododd a mynd i lawr y grisiau, gan geisio cofio a oedd hi wedi cofio cau bob ffenest. Tybed ai trimins Nyrs Beti oedd yn cwympo o'u crogleoedd? Neu'r hen gath ddiarth yna ar gerdded?

Ond na, yr arch oedd yn chwyddo ac yn clecian wrth iddi sychu yng ngwres yr Aga. Teimlai'r coedyn yn sych ac yn ddiddos dan law Nant. Aeth yn ôl i'w gwely heb oedi mwy.

21

Ond doedd dim posib ailafael mewn cwsg wedyn. Yn y diwedd aeth Nant yn ei hôl i lawr ac allan drwy ddrws y ffrynt i rew pefriog y nos ac i'w char. Roedd ganddi hen gopi rhacslyd di-siaced-lwch o *Feast* yno, ers iddi fod yn coginio swper pen-blwydd i'w ffrind Siwsi fisoedd ynghynt. Ar ôl gwneud mygaid o de, aeth ag o i fyny i'w gwely efo hi yn gysur a swatio yno, gyda dau obennydd tu ôl i'w phen a hen siwmper wlân amdani. Wrth ei hymyl, cysgai Nyrs Beti fel angel er bod Nant yn slobran ei the a bod golau'r lamp fach yn daer ar ei hwyneb.

Dechreuodd Nant gyda rhai o'r gwleddoedd roedd hi ei hun wedi'u paratoi: partïon plantos gyda bwrgeri bach a myffins siocled; cig oen rhost y Pasg gyda saffrwn a thatws garlleg; gloddest o gyris cyw iâr Mughlai a chig oen Maharaja gydag *aloo gobi*. A'r wledd basta o Fenis, a *polenta* wedyn a *zabaglione* a wnaeth yn lle gwyliau iddyn nhw un flwyddyn fain efo potelaid neu ddwy o Frascati, pan nad oedd ganddyn nhw arian i fynd i le'n y byd.

Ymhell cyn iddi gyrraedd y wledd angladdol ar y diwedd, y deisen gig fawr ac wyau wedi'u berwi'n galed trwy'i chanol, y deisen goffâd a'r stribyn rhosmari ar ei hyd a thatws nefolaidd Mormoniaid talaith Utah, roedd hi wedi mynd i gysgu gan ollwng glafoerion, a'r llyfr yn dal yn agored ar ei glin. Honno oedd un o'r unig wleddoedd yn y gyfrol gyfan nad oedd hi erioed, hyd yma, wedi paratoi'r un saig ohoni.

Odani yn y gegin, daliai'r arch i glecian ei hasbri wrth i wres yr Aga roi bywyd newydd ynddi.

Bore trannoeth, Nant oedd y gynta i ddeffro. Wedi'i hysbrydoli gan ryseitiau'r noson cynt a fu'n eplesu ac yn crasu ac yn persawru yn ei breuddwydion drwy'r nos, cododd ac aeth ati i wneud crempogau llaeth enwyn a banana. Eu haroglau nhw'n esgyn drwy'r tŷ a brociodd Nyrs Beti yn ôl i'r byd hwn.

Daeth Nant â'r danteithfwyd i fyny ac eistedd ar y gadair wrth ymyl y gwely gyda hambwrdd o'i blaen wedi'i osod fel llun: lliain gwyn, llestri glas, te a phentwr o grempogau bach tewion yn stemio. Agorodd Nyrs Beti ei llygaid, gwenu'n llydan ac estyn am ei dannedd gosod. Dim ond cawl o dun gawson nhw y noson cynt ar ôl i Iestyn droi am adra.

'Rydach chi am fy sbwylio fi heddiw, dwi'n gweld. Isio i mi neud mwy o drimins, debyg?'

'Nage.' Er bod Nant wedi ymadfer ers y diwrnod cynt, doedd hi ddim yn ddigon tebol i ddyfeisio celwydd. O ran hynny, doedd ganddi ddim amynedd at hynny chwaith. 'Mae 'na fàth yn rhedeg i chi. Rydw i am fynd â chi i lawr at y doctor am *check-up*. Ac wedyn, roeddwn i'n meddwl ei bod hi'n bwysig ein bod ni'n gneud rhywbath i gofio am ben-blwydd marwolaeth Mam. Ugian mlynadd i heddiw.'

Edrychodd Nyrs Beti'n gyhuddgar ar Nant, ac wedyn yn hiraethus ar y crempogau. Yna gorweddodd yn ôl a chodi'r dillad gwely dros ei phen. Swniai ei llais yn bell ac yn fynglyd.

''S arna i ddim isio bàth. A 's arna i ddim isio bod yn rhan o ddathlu marwolaeth rhywun fuo farw ddarn oes yn ôl. Sori mawr, ond dyna fel dwi'n teimlo.'

Aeth Nant ati i dywallt te a dechrau bwyta fel petai dim wedi bod. Gwnâi sŵn bach boddhaus wrth fwyta. Nid gwneud ati roedd hi, chwaith; roedd y crempogau'n llesmeiriol o hyfryd.

'Hen beth sâl ydach chi, Nyrs Beti.' Ond herian tyner oedd o. 'Sut fedrwch chi'n helpu fi i roi trefn ar y gorffennol fel y medra i edrach yn ôl heb y cric tragwyddol 'na yn fy ngwddw os nad ydach chi am edrych ar eich ôl eich hun? Lle faswn i tasa rhywbath yn digwydd i chi?' Nid celwydd oedd o, ac nid gwerthu lledod roedd hi. Roedd y crempogau'n gymaint o gynhaliaeth ag o swcwr. 'Mi fasa'n rhaid i mi fynd o'ma. A dyna fasa'i diwedd hi.'

Distawrwydd wedyn heblaw am Nant yn rhoi ei chwpan tsieini'n ôl yn dwt yn ei soser. Arhosodd yn amyneddgar. Roedd ganddi ddigon o amser i aros.

O dipyn i beth daeth gwallt a thrwyn ac wedyn wyneb bach main Nyrs Beti i'r golwg rhwng y gobennydd a'r dillad gwely. Ac yn ei llygaid llwyd llechai ansicrwydd yr hen sydd heb reolaeth dros ddim.

'A beth amdana i? Ac mae hi bron yn Ddolig.'

'Ydi,' cytunodd Nant. 'Dowch rŵan, Nyrs Beti bach, bytwch. A pheidiwch â bod yn rhy farus neu mi fydd peryg i chi suddo yn y dŵr 'na toc.'

'Ond,' meddai Nyrs Beti gan godi'n ofalus ac estyn am y grempog gynta o'r pump y byddai hi'n ei bwyta yn y man, 'dydw i ddim yn barod am wylnos arall, dim mor agos i'r Dolig . . .'

'O, peidiwch â phoeni,' atebodd Nant ar ei thraws. 'Doeddwn i ddim am eich gwadd chi beth bynnag. Gwylnos i un fydd hi. A fi ydi honno.'

'Ydach chi'n siŵr?'

'Mae'n rhy oer i chi allan gefn nos. Mae'n gaddo rhew calad eto heno.'

A bu'r ddwy yn ddistaw heblaw am sŵn bach cnoi crempogau a sipian te yn y llofft. Ond roedd eu meddyliau nhw'n troi i'r un lle: noson y parti yn y tŷ hwn ugain mlynedd yn ôl i heddiw, y noson y diflannodd Cathy dros byth.

Awr yn ddiweddarach eisteddai Nant a Nyrs Beti yn stafell Doctor Price ym meddygfa Tir Derw, Nyrs Beti wedi sbriwsio drwyddi a'i llygaid fel glain. Meddygfa fodern oedd hon, a godwyd y pen arall i'r dre ddiwedd yr wythdegau ar ôl i Dr Morus, olynydd Dr Loughton, ymddeol gan adael Dr Cynfal ar ei ben ei hun yn y practis a gweddill doctoriaid y dre wedi'u stwffio i ddwy gyn-siop oedd wedi'u huno'n un. Roedd y meddygon eraill wedi gwneud eu gorau i berswadio tad Nant i ymuno â nhw adeg adeiladu'r lle newydd, er mwyn cwmni a chyfeillgarwch iddo'n gymaint â dim; bu ystafell yno iddo ar un adeg, gyda'i enw ar y drws hyd yn oed – yn arwydd o obaith a chroeso.

Ond erbyn hynny – a Cathy wedi marw a'r plant wedi mynd dros y nyth – roedd Dr Cynfal yn ei chwedegau ac roedd hi'n rhy hwyr i ailgychwyn. Daliodd ymlaen am ychydig flynyddoedd gyda'i ysgrifenyddes ac olynydd Nyrs Beti, Nyrs Wenna; wedyn ar ei ben-blwydd yn drigain a phump, rhoddodd y gorau iddi'n hollol ffwr-bwt. Ac yn yr ugain mlynedd o hynny tan ei farwolaeth ddiweddar, roedd o wedi byw yn y Glyn heb drafferth clirio dim oll ar wahân i drosglwyddo holl ffeiliau ei gleifion i'r feddygfa newydd. Roedd fel pe bai blynyddoedd ei waith yn Llanrhaeadr wedi'u ffosileiddio yno o'i gwmpas. Bod yn y syrjyri fodern hon gyda'i charped golau a phob cyfarpar newydd wrth law a ddaeth â hynny i ganol wyneb Nant – fel celpan.

Meddyg ifanc newydd ddechrau yn y dre oedd Gwyn Price adeg marw Cathy. Er na chofiai Nyrs Beti'n gweithio, felly, roedd o'n gwybod amdani, a byddai pobl yn dal i sôn amdani nes iddi ddatblygu i fod yn gymeriad chwedlonol bron yng nghylchoedd meddygol a seciwlar yr ardal. Fu neb tebyg iddi am roi pigiad heb boen, am dynnu fflaw o lygad, am drin plant, ac am ailosod esgyrn oedd wedi dod o'u lle, hyd yn oed. Erbyn hyn roedd Gwyn Price yn closio at y canol oed, ac yn bennaeth y practis – ond yng ngŵydd y ddwy yma, o dan y siwt drwsiadus a'r sbectol fodern, llanc oedd o hyd. A bron nad oedd y cyfuniad o ferch Doctor Cynfal Lewis a'r enwog Nyrs Beti efo'i gilydd yn ddigon i'w droi'n stiwdant nerfus yn ôl.

Wrth gwrs, roedd o wedi dod ar draws Nant yn gymdeithasol dros y blynyddoedd ond heb erioed ddod i'w hadnabod hi. Rywsut, roedd hi bob amser yn siarad gyda phobl eraill pan fyddai o o gwmpas neu rywbeth arall yn mynd â'i bryd. Hynny ers pan oedd o'n feddyg ifanc yn bwrw'i brentisiaeth, ac wedyn fel tad i blant heb fod llawer fengach na'i mab hi, a thrwy helynt gyhoeddus arteithiol ei ysgariad. Un ai hynny neu ei bod yn alerjic i ddoctoriaid, fyddai'n ddim syndod.

Byddai Nant yn gwneud tipyn o waith arlwyo yn yr ardal, ac yn ystod y blynyddoedd diwethaf roedd hi wedi gwneud hynny iddyn nhw yn y syrjyri ar ambell achlysur ac wedi rhagori ar bob disgwyliad.

Doedd o ddim yn fusnes ganddi, chwaith – dim ond rhywbeth achlysurol. Wedi'r cyfan, roedd hi'n wraig fferm a theulu ganddi. Yn ystod gwaeledd ola'i thad, roedd Nant wedi bod fel craig, yn ôl y sôn, ond anaml iawn y galwyd am ddoctor yno, hyd yn oed yn ystod dyddiau olaf Dr Cynfal. Mae'n bosib mai'r ffaith eu bod wedi cael nyrs preifat i mewn, a bod Owen ei brawd yn ôl ac ymlaen, oedd i gyfri am hynny.

Eisteddai Nant o'i flaen nawr mewn dillad bob dydd na chymerai llawer un y deyrnas am ddod i weld y doctor ynddynt, sef jîns digon blêr a chôt at bob iws las tywyll. Eisteddai ar flaen ei sedd yn edrych yn dreiddgar arno, a'i phen fymryn ar un ochr. Doedd ganddi ddim o'r parchedigrwydd hwnnw oedd gan dri chwarter pobl y dre bach brofinisial yma o hyd at unrhyw un â Doctor o flaen ei enw. I lawer roedd y teitl hwnnw'n atyniad, yn fachyn. Ond nid i hon. Er, am unwaith, roedd hi isio rhywbeth ganddo fo, ac roedd gwybod hynny'n rhoi mymryn o law uchaf iddo. A'r peth hwnnw roedd hi'i isio oedd y gwir.

'Wel, be ydi'r sgôr? Ynta oes rhaid i ni aros i'r profion gwaed ddod yn ôl?'

Edrychodd y meddyg yn graff ar Nant cyn tynnu anadl i ateb. Oedd rhaid bod mor gwta? Ond mae'n bosib mai ôl straen y brofedigaeth oedd o; roedd hi'n edrych yn flinedig ac yn llwytach na diwrnod yr angladd. Roedd golwg arni fel pe bai rhywbeth yn ymosod yn anweledig arni.

'Dwi'n meddwl,' meddai o'n bwyllog, 'mai'r *thyroxin* oedd yn creu rhai o'r problema. Cymryd gormod ohono fo.'

'Roeddwn i'n deud hynny wrth y Metron 'na, ond doedd hi'n gwrando dim arna i,' meddai Nyrs Beti. 'Ond rŵan 'mod i'n cymryd dôs lot llai, dwi'n gysglyd . . . a . . .'

'Ac mae'n bosib,' ychwanegodd y Doctor wedyn, 'eich bod chi'n anemig. Mi ddangosith y profion gwaed hynny, wrth gwrs.'

'Tydw i ddim yn mynd i'r ysbyty i gael gwaed,' cyhoeddodd Nyrs Beti. 'A dyna fo ar 'i ben.'

Edrychodd Nant a Doctor Gwyn ar ei gilydd. Ar un peth o leia, roedden nhw'n gytûn: roedd Nyrs Beti'n llond llaw.

'Bwyd da a phresgripsiwn o haearn i ddechra,' meddai'r meddyg. 'Brocoli, sbinaits, moron, stêc, iau . . .'

'Dda gen i ddim iau.'

'Iau mewn grefi gwin coch efo nionyn a garllag a chig moch brau,' meddai Nant.

'Ella. Mymryn.'

'A rhaid i ni tsiecio bob dim arall 'r un pryd. Ella bydd arnoch chi angen Vitamin B12 bob tri mis. Rŵan, mi gymerwn ni'r pwysa gwaed i gael gweld. Ydach chi wedi bod yn cymryd y tabledi pwysa gwaed sy yn y pecyn 'ma?' Pwyntiodd at y bag plastig mawr clir roedd Nant wedi'i ddod efo hi.

'Do,' gan Nyrs Beti.

'Naddo,' gan Nant.

'Weithia,' cyfaddefodd Nyrs Beti'n anfoddog wedyn wrth i'r Doctor estyn am y teclyn pwysedd gwaed. Doedd hi ddim am dynnu siaced ei siwt iddo fo, ond estynnodd Nant amdani a bodlonodd i'w thynnu wedyn. 'Dibynnu sut y bydda i'n teimlo.'

Daliodd ei braich allan yn herfeiddiol.

'Nyrsys ydi'r cleifion gwaetha . . .' meddai Doctor Gwyn dan ei wynt, 'heblaw am . . .'

'Heblaw am ddoctoriaid, debyg.' Nant orffennodd y frawddeg iddo, o brofiad hir flynyddoedd.

A dyma fo'n nodio. 'Mae'r presiyr 'ma'n rhy uchel. Dwi'n mynd i'ch dechra chi ar rywbath newydd heddiw, a dowch yn ôl ddydd Gwener eich dwy i ni gael gweld sut mae petha a be fydd y canlyniada.'

'Ond fedrwn ni ddim dŵad ddydd Gwener,' oedd ymateb Nyrs Beti. 'Mi fydd yn wylia. *Emergencies only.*'

'Dydd Llun nesa.' Doedd dim dewis i fod na dim gwrthod. 'Neu mi fydda i'n eich pacio chi am yr ysbyty 'na.'

'Diolch,' meddai Nant.

'Mae isio cymryd gofal hefyd,' ychwanegodd Gwyn Price wedyn wrth Nant tra oedd Nyrs Beti'n ailwisgo'i siaced. 'Na, Nyrs Beti, tynnwch eich siaced eto, a'ch sgidia, dwi isio'ch pwyso chi . . . cymryd gofal ohonoch chi'ch hun, Nant.'

'Mi fydda i'n iawn. Plîs peidiwch â 'ngalw i'n chi; dach chi'n gneud i mi deimlo'r un oed â Nyrs Beti.'

'Plîs paid â 'ngalw i'n chi 'ta. Weithia mae effaith profedigaeth yn cymryd amser i gicio i fewn; peidiwch . . . paid â gneud gormod, paid â chymryd gormod ar dy blât . . .'

'Mi fydda i'n iawn.'

'Dim yn gweithio dros y Dolig? Dim partïon?'

'Na,' meddai Nant. 'Rhywbath bach heno ond wedyn, na. A chdi?'

'Dwi'n dal i neud rhywfaint o waith nos,' meddai Gwyn Price. 'Dwi ddim yn gwbod pam erbyn hyn –

dim ond i gadw'r brysur, am wn i. Lle 'mod i'n llyffanta hyd y fflat acw.'

Daeth llais o'r tu ôl iddynt. 'Bron yn naw stôn.'

'Gyda phob dyledus barch, Nyrs Beti,' atebodd Gwyn Price heb droi rownd ond gan wincio ar Nant. 'Os ydach chi'n naw stôn – bron iawn – dwi'n ugian stôn.'

'Mae'r handbag 'na'n pwyso tua stôn, dwi'n siŵr!'

Doedd Nant ddim yn siŵr pam ei bod o wedi dweud hynny, chwaith; roedd o'n swnio fel pe baen nhw'n gangio yn erbyn Nyrs Beti. Ond roedd Nyrs Beti fel petai hi'n ffynnu ar yr herio. Roedd yn mynd â hi'n ôl i bryfocio dyddiau a fu yn y gwaith, mewn syrjyri debyg i hon ond mwy henffasiwn, lle'r oedd hi yng nghanol pethau, ac weithiau, hyd yn oed yn ganolbwynt pethau.

'Tydi hi wedi bod yn dyddyn llwgfa acw! Ond rŵan fod y Dolig yn nesáu, dwi'n siŵr y bydda i'n naw stôn erbyn adag yma wythnos nesa.'

'Wel, Nant, faswn i ddim yn cymryd hynna!' chwarddodd Gwyn Price.

'Geith hi slap ar ôl i ni fynd i'r car,' atebodd Nant. 'A dim cinio.'

Ond doedd dim taw ar Nyrs Beti. 'Gewch chi slap yn ôl,' prepiodd.

'Wel, o leia,' meddai Gwyn Price gan deipio'i nodiadau'n gyflym i mewn i'r sgrin o'i flaen, 'mi allwn ni ddeud fod ei thafod hi'n iawn!'

A chwarddodd Nyrs Beti'n braf dros bob man.

'Cyn i ni fynd adra,' meddai Nant gan droi trwyn yr Astra allan o faes parcio Meddygfa Tir Derw. 'Dwi isio mynd i weld rhywun. Fydda i ddim yn hir.'

'Iawn,' meddai Nyrs Beti'n wastad.

Edrychodd Nant arni trwy gil ei llygad a synnu eto mor fach ac eiddil oedd hi mewn gwirionedd, fel dol fach yn eistedd wrth ei hymyl ac yn syllu o'i chwmpas yn llawn rhyfeddod. Ers iddi gyrraedd yn ôl i Lanrhaeadr, ac i'r Glyn, dyma'r tro cyntaf i Nant ei gweld y tu allan i'r tŷ a'i gweld hi, felly, trwy lygad pobl eraill. Prin saith stôn a hanner oedd hi pan roddodd Dr Gwyn Price hi'n ôl ar y glorian wedyn; a hynny yn ei dillad ac yn dal gafael fel gelen yn ei handbag. Ac nid yn unig roedd hi'n fychan ac yn eiddil ond roedd hi hefyd yn wyn fel y galchen o dan y trwch powdwr roedd wedi'i roi ar ei hwyneb cyn cychwyn o'r tŷ. Roedd hi mor fain fel bod cysgu yn yr un gwely â hi fel cysgu gyda llond coban o esgyrn, a dim ond gewynnau a thrugaredd yn eu dal yn sownd yn ei gilydd. Yn sicr roedd Gwyn Price wedi bod yn llygad ei le yn un peth gynnau; roedd angen ei phesgi hi'n o sownd, a gorau po gyntaf, cyn iddi ddechrau ymddatod.

Ond doedd dim amser i fynd am baned a thamaid o fwyd rŵan. Nawr ei bod hi yn y dre, roedd Nant yn benderfynol o ddod o hyd i nain Braint, neu Janey, y ferch yn y garafán, a gwneud ei gorau i siarad efo hi, ac i'w chael i ddod i nôl ei hwyres a mynd â hi adref i'w hymgeleddu cyn yr ŵyl. Roedd hi'n gwybod na wnâi Ed byth mo hynny, na Peredur; roedd o'n un peth y gallai hi ei wneud drostyn nhw, rŵan nad oedd hi'n gwneud dim byd arall iddyn nhw. Gyrrodd ymlaen drwy'r stryd lawn prysurdeb; roedd hi'n ddiwrnod marchnad yma, plant adref o'r ysgol a siopwyr Dolig yn camu i'r lôn heb edrych i'r chwith nac i'r dde.

Anelodd am faes parcio'r Co-op. Câi wybod yno beth oedd cyfeiriad Janey cyn iddi symud i'r garafán. Roedd Nant wedi bod yn gwsmer da yn y Co-op ers i'r siop agor; roedden nhw'n ei nabod hi yno ac mi fydden nhw'n siŵr o roi'r cyfeiriad iddi. Wedi'r cyfan, roedden nhw wedi gadael iddi fynd â llond basged o neges adra un tro a hithau wedi dod heb ei phwrs, ac wedi dweud y câi hi alw drannoeth i dalu. Rhai da oedd criw yr hen Go-op. Roedden nhw a hithau'n deall ei gilydd i'r tî.

Ac wrth gwrs, roedd hi'n iawn. Tra oedd Jan yr uwch-oruchwylwraig yn chwilio drwy'r ffeiliau yn yr offis am gyfeiriad Braint Môn Jones, prynodd Nant bwdin Nadolig bach siocled a phaced o gnau a photel o bop i Nyrs Beti; doedd o ddim yn fyrbryd arbennig o faethlon i rywun allai fod yn diodde o anemia, ond gwell na dim. Efalla y byddai 'na ar y mwya o waith perswadio ar y nain. Prynodd lond bag o neges i fynd i Gyndyn hefyd – cig moch, menyn, wyau, bîns, bananas a dau dun o bwdin reis. Wrth roi'r cyfeiriad, dywedodd Jan, fel petai hi newydd gofio, 'Fydd Dwynwen ddim adra chwaith, cofiwch. Mae hi'n gweithio yn Country Poultry . . . ar y stad ddiwydiannol. Maen nhw'n dal yn brysur yno'n clirio ordyrs tyrcwn.' Edrychodd Jan ar gloc yr offis. 'Ella bydd hi ar 'i brêc rŵan.'

Ni soniodd Nant am Braint a holodd Jan ddim. Roedd hi'n ddigon posib na wyddai Jan ei bod hi'n byw yn y garafán yng Nghyndyn, a doedd dim awydd ar Nant i gychwyn ar drafodaeth amdani yma. Roedd hi'n cadw'i holl nerth i geisio dal pen rheswm efo'r nain.

Ar ôl clywed enw honno, roedd Nant wedi

sylweddoli ei bod yn gwybod pwy oedd hi a chofiodd bod eu llwybrau wedi croesi o'r blaen. Yn ogystal â'r job yn Country Poultry, roedd Dwynwen hefyd yn gweithio i'r Cyngor, yn glanhau swyddfeydd gyda'r nos. Nid ei bod hi'n glanhau chwaith; y cwbwl roedd Nant yn ei gweld yn wneud y troeon y bu hi yno, wedi bod yn paratoi bwffe i gyfarfod, fyddai gwagio'r biniau, codi unrhyw ddarnau mawr o bapur oddi ar lawr, twtio cadeiriau a chwistrellu oglau da i bob man. Pan welodd Dwynwen Nant yn mynd ati i lanhau'r pantri ar ôl y bwffe, ac wedyn yn chwilio am yr hwfyr i lanhau'r ystafell cyn gadael, doedd hynny ddim wedi plesio o gwbwl, ac roedd pethau wedi mynd yn reit dynn rhwng y ddwy. 'Gwna di dy blydi job ac mi wna i f'un inna,' oedd sylw siort Dwynwen ar y pryd.

Wrth gyfeirio'r car i'r stad ddiwydiannol a chwilio am arwydd Country Poultry, aeth trwy feddwl Nant tybed a fyddai'n ddoethach i Ed neu Peredur fod wedi dod ar y neges yma yn ei lle hi – y ddau bishyn 'na a'u cyhyrau, a'u ffordd efo merched. Ond doedd dim gwerth troi'n ôl bellach; roedd hi bron yma, a gorau po gynta y câi hi air efo Dwynwen cyn troi am adra i hwylio cinio cyllell a fforc am y tro cyntaf ers dyddiau lawer. Tu allan i'r ffatri safai rhes o ddynion a gwragedd ac, yn eu plith, Dwynwen. Cododd Nant ei llaw yn ffurfiol braidd, ond chododd dim un o'r wyth neu naw law yn ôl arni. 'Bygyrs blin,' ochneidiodd dan ei gwynt, ac yna wrth Nyrs Beti: 'Dau funud bach.'

Diffoddodd yr injan, estyn y pwdin Dolig siocled i Nyrs Beti a chamu o'r car. Cerddodd tuag at y criw trin ffowls a safai'n smocio'n glwstwr o gwmpas yr ecstractyr. Tu ôl iddyn nhw, roedd barrug ar y gwelltglas o hyd er ei bod yn tynnu at ganol y bore. Rhoddodd Nant rhyw wên o gyfarchiad cyffredinol ar ei hwyneb wrth groesi'r lôn o'r lle parcio, ond ar Dwynwen roedd hi'n edrych. Unig ymateb Dwynwen oedd tynnu'n ddyfnach ar ei smôc nes bod ei bochau'n pontio at i mewn a blaen y sigarét yn gloywi'n goch. Fel gweddill y giang, gwisgai welingtons bach gwynion, côt wen a ffedog neu frat gwyn plastig, gyda darnau mân o gnawd twrci a gwaed wedi glynu drostyn nhw. Am eu pennau gwisgai'r gwragedd gapiau plastig fel y rheini i gadw'ch gwallt yn sych mewn cawod, a'r dynion hetiau fel rhai is-gogydd – gwyn gyda hollt i lawr y canol.

'Helô 'na, mae'n gafael,' meddai Nant gan sefyll ychydig bellter oddi wrth y criw smociwrs. Nid fod ganddi ddim byd yn erbyn smociwrs, a byddai smôc wedi bod yn wych y munud yma. Ond doedd hwn ddim yn fater i'w drin yng nghlyw pawb, ac yn arbennig cydweithwyr straellyd. 'Dwynwen?'

'Nant. Cyndyn.' Meddyliodd mai dyma'r ffordd saffa i'w chyflwyno'i hun ac nid fel 'Ro'n i'n arfer gneud dipyn o bwffes ac ati yn offisys y Cyngor'. Câi Dwynwen ei hun glandro ble'r oedd hi wedi'i gweld o'r blaen, ond ynfydrwydd fyddai gwneud hynny drosti. A siawns nad ydw i'n edrych yn wahanol, cysurodd Nant ei hun, heb fy ffedog fawr binc lachar ac efo 'ngwallt i lawr.

Llusgodd Dwynwen ei hun yn anfodlon oddi wrth y fflyd ffagars a dod i sefyll o flaen Nant, ei chefn yn sgwâr at bawb arall. Edrychai hithau'n ddigon llegach yn haul anhrugarog y bore, yn sgraglyd a diraen fel hen iâr.

'Mae'n ddrwg gen i'ch poeni chi . . .' Amneidiodd Nant i gyfeiriad y lleill. 'Dau funud . . .'

'Be ti isio?'

'Mae Ed, 'y ngŵr i a Peredur y mab a finna'n poeni am eich wyres chi, Braint . . . Janey. Mae hi'n byw yn y garafán acw.'

'Be wyt ti 'ta? Sosial?'

'Naci siŵr. Ddoe y gweles i hi gynta. Dwi wedi bod o 'cw. Roedd hi'n edrach yn ddrwg iawn. Ydach chi wedi'i gweld hi'n ddiweddar?'

'Roish i gic-owt iddi, do? Ar ôl iddi roi'r gora i'w job, y lol 'na efo'r blydi Saesnas wirion 'na . . . difetha'i hun . . .'

'Roedd hi'n trio deud rhyw hanas . . . fel roedd y ddynas 'na 'di prynu'i henw hi, ac wedyn wedi diflannu efo fo . . .'

'A lle aeth y pres? Welish i ddim ceiniog . . . dim hyd yn oed bocs jocled a finna wedi'i magu hi . . .'

'Roedd Ed yn meddwl y dyla hi fynd i weld doctor . . . neu fynd i'r 'sbyty . . . neu glinig. Ydach chi'n meddwl y basach chi'n medru'i pherswadio hi i fynd i weld rhywun . . ?'

''Di phoetsio'i hun mae hi, 'te, efo dôp a lysh. Fath â hannar cids y dre 'ma. Ar be ti'n meddwl mae hi 'di gwario'r holl bres 'na . . .'

'Be oedd yn poeni rhywun . . .' Câi Nant y geiriau'n anodd eu hyngan, ac eto roedd yn rhaid dweud. 'Oedd y syniad sy gynni hi nad ydi ddim yn medru byw 'run fath heb 'i henw, nad ydi hi'n neb . . .'

'Oedd isio iddi feddwl am hynny cynt, doedd,'

'Ydach chi'n gwbod, neu oes gynnoch ryw syniad . . . lle gallan ni gael gafael ar y ddynas 'ma . . . Janey . . ?'

Y tro yma, dim geiriau, dim ond ysgwyd ei phen. Gollwng ei stwmp ar lawr a'i sathru i'r tarmac.

'Ewch chi draw i'w gweld hi . . . trio'i pherswadio hi . . . siarad efo hi . . ?'

''Dan ni ddim yn siarad . . . ddim wedi siarad ers chwe mis. Gafodd 'na betha gwael iawn 'u deud o'r ddwy ochr cyn iddi adael 'cw. So. Na. Rîli.'

'Plîs, Dwynwen.'

'Na, roish i bymthang mlynadd iddi. Sylw, help efo homwyrc, dillad neis o'r catalog, *majorettes*, holides, pictiwrs, partis pen-blwydd. Gafodd yr hogan 'na bob dim gen i ar ôl i'w mam hi fynd. Ac mi wnath hi daflu'r cwbwl lot yn ôl yn 'y ngwynab i.'

'Ond dydi hi ddim yn hi'i hun, nac'di, rhwng y stwff 'na mae hi'n smocio . . . a busnas colli'i henw . . . colli'i heidentiti . . .'

Ar hyn, chwarddodd Dwynwen yn gras a throdd y lleill, oedd yn ymlwybro'n ôl at ddrws y ffatri i roi cipolwg dros eu hysgwyddau i weld beth oedd yn mynd ymlaen.

'Dwi yn erfyn arnoch chi, plîs.'

Ond wnâi Dwynwen ddim gwrando; roedd hi'n gwrthod ildio. Trodd a cherdded i ffwrdd oddi wrthi at weddill y giang, ac o'r golwg i seintwar y ffatri trin tyrcwn.

Doedd dim oll y gallai Nant ei wneud wedyn ond mynd yn ôl i'r car at Nyrs Beti. A hyd yn oed pe bai hi wedi gyrru Peredur neu Ed yn ei lle, meddyliodd, fyddai o ddim wedi gwneud dim mymryn o wahaniaeth. Roedd calon Dwynwen yn rhy oer a rhewllyd i ysbryd y Nadolig dreiddio iddi.

22

'Atgoffwch fi, Nyrs Beti,' meddai Nant wrth danio'r car, 'i beidio â phrynu tyrci at y Dolig. Dwi ddim yn meddwl y medra i byth fyta tyrci eto.'

Gwên fach sardonig oedd ateb Nyrs Beti. Dim ond deuddydd oedd yna tan y Dolig a doedd Nant wedi prynu dim oll i'w fwyta eto, heblaw am y pwdin Nadolig siocled bach 'na roedd hi, Nyrs Beti, newydd orffen ei fwyta. Gobaith yr hen wraig oedd y byddai Euros, y nyrs, yn cyrraedd nos drannoeth yn llwythog o ddanteithion; fel arall, byddai'n llwm iawn arnyn nhw.

'Dwi angen mynd heibio Cyndyn efo tipyn bach o negas ac ati,' meddai Nant ar draws ei meddyliau. 'Ydach chi am ddŵad ta fasa'n well gynnoch chi fynd adra?'

'Mi ddo i am dro. Ac roeddach chi'n deud eich bod chi isio mynd i'r banc.'

Rhoddodd Nant ei llaw ar ei cheg i'w hatal ei hun rhag gweiddi. Yng nghanol holl firi cael Nyrs Beti'n barod i ddod i'r syrjyri, roedd hi wedi anghofio dod â'r pres efo hi. Ond doedd fiw iddi gymryd arni mor nerfus roedd y ddyled fawr yn gwneud iddi deimlo.

'Ddo i'n ôl yn nes ymlaen i fynd i'r banc,' meddai hi. 'Dim brys, nac oes? Cyndyn gynta. Gewch chi ista yn y car. Fydda i ddim yn hir.' Estynnodd Nant y paced cnau a'r botel bop i Nyrs Beti o'i bag llaw. 'Mi wna i bryd iawn o fwyd heno.'

'Dwi ddim yn meddwl y medra i fyta'r cnau 'ma,' meddai Nyrs Beti. 'Mi an' nhw o dan fy nannedd gosod i.'

'Sipiwch nhw 'ta,' oedd yr ateb gafodd hi. 'Maen nhw'n llawn maeth.'

Dim ond y Mazda oedd ar iard Cyndyn. Mae'n rhaid fod Peredur wedi cael rhywle i weithio dan do ar dywydd mor felltigedig o oer. Doedd dim hanes o Nedw'r ci coch heddiw chwaith, ac aeth Nant yn syth am y gegin. Roedd y rhew yn y pyllau dŵr ar yr iard yn dechrau dadmer erbyn hyn yng ngwres canol dydd, ond roedd toeau'r beudai oedd yn y cysgod yn dal yn wynion dan farrug a'r buarth llonydd i gyd yn edrych fel pe bai wedi'i fferru. Mae'n rhaid ei bod yn hynod ddigysur mewn carafán ar y fath dywydd.

Rhyfedd oedd gweld dim ond dau bâr o welingtons yn y portsh yn lle tri, ond camodd Nant heibio i hynny ac i mewn i'r tŷ. Doedd hi ddim wedi disgwyl gweld neb yno, ac yn meddwl y byddai Ed wedi mynd rownd y defaid cyn cinio, neu'n gorffen porthi neu garthu. Ond yno roedd o, wrth fwrdd y gegin, a llanast o waith papur a edrychai fel holl gynnwys ei ddesg wedi'i droi allan o'i flaen. Doedd dim hanes o ginio.

Cododd Ed ei ben pan glywodd y drws yn agor, ond chafodd hi ddim croeso. Rhoddodd ei ben yn ôl i lawr dros ei waith papur heb ddweud gair, ac aeth hithau ati i gadw'r neges fel petaen nhw yn yr ers talwm – yn yr amser cyn i'w thad fynd yn wael, ac iddi ddechrau hanner byw yn y Glyn a chyn i bob dim ddechrau dadfeilio.

'Ydach chi'n iawn yma?' holodd hi ymhen sbel. 'Eich dau?'

'Ydan, dim diolch i ti.'

'Ddois i â dipyn o fwyd i chi o'r Co-op.'

'Sut wyt ti'n meddwl ydan ni wedi byw ers i ti fynd o'ma? Byw ar y gwynt?'

Eisteddodd Nant ar gadair gyferbyn ag o wrth y bwrdd.

'Mi fues i'n gweld nain Braint . . . Janey,' meddai hi. 'Trio'i pherswadio hi i ddŵad yma i'w nôl hi, neu o leia drio siarad efo hi.'

'Ddylat ti fod wedi trafod efo fi gynta cyn gneud hynna.'

'Wel, ddaw hi ddim prun bynnag. Maen nhw wedi ffraeo . . . dim Cymraeg rhyngddyn nhw.' Edrychodd Nant wedyn ar yr holl ddatganiadau banc a llythyrau a derbynebau ar y bwrdd ac meddai hi, 'Dipyn o waith papur. Oer i fod allan, tydi?' Doedd ganddi mo'r nerth i sôn am y siec. Roedd hi'n bwriadu talu'r tair mil i mewn i'r banc y pnawn 'ma prun bynnag, toedd? Felly doedd dim pwrpas sôn, nac oedd? A dyna pam ei bod wedi codi'r mynydd arian parod yn groes i bob rheswm neno'r duw: i osgoi'r rhyferthwy.

'Dwi'n rhoi'r gora iddi,' cyhoeddodd Ed ar ei thraws.

'Rhoi'r gora i be? Braint? Dwi ddim yn dallt.'

Oedd yna berthynas wedi bod nad oedd hi'n ymwybodol ohoni? Oedd Ed a Braint yn gariadon? Allai Nant ddim credu hynny. Ei chariad hi fuo fo erioed. Fuo yna erioed neb arall.

'I Gyndyn, Nant. I fan'ma.'

'I Gyndyn?' Edrychodd yn hurt arno. Doedd hi ddim yn deall hynny chwaith.

'Dwi'n rhoi'r gora i'r denantiaeth ddiwadd y flwyddyn 'ma.'

'Be? Ond pam na fasat ti wedi deud rhywbath cynt?'

'Pam ddylwn i? Dwyt ti ddim yma nac yn dŵad yn d'ôl. Chdi dy hun sy wedi deud hynny. Dwi wedi siarad efo Peredur ac mae o'n ddigon bodlon. Geith o roi carafán yn dy gae di a chadw'i beirianna yn fan'no. Dwi'n mynd i roi notis i'r stad pnawn 'ma.' Edrychodd yn herfeiddiol ar ei wraig. 'Dim ots gen i be wyt ti'n ddeud.'

Syllodd Nant o'i chwmpas ar eu holl drugareddau, yn ddodrefn teuluol fel yr hen gadair freichiau a'r setl gefn uchel, y lluniau roedd Peredur wedi'u gwneud yn hogyn bach wedi'u fframio, lluniau ysgol ohono, ei sosbenni a'i thaclau coginio hi, ugain mlynedd o fyw. Ond yma roedd Ed wedi'i fagu hefyd cyn hynny, cyn iddi hi ei briodi a dod yma, ac i denantiaeth y stad gael ei throsglwyddo iddo ar farwolaeth ei dad.

'Dyma dy gartra di,' meddai hi.

'Naci,' cywirodd Ed hi. 'Dyma *oedd* 'y nghartra i. Ond tydi o ddim yn teimlo fel cartra erbyn hyn.'

'Ond i lle'r ei di? Ddoi di i'r Glyn?'

'Na wnaf.' Distawrwydd a hithau'n rhythu arno. 'Gobeithio cael lle yn godro i'r stad, a bwthyn. Mae Dic Wilias yn hwylio i riteirio dydi, ar ôl tri deg mlynadd, yr hanas yn y papura 'ma i gyd.' Arafodd am funud cyn dygnu ymlaen. 'Fydd 'na ocsiwn yma ddiwadd Ionawr i glirio bob dim . . . peirianna ac ati na fydd Peredur mo'u heisio nhw. Wertha i'r stoc yn y sêl neu'n breifat.' O'r diwedd, edrychodd arni. 'Gei di dy siâr.'

Syllodd Nant i fyw ei lygaid. Yr un llygaid ag erioed oedden nhw – ac eto, roedd yna newid diymwad yna. A hwnnw'n adlewyrchu'r newid ynddi hi.

'Gei di ddŵad yma cyn hynny i nôl dy betha,' ychwanegodd.

'A dyna'i diwadd hi, felly?'

'Ia. Dyna'i diwadd hi.'

'Mae Nyrs Beti yn y car,' meddai Nant ymhen tipyn. Roedd dweud hynny fel cael ei llusgo o le pell yn ôl i olau dydd. 'Mae hi'n oer iddi, fydd rhaid i mi fynd â hi adra.'

'Ia, dos â hi 'ta.'

'Ond dwi ddim isio d'adael di fel hyn.'

'Wel, ella mai'r wers ydi na fedri di ddim cael bob dim, yldi. Fedri di ddim cael fan'cw a fan'ma, hi a fi, beth bynnag . . .'

'Nid "hi" a "chdi" ydi o. Ti ddim yn deall. Ond mae'r peth wedi digwydd mor sydyn . . . heb weld sut y basa petha'n troi allan. Feddylis i 'rioed y basat ti'n rhoi'r gora i'r lle 'ma.'

'I be arhoswn i am flwyddyn arall cyn rhoi notis? Faint gwell faswn i? Mwy o ddyledion, ella, ac yn troi yn f'unfan yn fan'ma. No wê.'

'Ond dwi wedi bod yn trio fy sortio fy hun allan, gweithio petha allan yn fy mhen a thrio gneud synnwyr o'r gorffennol, ti'n gwbod . . . trio dallt . . .'

'Be ffwc ydi ots am y gorffennol?'

'Ugian mlynadd i heddiw oedd Mam yn marw . . .'

'Ia, Nant, ugian mlynadd nid dwy flynadd na thair blynadd . . . mae'r holl beth yn hen hanas . . .'

Cododd Ed yn ddiamynedd oddi wrth y bwrdd a

mynd i daflu tomen o waith papur i'r bwced lo yn y gegin ganol. Pan ddaeth yn ei ôl roedd hi'n dal i eistedd yn llonydd yno wrth y bwrdd, ei phen i lawr a'i gwallt yn cuddio'i hwyneb.

'Dos adra,' meddai nid yn angharedig. Safodd yno'n ei gwylio. Doedd o ddim am fynd yn nes ati chwaith, dim am gyffwrdd. 'Nant, dos adra rŵan.'

'Ella y baswn i wedi dod yn ôl . . .'

'Na fasat . . . ti'n mynd i rywla o 'mlaen i a fedra i mo dy gyrraedd di.'

Cododd ei phen i wenu arno. 'Medri, ti'n gwbod . . .'

'Ond dydi o ddim digon, Nant. Dwi ddim yn mynd i ddal i roi 'nghorff i ti tra mae dy feddwl a dy galon a dy enaid di'n rhywla arall. Mae caru'n fwy na hynna. Rŵan, dos â'r ddynas bach 'na adra cyn iddi gorffio yn y car 'na.'

Ond syflodd hi ddim o'r fan. 'Fedra i ddim codi, Ed. Fedra i ddim symud.'

'Medri. Tyd 'laen. '

Aeth ati o'r diwedd, a rhoi ei ddwylo o dan ei cheseiliau i'w chodi. Roedd hi mor gynnes a meddal ag erioed. Gallai fod wedi ei chodi'n uchel iawn ond wnaeth o ddim, doedd o ddim yn amser i chwarae, dim ond ei rhoi i lawr wrth ei chadair a'i throi at y drws. A gollwng ei afael arni. Rhoddodd broc bach iddi i'w chychwyn.

'Cymera bwyll ar y lôn 'na,' meddai. 'Tydyn nhw ddim wedi bod yn graeanu eto.'

A cherddodd hithau allan yn araf ac awtomatig gan adael y drws yn agored ar ei hôl i'r ci coch gael dod i mewn ac i'r gwres fynd allan.

Roedd Ed yn dal i sefyll yno heb gamu yn ei flaen

i gau'r drws rhag yr heth, hyd yn oed, pan ddaeth cnocio ysgafn ar y gwydr. Cododd ei ben i edrych.

Nyrs Beti oedd yno'n cnocio. 'Edward,' meddai hi. 'Dwi'n meddwl y bydd yn rhaid i chi ddŵad i'n dreifio ni adra. Dydi Nant ddim mewn stad i neud.'

Edrychodd Ed arni'n ymholgar, ond chafodd o ddim mwy o esboniad, ac felly allan â fo i'r iard a Nyrs Beti'n trotian wrth ei gwt.

Roedd Nant wedi mynd i'r car ac wedi rhoi'r goriad yn yr ignision, ond doedd dim golwg cychwyn i unman arni. Rhythai'n syth o'i blaen fel pe bai hi wedi'i pharlysu. Roedd ei dwylo hi ar y llyw ond doedd dim siâp cychwyn y car ar ei daith arni. Roedd hi fel pe bai newydd anghofio sut i ddreifio.

'Nant,' meddai Nyrs Beti.

'Nant,' meddai Ed wedyn. Mae'n rhaid ei bod wedi'i glywed, ond wnaeth hi ddim syflyd i gydnabod hynny. Aeth Ed at y car, agor y drws a gwyro wrth ei hymyl. 'Hei, Nant.'

'Sioc,' meddai Nyrs Beti. 'Dwi wedi gweld y peth lawer gwaith. Mae rhywun yn iawn, neu'n edrych yn iawn, am dipyn ar ôl digwyddiad trawmatig ac wedyn mae'r peth yn eu taro fel mellten. Ella y daw hi ati'i hun yn nes ymlaen.'

'Fi roddodd fraw iddi,' cyfaddefodd Ed, 'deud fy mod i'n mynd i roi'r gora i denantiaeth y ffarm 'ma. Ella mai dyna wnaeth o. Er dwn i ddim be arall oeddwn i i fod i neud. Dyna'r penderfyniad rhesymol, o ystyriad pob dim.'

'Un gnoc ar ôl sawl cnoc,' barnodd Nyrs Beti. 'Mae hi wedi bod yn wythnos galad.'

'Dowch,' meddai Ed. 'Awn ni yn y Mazda. Rown

ni Nant yn y cefn ac mi gewch chi eistedd efo fi yn y tu blaen. Geith hi ddŵad i nôl 'i char eto neu mi ddaw Pereds â fo i lawr iddi. Ynta ddylwn i neud panad gynta? Te efo siwgwr? Brandi?'

'Na, awn ni.'

Gyda pheth anogaeth llwyddodd Ed a Nyrs Beti i gael Nant allan o'r car a'i thywys un ar bob braich at y Mazda. Hanner cododd, hanner gwthiodd Ed hi i mewn a'i rhoi i orwedd ar ei hyd yn y cefn, yn syllu ar y to.

Bu'n rhaid iddo godi Nyrs Beti i mewn i sedd y teithiwr gan ei bod mor fyr. Unwaith roedd hi yno câi ei thynnu rhwng edrych o'i blaen yn llawn rhyfeddod, ciledrych ar Ed wrth ei hymyl, a bwrw golwg dros ei hysgwydd ar Nant.

'Dydan ni ddim wedi bod yn byta nac yn cysgu'n debyg i ddim,' esboniodd Nyrs Beti yn dawel. 'Ac mae hi'n trio clirio, yn poeni amdana i, er fy mod i siort ora, ac wedi colli'i thad. Ac wedyn heddiw oedd pen-blwydd marwolaeth ei mam. Mi rydach chi'n cofio noson y parti hwnnw, Edward.'

'Ydw, pwy alla beidio?' atebodd Ed gan gychwyn y Mazda a rhoi'i droed i lawr. 'Diawl o noson ym mhob ystyr.'

'Roedd Nant wedi bod isio gneud rhywbath heno i goffáu'i mam.'

'Rhan o gynllun.' O'r cefn y daeth y llais. Llais Nant. 'Mae coffáu Mam yn rhan o 'nghynllun i.'

Edrychodd Ed a Nyrs Beti ar ei gilydd.

'Yn rhan o'r syniad ges i, pan ddaeth Owen o hyd i'r arch yn y seler y diwrnod o'r blaen.'

'Pa arch?'

Nyrs Beti gafodd y dasg o ateb y cwestiwn. Ar ôl

iddi esbonio, roedd gan Ed ryw gof am y ddwy arch, ond yn meddwl y byddai ei dad-yng-nghyfraith wedi hen gael gwared â hi yn lle'i bod yn fan'no yn tampio ond yn gwrthod pydru yn y seler odanyn nhw.

'A be oedd y cynllun 'ma, Nant?' Am unwaith, roedd Ed yn betrus, yn llai na jarff. Arafodd i glustfeinio ar yr ateb.

'Mae Nyrs Beti'n gwybod. Claddu'r gorffennol, 'te, er mwyn gallu camu ymlaen yn iach i'r dyfodol o'r diwadd.'

'Am blydi syniad!'

'Roeddwn i'n mynd i roi ffrog briodas Mam yn ei harch a'i chladdu hi.'

'Ffyc sêcs, Nant.'

'Ond mae'r tir wedi rhewi'n rhy galed. Felly ro'n i am fynd â'r arch allan i'r ardd, a rhoi canhwylla bach ynddi . . . ei pheintio hi, ella, lliwia'r chwedega, lliwia cenhedlaeth Woodstock . . .'

'Ond cyn y gallwch chi neud hynny, Nant,' torrodd llais Nyrs Beti ar ei thraws, 'os mai dyna ydach chi isio neud, rydach chi angen ymgryfhau, angen bwyd a chwsg. Dydan ni ddim wedi byta ers oria . . . ac oria.'

'Tsips?' cynigiodd Ed.

'Ia, tsips a physgodyn,' cytunodd Nyrs Beti. 'Mi altrwch ar ôl cael bwyd, Nant.'

Dechreuodd Nant chwerthin yn hysteraidd yng nghefn y tryc.

'Mi faswn i,' meddai Nyrs Beti wrth Ed, 'yn rhoi dwy dabled gysgu iddi efo paned ar ôl mynd â hi i'r Glyn. Mi gysgith tan y bora wedyn, ac mi fydd yn well. Mi fydd hi wedi sadio.'

'Na fydda. Fydda i ddim yn well, Ed. Ddim am dipyn eto. Fedra i ddim bod. Achos ti'n gwbod be dwi wedi'i neud, dwyt . . .'

'Be wyt ti wedi'i neud?' Roedd o'n siarad efo hi fel roedd o wedi siarad efo hi y noson y bu hi yn y Prins, yn ei diod.

'Dwi newydd sylweddoli. Wrth fwrdd ein cegin ni ac wedyn yn fan'na ar yr iard . . . yn eistedd yn yr hen Astra bach ffyddlon, y gwnes i sylweddoli be dwi wedi'i neud . . .'

'Be ti wedi'i neud, Nant?' Ailadroddodd Ed y cwestiwn air am air yn bwyllog. Roedd ganddo deimlad fod yr ateb yn mynd i fod yn un o bwys.

'Wrth drio claddu un gorffennol, dwi'n sathru ar y presennol. Mae hwnnw'n orffennol newydd rŵan ac mae o'n chwalu'n ufflon dan fy nhraed i.'

I hynny, doedd dim ateb.

23

'Nant, lle ti'n mynd?'

Safai Ed yn nrws ffrynt y Glyn yn gwylio cefn Nant yn dringo'r grisiau. Stopiodd hi ddim i'w ateb na throi rownd. Er hynny, roedd yr ateb yn ddigon croyw pan ddaeth.

'I 'ngwely.'

'Ond dim ond dau o'r gloch ydi hi. Well i ti fynd yn gynnar heno. Tyd i gael rhywbath i fyta efo ni.'

'Na.'

'A phanad.'

'Na, medda fi.' Ac ar hynny roedd hi wedi cyrraedd drws ei llofft hi a Nyrs Beti, wedi mynd trwyddo a'i gau'n glep ar ei hôl. Yn amlwg, doedd dim gwahoddiad i neb ei dilyn.

Trodd Ed at Nyrs Beti oedd yn sefyll tu ôl iddo'n dal y pacedaid tsips a brynwyd yn y dre ar y ffordd yn ôl o Gyndyn ac oedd i fod i gyflawni'r dasg amhosib o ddod â rhyw fath o normalrwydd yn ôl i'r sefyllfa. Ysgydwodd ei ben.

'Gadael iddi sy ora,' meddai Nyrs Beti. 'Gormod o betha sy wedi dŵad am 'i phen hi.'

'Dowch i mi'r tsips 'na i chi gael tynnu'ch côt.' Cymerodd Ed y tsips gan Nyrs Beti a mynd trwodd i'r gegin efo nhw. Cyn fod Nyrs Beti wedi cael cyfle i roi'r gôt ar ei bachyn, daeth y floedd roedd hi wedi bod yn ei gerio'i hun amdani: 'Iesu Grist o'r Sowth, be mae'r arch 'ma'n da yn fan'ma! Ydach chi'n dechra colli arni'ch dwy?'

Newidiodd Nyrs Beti'n reit hamddenol i'w slipas pinc fflwfflyd cyn dod trwodd ato i ateb y cwestiwn. Erbyn iddi gyrraedd y drws, roedd o yno'n 'i chwfwr hi.

'Nant oedd isio iddi sychu, er mwyn 'i pheintio hi.'

'Ac mae hi'n meddwl y bydd bob dim yn iawn, a phob dim wedi'i drwsio, ar ôl iddi beintio peth fel hyn yn binc a piws efo clonna, ydi hi? Dwi'n gobeithio'ch bod chi'n trio siarad rhywfaint o sens i'w phen hi, Nyrs Beti.'

'Ydw,' meddai Nyrs Beti.

Erbyn hyn roedd Ed wedi codi'r arch ac yn ei chario fel babi mawr afrosgo yn ei freichiau. Bu'n rhaid i Nyrs Beti fagio a'i chefn yn erbyn y wal i wneud lle iddo fo.

'Peidiwch â mynd â hi odd'ma,' meddai mewn llais gwanllyd. 'Fasa Nant ddim yn madda.'

'Dwi ddim yn byta fy tsips,' chwyrnodd Ed, 'a pheth fel'na dan 'y nhrwyn i. Mi geith fynd i syrjyri'r hen ddoc o'r golwg.'

'Ella na fasa Nant ddim yn lecio hynna,' awgrymodd Nyrs Beti.

Ond erbyn hynny roedd Ed hanner y ffordd i mewn i'r stafell a dim golwg troi'n ôl arno. A be oedd ots lle'r oedd y blydi arch, dim ond iddi beidio â bod o dan draed ac o dan drwyn? Ar ôl gosod yr arch ei hun ar y gwely, aeth ar ei union yn ôl i'r gegin i nôl y caead oedd wedi bod yn pwyso yn erbyn yr Aga ac yn teimlo'n gynnes braf dan ei ddwylo. Pren digon rhad oedd y gwneuthuriad, rhywbeth ysgafn a thenau, pîn, debyca, a sylwodd Ed ei fod wedi dechrau warpio yn y gwres.

Cyn bo hir, fyddai'r caead ddim yn ffitio'r arch.

'Dwi wedi rhoi eich tsips chi ar blât.'

Mynnodd Ed gael golchi'i ddwylo wrth y sinc cyn bwyta er ei fod wedi gwneud pethau canwaith gwaeth na symud arch heb olchi'i ddwylo: torri ar loeau, dosio ŵyn, carthu, a boddi cathod bach i enwi dim ond rhai ohonyn nhw. Ond er bod Nant wedi rhoi clwt tamp dros yr arch i gyd echnos, ac wedi sychu'r holl lwch a gwe pry cop a baw i ffwrdd, roedd yn rhaid i Ed gael golchi'i ddwylo dan y tap nes bod baw wythnosau'n llifo oddi arnyn nhw, a'r ewinedd yn wynion heblaw am y gewin bawd mawr du fflat a gaewyd yn nrws y tractor.

'Dowch, mi fydd eich tsips chi wedi oeri.'

Ac o'r diwedd, caeodd yntau'r tap a dod ati i eistedd, yn ddau elyn cytûn a llwglyd. Pasiodd Nyrs Beti'r botel sos coch draw iddo.

'Diolch.'

'Cofiwch,' meddai Nyrs Beti, fel petaen nhw'n ailafael mewn sgwrs oedd ar ei hanner ers meitin. Mewn gwirionedd, rhoi llais i'w thrywydd meddwl ei hun roedd hi, y pethau fu'n troi yn ei meddwl yr holl ffordd adra o Gyndyn yn y Mazda ar ôl i Nant fynd i'r fath barlys o sioc fel na allai hi ddreifio'i char ei hun. Ac wedyn, ar y ffordd tuag yma, pan gododd ei llais hi fel rhyw oracl o'r tu ôl iddyn nhw ill dau yn llefaru tu hwnt iddyn nhw. Y llais hwnnw oedd yn llais o wlad arall, o dir dieithr. 'Roedd Nant wedi penderfynu aros yma cyn i mi landio.'

'Oedd, dwi'n gwbod hynny. Ac mi fues inna'n rhy wyllt y diwrnod hwnnw, fel rydw i, diwrnod darllan y 'wyllys, brygowthan a dal her yn lle'i chau hi.'

'Gwych o beth fasa gallu newid y gorffennol.'

Ond er yr holl olchi dwylo, fel nad oedd dim blas olew na defaid na silwair na dim arlliw o ddim arall ar y tsips, chafodd Ed fawr o flas arnyn nhw. Gwthiodd ei blât oddi wrtho a chodi.

'Dwi'n mynd i weld rheolwr y stad i roi fy notis. Os na wna i rŵan, mi eith yn rhy hwyr. Ac mi fydda i wedi colli fy nyrf.'

'Mae o'n gam go fawr, Edward.'

'Y mwya ers ugian mlynadd.'

'Ydach chi'n siŵr o'ch petha, hogyn?'

'Gyda phob dyledus barch, Nyrs Beti, dydi o'n ddim o'ch busnas chi.'

Ac ar ôl hynny ddywedwyd 'run gair, dim ond peidio ag edrych ar ei gilydd a chyd-glustfeinio am unrhyw smic o'r llofft gan yr un oedd yn eu huno ac yn eu gwahanu nhw ill dau.

'Cysgu,' barnodd Nyrs Beti ymhen hir a hwyr.

'Ffoniwch fi adra yn nes ymlaen os bydd angan, ac mi ddo i draw,' meddai Ed wrth wisgo'i gôt. 'Be wnewch chi rŵan?'

'Dim byd, 'chi,' oedd yr ateb, 'dim ond aros iddi hi ddeffro.'

Ar ôl i Ed fynd, aeth Nyrs Beti i agor y drws cefn ac wedyn daeth yn ei hôl i nôl gweddillion y tsips. Doedd hi ddim yn meddwl y byddai'r gath strae yn eu bwyta, ond byddent yn wledd i'r adar mân yn yr ardd ar dywydd mor filain.

Ac wedyn doedd yna ddim byd iddi ei wneud ond aros. Roedd hi'n aros am y Nadolig. Aros i Euros ddod o Gaer gyda'i ddanteithion. Aros i gael gweld Owen yn dychwelyd i'w hen gartra. Aros i'r tywydd gynhesu. Ond yn fwy na'r rhain i gyd, uwchlaw ac o flaen y rhain i gyd, roedd hi'n aros i Nant ddeffro.

Unwaith y dechreuodd y nos gau am y tŷ, ar ôl i Ed fynd, collodd Nyrs Beti gownt ar yr oriau. Ar ôl bod yn y Cartre ym Mae Colwyn roedd hi wedi dechrau mynd felly. Yno, doedd dim pwrpas gwisgo oriawr, hyd yn oed ei horiawr pen-i-lawr, achos doedd dim gwahaniaeth faint oedd hi o'r gloch. Mesurid oriau'r dydd gan baneidiau, prydau bwyd a mwy o baneidiau. Ac roedd hi'n raddol wedi colli'r arfer o ddilyn cyfresi teledu achos doedd dim pwrpas dechrau gwylio cyfres na allai rhywun fyth fod yn sicr o gael ei gwylio'r wythnos ddilynol. Doedd dim diben darllen papur dyddiol chwaith, a rhoddodd y gorau i gymryd un yn y diwedd am nad oedd dim byd yn y papurau hynny'n effeithio o gwbl ar ei bywyd hi a'i chyd-breswylwyr.

Yma, yn y Glyn, roedd pethau'n wahanol; ond, fel aderyn wedi bod mewn cawell gaeedig am yn hir, roedd Nyrs Beti wedi anghofio sut i ledu'i hesgyll. Erbyn hyn, doedd dim modd mesur a oedd hi'n dal i allu gwneud hynny. Yn dal i allu agor ei hadenydd, heb sôn am allu hedfan. Am y tro, roedd hi'n dal i swatio.

Trwy oriau hir cynyddol dywyll y min nos, daliodd Nyrs Beti i eistedd o flaen y tân trydan yn y parlwr canol. Roddodd hi mo'r golau ymlaen hyd yn oed pan gyrhaeddodd y düwch dua, achos doedd yno ddim byd roedd arni angen golau i'w weld, ac o dipyn i beth, dechreuodd hepian.

Deffrôdd Nant berfeddion nos yn gwybod beth i'w wneud nesaf. Teimlodd yn reddfol am gorffyn bychan Nyrs Beti wrth ei hymyl, ond doedd hi ddim yno. Estynnodd am ei ffôn bach oddi ar y bwrdd ochor gwely a gweld ei bod yn ddau o'r gloch y bore. Roedd hi wedi cysgu am ddeuddeng awr. Teimlodd ei chorff stiff a sylweddoli ei bod hi'n dal yn ei dillad – ei jîns, a'i chôt nefi blw a'i hesgidiau, hyd yn oed. Doedd ganddi ddim cof o fynd i'w gwely o gwbwl. Ond roedd hi'n cofio bod yn gweld Gwyn Price efo Nyrs Beti, yn cofio mynd i geisio siarad efo Dwynwen, nain Janey, yn cofio mynd i Gyndyn ac yn cofio Ed yn dod â nhw'n ôl yn y Mazda.

Cofiodd wedyn pam y daeth o â nhw'n ôl. Pan ddaeth y cof hwnnw iddi, roedd y dynfa i guddio'n ôl dan y dillad fel Nyrs Beti'r bore hwnnw'n ei sugno gan ei chryfder. Ond thalai hynny ddim. Roedd hi'n ôl ar y llwybr. O'i blaen, roedd rhan nesa'r cynllun yn hudo. Cododd a mynd ar ei hunion i lawr i'r parlwr mawr, lle nad oedd neb na dim ond Kyffin i'w chyfarch. Aeth oddi yno wedyn i'r parlwr canol. Y munud yr agorodd hi'r drws, trawyd hi gan y gwres clòs, llonydd. Yn y grât, disgleiriai dwy ffon y tân trydan yn goch.

A dyna ble'r oedd Nyrs Beti, yn cysgu'n dawel yn y gadair G-Plan yn ei slipas pinc. Gadael iddi wnaeth Nant; mi fyddai hi'n iawn yma nes deuai hi'n ei hôl. Gwyrodd ymlaen heibio iddi i ddiffodd y tân. Roedd coes y gadair oedd agosa at y tân yn teimlo'n boeth. Ond er mor agos oedd eu cyrff, syflodd Nyrs Beti ddim, dim ond dal i gysgu. Roedd cwsg bach y dydd, a hepian yr hwyrnos a chwsg canol nos, wedi cydiad yn ei gilydd ynddi a'r cyfan wedi cyfuno'n un cwsg mawr yn ymestyn drwy'r oriau.

Fel fi, meddyliodd Nant, gan godi a mynd o'r parlwr canol tua'r grisiau. Mae'n rhaid ei bod hi wedi blino fel fi. Mae hi ar yr un siwrna â fi, er nad ydan ni'n cydgerdded drwy'r amser, ond hi ydi fy mhartneres i ar y llwybr. Hi gychwynnodd fi ar y bererindod. Ond mae hi lawer yn hŷn na fi ac yn fwy bregus ac mi fydd yn diffygio'n gynt, yn siŵr. Ac yn y diwedd, cwmpeini i mi ydi hi, weithia'n dangos y ffordd, weithia'n dal fy llaw. Oherwydd fy ymdaith i ydi hon. Dwi'n ei cherdded hi fy hun.

I lofft ei rhieni yr aeth Nant. Yno roedd ffrog briodas ei mam wedi bod yn crogi ers diwrnod y clirio mawr. Bu'n rhaid cau'r ffenest wrth i'r tywydd oeri, ac erbyn hyn doedd dim chwa o wynt i roi bywyd yn ei sidanau. Cydiodd Nant yn y ffrog ar ei hangyr heb weld dim byd arall yn y stafell. Roedd hi'n drom. Y peisiau odani a'r trwch deunydd oedd yn rhoi ei phwysau iddi. Yn ofalus, cariodd hi gyda dwy law, un yn dal yr hangyr a'r llaw arall o dan sgert y ffrog rhag iddi lusgo ar y grisiau. A chychwynnodd â hi ar ei holaf daith ar hyd y landin ac i lawr y grisiau derw, trwy'r cyntedd a'r parlwr canol a'r gegin ac i'r lobi yn y cefn.

Yno, bu'n rhaid iddi'i rhoi i grogi wrth ymyl hen gôt gaeaf ei thad – y cob – tra oedd hi'n dadfolltio ac yn dad-gloi'r drws allan. Dyna ble'r oedden nhw – y ffrog wisgodd ei mam i briodi'n ferch ifanc brin ddeunaw oed yn y Swyddfa Gofrestru yn yr hen Gyfnewidfa Gotwm ac, wrth ei hymyl, mor agos nes eu bod yn cyffwrdd, yr hen gôt arddio a wisgai'i thad yn nyddiau'i henaint i gadw'r oerni tu allan a'r oerni tu mewn iddo rhag cyfarfod. Yno wrth ymyl ei gilydd am ddim ond munud bach: yr hen ŵr gweddw a'r briodasferch ifanc yn cwrdd am un ffarwél ola.

Ond yna roedd yr amser lleiaf yn y byd hwnnw

pan ddaeth dau amser ynghyd wedi pasio. Cipiodd Nant y ffrog oddi ar ei bachyn, gwisgo hen gôt frown ei thad amdani dros ei chôt gwta ei hun, a cherdded allan i'r ardd.

Yno roedd popeth yn olau a llonydd a disglair. Roedd hi'n rhewi'n galed a'r sêr fel dafnau o siampaen wedi'u tasgu i bob man. Disgleiriai llechi'r toeau a cherrig y llwybr gan farrug. Aeth Nant ar ei hunion trwy'r cowt a heibio'r border, i lawr tu ôl i gysgodion y coed afalau a gellyg, heibio gweddillion y goelcerth, ac at y goeden bisgwydden ar ymyl yr ardd.

Bu gan y goeden gymdeithion ar un adeg ddiwedd y pedwardegau pan blannwyd hi gyntaf. Roedd hi'n un o bedair a safai'n gadarn i ddynodi terfynau'r hen ardd wreiddiol. Yn ôl ffasiwn ryfedd ac anhrugarog y cyfnod, ffasiwn stryd a ffasiwn tre, arferid tocio'r tyfiant newydd i'r bôn bob gwanwyn gan adael dim ond y boncyff a stympiau o ganghennau ar ôl. Prin y byddai'r un ohonynt yn edrych fel coeden erbyn diwedd y driniaeth. Tra gallai, mynnai Mr Watkins – y fetran o'r Rhyfel Mawr – gael gwneud y gwaith yma, fel petai'n cael pleser o andwyo rhywbeth byw fel y cafodd o ei hun ei andwyo. Ac wedyn, ar ôl iddo fynd yn fethedig, y garddwr a wnâi'r gwaith dan ei gyfarwyddyd, yna Doctor Harri, Doctor Cynfal a Peredur. Roedd pob un ohonyn nhw wedi dal ati i docio'r unig un o'r pedair pisgwydden oedd wedi goroesi, a hynny heb oedi i feddwl pam eu bod yn gwneud. Defod giaidd a'i chyfnod wedi pasio oedd hi. Ni chafodd y bisgwydden erioed mo'r cyfle i ddeilio, heb sôn am flodeuo.

Ar ôl cyrraedd y goeden a gweld ei bod yn rhy

uchel iddi allu cyrraedd i'w phen, aeth Nant yn ei hôl i'r tŷ i nôl stôl a gadael y drws yn agored wedyn wrth ddychwelyd. Dringodd i ben y stôl, y ffrog yn llond ei breichiau a'r peisiau fel ewyn yn bygwth ei mygu. Ond gwnaeth fistar arni'n raddol, a llwyddodd i wisgo'r goeden â'r ffrog, yn fodel diwyneb o'r chwedegau, a'i throi nes ei bod a'i golwg tua'r ardd newydd a'r cae tu hwnt. Nid sip oedd yn cau'r ffrog ar hyd y cefn ond rhes o fotymau bychan, bach. Wrth straffaglu i'w cau bob yn un, roedd bysedd Nant yn rhewi'n ddiffrwyth. Gwaith diwrnod heulog o Fehefin oedd hyn, nid rhewnos gaeaf. Eto, roedd yn rhaid cwblhau'r seremoni wisgo hyd at y botwm olaf un. Byddai'r ffrog yma bellach, mewn rhew, gwynt a glaw a heulwen, a'r goeden yn harddach nag y bu erioed.

Ond dim ond ar ôl iddi orffen y dasg – wrth chwythu i'w dwylo i geisio cael teimlad yn ôl iddyn nhw, nes bod ei gwynt yn codi'n gymylau o'i blaen, a'r sbotolau o ddrws y cefn yn peri i'r wisg edrych yn debycach nag erioed i wisg balerina, y gwelid mor berffaith yr uniad. Mor gyfareddol. Oherwydd roedd hi nid yn unig yn falerina osgeiddig wedi'i fferru mewn amser, ac yn briodasferch yn sefyll allan yn yr ardd yn disgwyl drwy ddüwch y blynyddoedd am ei chariad, ond roedd hi hefyd yn benddelw ar long hwyliau'n cychwyn ar hirdaith dros y tonnau tuag at ryddid.

Ar ôl sefyll yn hir syllu ar ryfeddod y ffrog, nes ei bod wedi mynd yn rhan o'r tirlun iasol, dadebrodd Nant o'r diwedd a throi'n ôl i'r tŷ a'i chalon yn llawn. Roedd yr hen gath ddiarth wedi dod i wau rhwng ei choesau tra oedd hi'n dal i sefyll yno, a dilynodd hi rŵan fel petai lle iddi hithau yn y ddefod. Ond fel cathod Cyndyn, cath allan fyddai hon, a chafodd hwi o'r ffordd cyn i Nant blygu i gloi'r drws.

'Dowch rŵan.' Roedd hi wedi mynd ar ei hunion trwodd at Nyrs Beti. Rhoes ysgydwad bach iddi i'w deffro. 'Amser gwely.'

Deffrôdd Nyrs Beti drwyddi gyda naid fach. 'O, Nant,' meddai hi. 'Rydach chi wedi deffro! Ac ro'n i wedi bod yn meddwl y gallwn i'ch helpu chi. Ro'n i am beintio'r arch i chi, ond wyddwn i ddim lle'r oedd y paent. Rydw i wedi bod yn trio cofio lle'r oedd o'n cael ei gadw.'

'Dwi ddim o'i hangan hi bellach,' meddai Nant, gan ddal ei breichiau allan er mwyn i Nyrs Beti bwyso arnyn nhw wrth godi. 'Dowch, gwely.'

Ac er yr holl gysgu, erbyn iddi newid i'w choban las, a llyncu'i thabledi'n ufudd, a molchi, roedd Nyrs Beti'n barod i gysgu eto. Ar ôl ei swatio, aeth Nant ati i redeg bàth chwilboeth iddi'i hun yn llawn swigod a pherarogl. Tynnodd amdani wrth ddisgwyl iddo lenwi a'i meddwl yn chwyrlïo. Er y gallai hi fod wedi gofyn eto i Nyrs Beti gyda phwy roedd Cathy y noson honno ym mharti'r syrjyri ugain mlynedd yn ôl, gwyddai bellach nad oedd dim angen iddi wneud hynny. Oherwydd roedd hi wedi sylweddoli wrth wisgo'r bisgwydden â'r wisg briodasol ei bod hi'n gwybod yn barod, ac wedi bod yn gwybod ar hyd yr holl flynyddoedd, ers pan oedd hi'n hogan fach.

24

'Nyrs Beti, dowch i weld. Brysiwch!'

Safai Nant yn y ffenest yn ei phyjamas a'i chôt godi. Roedd hi wedi bod yno ers meitin, wedi agor y cyrtan ac yn aros iddi wawrio, ond roedd wedi troi wyth ar yr awyr yn dechrau goleuo. Craffu i lawr i gyfeiriad yr ardd roedd Nant, i'r fan lle'r oedd y briodasferch yn dechrau cymryd ei ffurf ar derfyn yr hen ardd. O'i chwmpas, roedd yr ardd gyfan yn ariannaidd.

'Dowch!'

Yn araf cododd Nyrs Beti ar ei heistedd i ddechrau. Gwisgodd ei sbectol. Troi wedyn a gollwng ei choesau'n dringar dros ymyl y gwely, a'u profi ar lawr cyn codi ar ei thraed. O dipyn i beth fe ddaeth, gyda phostyn y gwely, draw at y ffenest.

'Be ydach chi'n feddwl?'

Trodd Nyrs Beti i wynebu Nant cyn ateb. Roedd hi'n edrych ei hoed wrth ddweud, 'Wel, dwi wedi fy magu mewn oes wahanol i chi. I mi, mae hynna i'w weld yn beth rhyfadd iawn i'w wneud.'

'Mae hi fel angel gwarcheidiol, dach chi ddim yn meddwl? Dach chi ddim yn 'i gweld hi'n hardd?'

Cychwynnodd Nyrs Beti oddi wrth y ffenest a cherdded yn fân ac yn fuan am y stafell molchi. 'Sa well gen i goedan Dolig,' meddai.

Gwyliodd Nant ei chefn bach cul a'i thraed noeth, esgyrnog yn prysuro i ffwrdd. Ac edrychodd drwy'r ffenest eto'n llawn dyheu. Câi ei thynnu rhwng y ddwy ohonyn nhw.

'Mi gawn ni goeden Dolig heddiw, dwi'n gaddo. Ac mi wna i bwdin a stwffin a mins peis.'

'O'r diwadd – roeddwn i wedi mynd i feddwl yn siŵr mai tun o gorn bîff fasa 'ma ar Ddolig.'

Hanner awr yn ddiweddarach eisteddai'r ddwy ohonyn nhw wrth fwrdd y gegin yn bwyta brechdan farmalêd ac yn yfed te. Wedi chwalfa'r diwrnod cynt, roedd hi'n ymddangos fel petai trefn a harmoni wedi dod i deyrnasu eto, o leiaf am y tro. Hefyd, roedd Nyrs Beti'n edliw am 'gorn bîff' wedi procio'i phartneres i gofio am aml ofynion ymarferol gwraig tŷ ar drothwy'r Nadolig. Doedd yma na bwyd na chysur, heblaw am drimins bach tila Nyrs Beti. Penderfynodd Nant y byddai'n cerdded i'r dre cynta peth i nôl neges, gan adael Nyrs Beti i glirio yn y parlwr canol a'r parlwr mawr ac estyn y llestri cinio gorau. Rhoddwyd y radio ymlaen iddi gael carolau'n gyfeiliant, a gadael papur a beiro wrth y ffôn rhag ofn i Owen neu Peredur neu Euros ffonio i ddweud pryd y bydden nhw'n cyrraedd.

Ond o dan yr wyneb roedd rhywbeth mawr wedi digwydd i Nant. Roedd o'n fwy na gorgysgu'r diwrnod cynt, yn fwy nag effaith yr ymprydio anfwriadol, ac yn fwy na'r oerni newydd. Wrth frasgamu tua'r dre, yn ôl ar ei phen ei hun eto, daeth y teimlad iddi fod rhywbeth wedi'i aileni ynddi, neu fod rhywbeth oedd wedi bod ar sgiw am yn hir wedi dod yn ôl i'w le. Y teimlad o fod wedi cywiro rhywbeth, wedi rhoi rhywbeth yn iawn – fel talu dyled. Neithiwr, wrth iddi wisgo ffrog briodas Cathy ei mam am y bisgwydden, roedd rhywbeth tu mewn i Nant wedi shifftio ac, wrth wneud hynny, wedi gwneud mwy o le ynddi i'w chalon.

Dewisodd wneud ei holl siopa yn y siopau bach yn y stryd. Byddai'n haws iddi ganolbwyntio felly – nid ar beth i'w brynu at dradwy, ond ar gynnal ei mŵd. Doedd hi ddim am blymio'n ôl i lawr a cholli'r tir roedd hi wedi'i ennill neithiwr a'r bore yma. A doedd hi ddim am golli'r olygfa newydd. Roedd y peth roedd hi wedi'i gael ac yn dal ei gafael ynddo'n rhy fregus a gwerthfawr i'w fentro ar eiliau'r Co-op.

Prynodd danjerîns, pinafal, nionod a saets at y stwffin, cnau, tatws a moron a chabaetsen goch. Tusw bach o gelyn. Yn Siop Newydd prynodd ddeunyddiau at wneud y pwdin, gan gynnwys potelaid o win sinsir, potelaid o gwrw tywyll a photelaid o bort. Prynu bocsaid o siocled peryglus o dywyll a gwahanol fathau o fisgedi bara cwta, creision ffansi a phacedaid o grisialau i wneud jeli go-iawn. Thrafferthodd hi ddim i brynu cig, gan ei bod wedi addunedu iddi'i hun na fyddai'n bwyta twrci a bod disgwyl i Euros ddod â ham. Phrynodd hi chwaith ddim gwin na chorgimychiaid na defnyddiau treiffl na datys, na dim o'r myrdd 'angenrheidiau' fyddai'n arfer hir sefyll hyd y gwanwyn yn ei ffrij a'i chypyrddau bwyd.

Ac eto roedd ganddi ormod i'w gario am unrhyw bellter. Roedd hi'n drymlwythog. Allai hi byth gario'r bagiau cyn belled â'r Glyn; roedden nhw'n bethau mor sâl fel y byddai eu handlenni wedi hen chwalu a'r neges ym mhobman hyd y lôn. Penderfynodd fynd i'r Prins am goffi a phrynu amser i feddwl: prun ai i ffonio Peredur, neu gynnig decpunt i un o'r criw 'run oed â fo fyddai'n ymgasglu yn y dafarn amser cinio i roi pàs adra iddi.

'Coffi, plîs. Gaelic. Un mawr.'

Doedd neb ond y hi yn y snỳg yma. Aeth i eistedd wrth un o'r byrddau bach crwn top copr i aros am y coffi, y bagiau ar y llawr a'r cadeiriau o'i chwmpas. Doedd hi ddim llawer o isio neb yn ei lympio'i hun arni'n llawn atgofion am ei thad, neu'i thaid, na neb yn methu hel nerth i gydymdeimlo ond yn dal i hofran, a mân siarad. Doedd hi ddim am weld giang genod y Primin, hyd yn oed. Isio amser roedd hi, dros goffi Gaelaidd mawr iawn, i ddadansoddi'r profiad, synhwyro beth oedd mor ddyrchafol ynddo, ac wedyn penderfynu beth fyddai'r cam nesa ymlaen. Roedd cloi ei meddwl ar y cynllun o reidrwydd yn golygu cau pethau a phobol allan ar y cyrion. Am y tro. Pobol fel Ed a Peredur a Nyrs Beti ac Euros ac Owen, y bobol agosaf ati.

'Roeddwn i'n meddwl mai diod i'w gael ar ôl cinio oedd hwnna, nid aperitif.'

Cododd Nant ei phen yn sydyn o'r coffi Gaelaidd a sychu'i gwefus ucha. Iestyn oedd yno, mewn dillad gwaith fel pin mewn papur ond yn gwisgo het bapur o gracer a wnâi iddo edrych yn hŷn, ac yn ddiymgeledd.

'Rydan ni'n henffasiwn yn Richards & Roberts. Dal i gael ein cinio Dolig staff y diwrnod cyn noswyl Dolig . . .'

'Ac yn fan'ma!' Cododd Nest ei haeliau. Mae'n bosib fod y Prins wedi bod yn lle da am ginio poeth yn nyddiau'r goets fawr, ond roedd y dyddiau hynny wedi hen basio.

'Ia, wel . . .' Symudodd Iestyn un o'r bagiau agosa ato, i wneud lle iddo'i hun eistedd. 'Y dewis arall oedd mynd i Landudno i nôl y twrci!'

'Gymerwch chi un efo fi?'

Ei ateb oedd pwyntio i gyfeiriad yr ystafell fwyta. Rhaid bod ei ddiod yn y fan honno.

'Dwi'n falch o'ch gweld chi,' meddai Nant, 'ar ôl y sgwrs yn yr ardd, mi wnaethoch chi i mi feddwl . . . am Mam. Chi oedd yn iawn.'

Ac aeth yn ei blaen i adrodd hanes y seremoni arwisgo'r noson cynt yn yr ardd. Edrychai Iestyn yn syn arni. Ond thorrodd o ddim ar ei thraws unwaith, dim ond gwrando fel petai'n gwrando ar dystiolaeth, a synnu at wyrddni ei llygad wrth iddi adrodd yr hanes, a'r holl fywyd oedd ynddyn nhw. Doedd o erioed o'r blaen wedi dal sylw mor debyg oedd hi i Cathy. Ond wedyn roedd yn gwestiwn ganddo a oedd hi'n arfer ymdebygu cymaint. Câi'r argraff ryfedd wrth archwilio ei hwyneb bod rhywbeth ynddi wedi newid neu, yn gywirach, bod rhywbeth wedi symud i ffwrdd i wneud lle i'r tebygrwydd hwnnw ymffurfio. Fel twrnai, roedd mor gyfarwydd yn ei waith â chribinio wynebau cleientiaid a thystion yn y llys am arwyddion o gelu, neu euogrwydd neu ansicrwydd – enillodd sawl achos ar gorn ei allu i wneud hynny'n benigamp. Roedd o'n un diguro am ddarllen wyneb. Ond tybed, meddyliodd, wrth wylio Nant, nad tebygrwydd newydd oedd hwn; yn yr holl flynyddoedd o'i hadnabod nid oedd erioed wedi'i weld o'r blaen.

'A heddiw,' meddai hi wrth dynnu at derfyn yr hanes, 'dwi'n gwbod fod 'na betha mawr yn digwydd, fod Ed yn mynd i roi'r gora i denantiaeth Cyndyn, a bod fy mhriodas i fel petai hi wedi'i sodro yn y lle hwnnw, mai dyna'i chynefin hi, fel rhyw dderyn prin na fedar hi ddim goroesi yn unman arall. Ac er mor drist ydi hynna, dwi heddiw'n teimlo . . . nid dim ond yn well nag ers misoedd, ond fel tawn i'n nofio bron . . . yn llawen, yn afreal o lawen . . .'

Fel petai'n gwrando ar dyst yn mynd drwy'i stori, roedd Iestyn Richards wedi plygu'i ben ac yn canolbwyntio. Codai ei olygon o bryd i'w gilydd a synnu o'r newydd. Goleuai ei hwyneb wrth iddi fynd yn ei blaen.

'A tybed, er nad oeddwn i'n ymwybodol o hynny, ai dyna pam roeddwn i gymaint o isio cadw'r Glyn, i mi gael colli fy lliw fy hun ar y lle, rhoi fy nghyfraniad i fy hun . . .'

'Sut? Ti wedi 'ngholli fi rŵan.' Mor annhebyg iddo fo oedd colli'r trywydd, ond am gael y cyfan yn glir yn ei feddwl yr oedd o – angen cadarnhad mewn geiriau o'r hyn roedd yn ei weld o'i flaen.

'Wel ers sbel cyn fy ngeni i, ers dros hanner can mlynedd pan ddaeth Taid yno, ac roedd Nain wedi bod yn nyrsio hefyd, toedd, ac wedyn yn nyddia Dad ac Owen . . . ffatri fendio fawr oedd y lle . . .'

'Ond roedd hynny'n siŵr o fod yn beth da?'

'Oedd. I bawb oedd yn cael eu mendio, yn cael gwellhad, ac esmwythdra fel y bydda'r hen bobol yn 'i ddeud. Ond i'r rhai tu mewn i'r ffatri yna, y busnes teuluol 'na, os nad oeddat ti'n gallu cyfrannu, yn gòg yn yr olwyn, roeddat ti ar y tu allan, roeddat ti'n . . .'

Roedd Iestyn am gael anghytuno ond daliodd Nant ei llaw i fyny i'w atal.

'A doeddat ti ddim o unrhyw werth gwirioneddol. Dwi'n gwbod ei fod o'n beth ofnadwy i'w ddeud, ond dyna be ddigwyddodd i Mam, dwi'n meddwl.

Roedd Dad yn 'i charu hi, ond fel rhyw atodiad neu rwbath nad oedd ddim yn rhan o'r cylch cyfrin. Ac mi gesh i'r un profiad pan fethais i gael fy nerbyn i astudio Meddygaeth; dach chi'n cofio'r amser yna? Ac felly mi wnes i ddengid, do, a chreu fy nheulu a 'myd fy hun efo dim byd mwy meddygol na Calpol a phlastars ynddo fo. Ond mae'r profiad yna, a cholli Mam fel'na, cyn i fy mabi fi gael ei eni, wedi bod yn byta tu mewn i mi am yn hir.' Gwenodd ar Iestyn wedyn, gwên yr un sy'n gwybod yr ateb, yn gwybod yn iawn pa ffisig i'w roi. 'Ond rŵan, o'r diwedd, mae'r amser wedi dod i dalu'r pwyth yn ôl . . .'

'Aros funud, dwi'n meddwl y bydd yn rhaid i mi gael y wisgi 'na, un wisgi bach . . .'

Wrth sefyll o flaen y bar yn disgwyl i'r ferch ddod ato, roedd Iestyn yn dal i wynebu Nant, fel petai arno ofn iddi ddengid ar ganol ei chyffes. Yfodd hithau weddill y coffi i'w waelod cras. Toc dychwelodd Iestyn efo'i ddiod.

'Ia,' meddai fel twrnai'n disgwyl i'w gleient adrodd ei stori, ei fersiwn hi o ddigwyddiadau wrtho, ac yn rhoi rhyw broc bach iddi ailgychwyn. 'Talu'r pwyth yn ôl, meddet ti . . .'

'Dial.'

'Dial?'

'Ia, trwy roi ei briod le i farwolaeth, yn lle 'i fod o'n cael ei sgubo o dan y carped, yn cael ei weld fel methiant . . .'

'O, Nant, 'ngenath i . . .'

'Na, fi sy'n iawn. Tasa Dad wedi trio deall, a chael ei ben rownd be ddigwyddodd i Mam, yn lle mynd yn styc yn feddygol ar sut y galla cyn lleied o dabledi fod wedi'i lladd hi, fod marwolaeth wedi ennill lle na ddylsa fo ddim bod wedi ennill, trwy dwyllo, tasa fo wedi medru derbyn a galaru mi fasa wedi bod cymaint gwell; mi fasa wedi medru ailafael yn ei fywyd ac ailddechra byw wedyn – a finna i'w ganlyn o . . .'

'Ond be wyt ti haws wedyn? Faint gwell wyt ti erbyn hyn, Nant bach?'

'Mae'r cylch yn dod yn grwn.' Aeth Nant yn ei blaen i adrodd hanes dod o hyd i sgerbwd babi Watkins a'r gladdedigaeth o dan y ddropsan. 'Roedd gneud hynna'n teimlo'n iawn. Ond fasa fo ddim wedi bod yn iawn claddu Mam, neu'r ffrog fel symbol ohoni, yn yr arch. Chi oedd yn iawn. Dyna pam y gwnes i ei gollwng hi'n rhydd. Mi geith hi wlychu yn y glaw a sychu yn yr haul a breuo fesul dipyn dros y misoedd.' Bu'n dawel am eiliad cyn ychwanegu, 'Yn edrych ar yr ardd roddodd ei chariad iddi.'

Dewisodd Iestyn Richards yr eiliad honno i orffen ei wisgi mewn un joch poeth.

'Tom Griffiths oedd o, 'te? Alla fo ddim bod yn neb arall . . .'

'Os ti'n deud . . .'

'Peidiwch â chwarae hen gêm twrna fel'na efo fi, Iestyn.'

'Ia, dwi'n cadarnhau dy osodiad di.'

'Pam?'

'Wel, ti'n gofyn rŵan. Gad i mi drio esbonio. Roedd o'n ddyn talsyth, smart, mwy o borthmon – prynu a gwerthu – nag o ffarmwr; stocmon da, medden nhw. Ac mewn priodas syrffedus, mae'n debyg. Roedd 'na le gwag mawr ym mywyda'r ddau ohonyn nhw.'

'Cyfarfod dros glawdd yr ardd.'

'Wel, ia. Ar ôl i dy fam farw, mi aeth Tom i yfad yn drwm. Rydw i'n cofio'i weld o yma unwaith; galw ar y ffor' adra o 'ngwaith oeddwn i. Roedd o wedi yfad fel na fedra fo brin siarad, ac isio cael deud yr hanas wrtha i – am fy mod i'n eich nabod chi fel teulu ac y byddwn i'n galw acw'n reit amal yn y cyfnod hwnnw. Ella nad wyt ti'n cofio hynny . . .'

'Dwi'n cofio.'

'Roedd o'n ei charu hi, Nant, er 'u bod nhw'r cwpwl mwya annhebygol erioed. Fuon nhw erioed allan am bryd o fwyd efo'i gilydd, 'swn i'n deud, nac am wylia, na chysgu yn yr un gwely hyd yn oed.'

'Caru mewn pic-yp, felly, fath â finna . . .'

'Ti ddim yn cofio'r *gazebo*?'

'Y *gazebo*? Na . . . Sut allwn i anghofio? Ac yn fanno oeddan nhw noson y parti?'

'Ia, yn fanno. Roedd hi'n noson wlyb.'

'Ac o nabod Dad, mi faswn i'n dyfalu fod y *gazebo* wedi cael matsien yn fuan wedyn.'

'Cywir.'

'Rhaid i mi gael *gazebo* eto at yr ha . . .'

'Nant, na . . .'

'Dim un yr un fath, nac yn yr un lle, ond tŷ bach twt i Nyrs Beti gael ista allan o'r haul . . .'

Cododd Iestyn lawes ei gôt i edrych ar ei watsh.

'Mae'n rhaid i mi fynd. Mi fyddan yn methu deall lle ydw i . . .'

'Iawn, ond cyn i chi fynd, rydw i wedi bod yn meddwl mai dyna'r ffordd ymlaen i mi. Fy nyfodol i . . . newid y balans yna, troi'r dafol . . .'

'Sut felly? Ti'n mynd o mlaen i bob gafael.'

'Agor mynwent acw, yn y cae o dan yr ardd . . . mynwent werdd mewn lle braf i roi marwolaeth yn ôl yn ein bywyda – 'i wneud o'n iawn. 'I neud o'n rhan naturiol o fywyd. Claddu'n gariadus a gneud petha'n iawn.'

'Ti'n deud hynna wrth ddyn gwael, Nant. Er, mi fasa'n well gen i gael fy ngladdu gen ti na neb arall dwi'n 'i nabod. Ac eto mae o'n swnio'n syniad rhyfeddol i mi. A Duw a ŵyr be ddeudith pobol y dre 'ma . . .'

'Ddiawl o ots gen i be ddeudan nhw . . .'

'A chaniatâd cynllunio?'

'Wel mae'n siŵr fod yna ffordd . . .'

'A beth am Peredur ac Owen a Nyrs Beti rŵan . . .'

'Na, na, na. Dwi wedi byw fel'na ar hyd fy holl fywyd. Trio plesio pobl eraill a byw 'u ffordd nhw, ac yn y diwadd mae hynna'n bacffeirio bob tro . . . am fod 'na rywbeth intrinsig o anghywir mewn byw fel'na . . . Mae'r dyddia yna ar ben.'

'Digon hawdd deud.' Cododd Iestyn ar ei draed i fynd trwodd at weddill ei griw. 'Dwi'n dy nabod di'n rhy dda.'

'Ydach chi?'

Ond doedd o ddim. Wrth gwrs nad oedd o ddim. Hyd yn oed ar ôl cael gwybod cymaint, wyddai o mo'i hanner hi.

Ar ôl iddo fynd, daliodd Nant i eistedd yno fel trampas yng nghanol y bagiau plastig. Ymhen sbel, daeth un o'r genod o'r tu ôl i'r bar draw i gasglu'r gwydrau.

'Isio lifft adra? Gynnon ni dacsi'n hunan i locals dros Dolig rŵan. Ddim isio gweld neb yn colli'i leisans, nac 'dan. Am ddim, sti.'

'Ydw i'n local?'

'Oeddat ti yma y noson o'r blaen, doeddat, efo'r genod. Mam Pereds, ia?' Cyflwynodd ei hun. 'Lina.'

'Ia, haia Lina.'

'Ies', wyt siŵr. Os ydan ni'n mynd â rhyw hen betha sy newydd symud i fyw yma, ddim yn medru deud enwa'u tai, nac yn cofio lle maen nhw, rai ohonyn nhw . . . Waedda i ar Tecwyn rŵan. Bicith o â chdi.'

'Wyt ti'n meddwl y medran ni fynd heibio Parc Ifor ar y ffor' . . . i brynu coedan Dolig?' Roedd hi newydd gofio'i haddewid i Nyrs Beti. 'Byth 'di cael un.'

'Dim problem, boi. Gymeri di Cristmas drinc bach tra ti'n aros?'

'Pam lai? Port bach, ella?'

'Port bach amdani, del. Nabod Iestyn Richards, ia?' Amneidiodd y ferch i gyfeiriad y stafell fwyta. 'Dyn neis 'de. Gŵr bonheddig. Fo gymerish i adag 'y nifors. Fo ydi'r gora yn y dre 'ma. Gafodd o *settlement* da i mi. Cael y dyn 'cw i dalu dros y cids, fel dyla fo, 'de. Chware teg, 'de.'

'Roeddan ni'n ffrindia teulu.' O bob esboniad, mae'n debyg mai hwnnw oedd y saffa.

'O, ia. 'Di clywed nad ydi o ddim yn dda, do? Edrach yn llegach, tydi. Gwrthod mynd i'r hosbitol 'na yn Manchester. Be fedri di neud, 'de?'

'Dwn i'm, wir,' meddai Nant. 'Be fedri di neud?'

'Dim byd, na fedri,' ategodd Lina. 'Aros yn y gobaith y bydd o'n gweld sens. Ond fel arall, dim byd. 'Ma fo dy bort di, cyw. Dolig Llawen!'

25

Erbyn i Nant a Tecwyn gyrraedd Parc Ifor, dewis sâl iawn o goed oedd ar ôl yno – dim ond rhai anferthol, rhai cam, rhai a'r brigau bron i gyd ar un ochr, neu rai a'r brigau i gyd fel petaen nhw wedi llithro i lawr i'r gwaelod. Un o'r rhai hynny a brynwyd yn y diwedd, a'i stwffio i gefn y car at Nant. Eisteddodd wrth ei hymyl fel un o'r bobl fach wyrdd yn syllu'n dawel ar yr olygfa yr holl ffordd adref.

Y goeden ddaeth trwy ddrws y Glyn yn gyntaf, yn pwyntio ymlaen fel arf pigog, peryglus. O'r tu ôl iddi daeth Tecwyn, ei chludydd, ac wedyn Nant a'r bagiau lond ei hafflau. Gadawsai Tecwyn injan ei gar yn troi; roedd hon wedi bod yn siwrnai hir, ac roedd mwy o gwsmeriaid y Prins yn aros i'w cludo adra ganddo fo. Ond fyddai o byth wedi gallu gwrthod cais merch Doctor Cynfal; bu'r doctor mor dda efo'r teulu pan oedd ei fam yn wael efo niwmonia un gaeaf, a'i dad wedyn â chanser yn ei wddw. Bu'r doctor fel craig yn eu cynnal drwy bob un o'r cyfnodau hynny, ac roedd diolch a gwerthfawrogiad y teulu'n goferu trwy'r cenedlaethau.

Roedd Nyrs Beti yn eu cwfwr yn y cyntedd, wedi hen orffen ei thasgau, ac yn chwyddo gan newyddion. Cyn yr wythnos hon, doedd neb wedi ei ffonio ers bron i ddeng mlynedd. A doedd hi ddim wedi bod yn rhan o unrhyw drefniadau teuluol ers llawer mwy na hynny – ers cynhebrwng ei mam, mewn gwirionedd.

'Mae Peredur wedi ringio. Mi ddaw at ginio drennydd.'

'Awn ni â'r goeden i'r parlwr mawr a'i rhoi hi yn y ffenest. Mi chwilia i am botyn i'w dal hi wedyn. Ffor'ma.'

'Ac mi ffoniodd Owen. Cychwyn ben bore Dolig ar ôl gweld y genod yn agor eu presanta. Mi fydd yma at y dau.'

'Fan'ma. Siort ora. Diolch, Tecwyn. Y tro nesa y bydda i yn y Prins, mi bryna i ddiod mawr i chi.'

'Raid i chi ddim, yn tad.'

'Ac mi ffoniodd y banc.'

O'r diwedd roedd hi wedi cael sylw Nant. Daeth ei hwyneb i'r golwg o'r tu ôl i'r goeden a'i lond o fraw.

'Go damia uffarn!'

'Deud ei fod o'n bwysig iawn. Tua dwy awr yn ôl erbyn hyn.'

'O, na!'

Edrychodd Tecwyn ar Nyrs Beti ac wedyn ar Nant. Nid eu lle nhw oedd dweud dim. Ond roedd yr awyrgylch hwyliog a difyr wedi chwalu'n shitrwns.

'A ddaru Ed ffonio?'

'Edward? Naddo. Tri ffoniodd. Peredur. Owen. Banc. Ac fel'na roeddwn i'n cofio. P.O.B. Fel y garol "O, deued *pob* Cristion . . ."'

'Ia, iawn, ella'u bod nhw wedi methu cael gafael arno fo. Neu dim ond wedi trio cysylltu efo fi gan mai fi wnaeth yr anfadwaith. Beth bynnag!' Eisteddodd Nant ar y soffa a chodi'r goeden o'i blaen. Syllodd arni â'i phen ar un ochr – yn gweld ei holl amherffeithrwydd ac eto'n ei derbyn. Hi oedd wedi'i dewis. 'Rhy hwyr i neud dim heddiw bellach. Mi a' i i lawr yno peth cynta fory.'

'Reit 'ta,' meddai Tecwyn wrth i'w ffôn bach ddechra canu. 'Wel, well i mi'i throi hi. Dolig Llawen, ora medrwch chi, i chi'ch dwy.'

Ac wedyn roedd o wedi mynd, a dim ond sleifar o wynt oer ar ei ôl, a hwnnw'n faricêd anweledig rhyngddi hi a Nyrs Beti. Yr un un oedd Nyrs Beti ag oedd hi'r bore hwnnw yn eistedd wrth fwrdd y gegin yn bwyta brechdan farmalêd ac yfed te. Yn ystod yr oriau ers hynny, pan nad oedd hi wedi gwneud dim byd amgenach na thynnu llwch yn ddigon trwsgl yn y parlyrau, roedd Nant wedi symud ymhellach eto. Yn ei llygaid, gallai Nyrs Beti weld y Nadolig traddodiadol, teuluol roedd hi wedi gobeithio amdano'n pylu'n gyflym. Y siarad efo Iestyn yn y Prins oedd wedi aildanio Nant. Ac wedyn, a sêr yn llond ei phen, doedd addewidion y bore i'w chyd-letywraig ddim yn teimlo mor berthnasol.

'Be am y stwffin? A'r mins peis? A'r pwdin?'

'Dim angen stwffin efo ham, nac oes? Brynais i fins peis. Ydach chi'n meddwl y byddan ni isio pwdin ar ôl cinio mawr?'

'Dolig heb bwdin Dolig?' Allai Nyrs Beti ddim cadw'r siom o'i llais.

'Dwi wedi cael coeden Dolig i chi.' Daliodd Nant y goeden i fyny unwaith eto gerfydd ei phigyn, yna gadael iddi ddisgyn nes bod rhai o'i phinnau'n gollwng ar y carped. Edrychodd i wyneb Nyrs Beti am gydnabyddiaeth a gweld yr olwg ar yr wyneb o'i blaen. Teimlai ei bod ar fai. 'Ond os ydach chi isio pwdin Dolig, Nyrs Beti, mi wna i bwdin i chi, â chroeso calon, ond . . .'

'Ond be . . .'

'Dwi wedi bod yn meddwl, wrth siopa yn y dre, ac

ar y ffor' adra yma . . . fod angen i ni'n dwy fod yn ofalus nad ydan ni ddim yn gadael i'r Dolig 'ma ein tynnu oddi ar ein trywydd . . .'

'Dwi ddim yn eich dallt chi, Nant.'

'Ydach. Peidiwch â chogio bod yn ddiniwad. Rydan ni'n bartnars yn y fenter yma, Nyrs Beti. Chi roddodd fi ar ben y ffor' gynta.'

'O. Wrth sôn am ddod i delera â'r gorffennol ydach chi'n feddwl? Ond waeth am . . .'

'Ia, rhoi'r holl sgerbyda 'na yng nghwpwrdd fy ngorffennol i orffwys. Babi bach Watkins i ddechra, ac wedyn Mam . . . Ac rydw i wedi bod yn meddwl, ers neithiwr a'r ffrog, y dylan ni ymroi rŵan i roi pen ar y mwdwl cyn diwedd y flwyddyn yma.'

'Does 'na ddim brys, nac oes? Beth am aros am dipyn, tan y gwanwyn, tywydd cynhesach . . .'

'Na. Mi fydd Owen adra drennydd ac mae o'n gyfle rhy dda i'w golli.'

'Mi fedra i feddwl am betha difyrrach i'w gneud ar ddiwrnod Dolig. A siawns na fydd o yma eto cyn bo hir.'

'Peidiwch â bod mor siŵr. Anaml y bydda fo'n dŵad cyn i Dad gael y strôc fawr ddwaetha 'na. A'r tebyg ydi mai fel'na y bydd o eto. A dim ond wedyn, Nyrs Beti, y gallwn ni . . .'

'Y gallwn ni be?'

Ond gwelodd Nant ei bod wedi dechrau camu'n rhy fras ac y byddai'n rhaid iddi bwyllo. Safai Nyrs Beti yn y drws yn edrych yn bryderus ac yn anhapus, ac yn annhebyg iddi'i hun. Daeth cnofa o euogrwydd dros Nant. Yn lle bwrw ymlaen â'i bwriad, penderfynodd godi a mynd draw i ffenest y gegin i gael golwg arall ar y briodasferch i weld sut roedd hi'n cartrefu. Gan bwyll bach roedd ennill tir.

'Bob tro dwi'n edrych drwy'r ffenest yna dwi'n neidio,' meddai Nyrs Beti. 'Dwi'n meddwl fod yna rywun go iawn yna.'

'Mi ddown i arfer. 'Drychwch fel mae'r ddwy lawes wedi ffitio dros y stympia canghenna 'na!'

Ond chafodd y sylw ddim croeso. Doedd pethau ddim yn mynd yn ffordd Nyrs Beti. Roedd ei hysbryd hi wedi dechrau disgyn, a'r diwrnod yn bygwth mynd yn stremp blêr. Ac er ei gwaetha deuai atgofion am Nadoligau'r gorffennol: rhai dymunol yng nghwmni ei mam (rhaid bod ei chof yn pallu) a Nadolig delfrydol y llynedd a phob blwyddyn cyn hynny yn Sea Breezes. Gwelodd Nant hithau adlewyrchiad o'r darluniau hynny ar wyneb yr hen wraig a daethant â hi'n ôl at ei choed am y tro, a'i sobreiddio.

'Beth am i ni . . ?' meddai hi gan newid tôn ei llais a gosod gwên ar ei hwyneb fel petai'n gosod colur, i ddenu. Roedd angen i Nyrs Beti allu gweld y Nant arall: yr un roedd hi'n ei nabod yn dda, yr un cyn i'r arch ddod i'r golwg yn y seler a newid popeth, newid amlinell ei bywyd a'i dyfodol a phawb i'w chanlyn hi. 'Beth am i ni neud tebotiad o de a brechdana caws a phicl ac wedyn cadw'r negas ac mi gewch chi rigio'r goeden . . .'

'Ia,' cytunodd Nyrs Beti'n fodlon o'r diwedd, 'dyna be wnawn ni, galon, yn union fel'na.'

Dangosodd Nant i Nyrs Beti sut i sleisio tanjerîns yn denau a'u gosod ar hambwrdd crasu yn yr Aga i sychu'n araf: byddai'r rhain yn addurniadau persawrus ac yn eu hatgoffa eu bod mewn mileniwm newydd, achos byddai edrych ar ddim ond yr hen drimins wedi bod yn brofiad anniddig – yn eu taflu'n ôl mewn modd bisâr i'r saithdegau. Wrth i Nyrs Beti fynd ati ar ôl eu te bach i estyn yr addurniadau o'r bocs – y peli wedi'u gorchuddio ag edau sidanaidd, liwgar oedd yn bygwth datod, a rhai gwydr a tholc celfydd ynddynt a thu mewn hwnnw wedi'i beintio'n lliw gwahanol a glityr ynddo; yna tinsel mor denau fel nad oedd fawr amgenach na llinyn arian, ac angel stiff, pỳg – roedd Nant yn gorfod ymladd yr argyhoeddiad oedd yn mynnu codi a chodi ynddi eto bod y Nadolig hwn oedd wrth y drws yn ddargyfeiriad na allen nhw 'i fforddio. Oherwydd er bod Nyrs Beti wedi taeru fod yna ddigonedd o amser, ac y gallen nhw aros tan ar ôl yr ŵyl, a'r Calan – aros nes y byddai'r tywydd wedi cynhesu a'r gwanwyn wrth y drws, a blwyddyn newydd wedi cyrraedd – gwyddai Nant yn wahanol.

Ar ôl dod o hyd i hen fwced lo i ddal y goeden a'i sodro'n sownd rhwng dwy garreg, a thra oedd Nyrs Beti'n sefyll ar ben stôl i addurno'r goeden, aeth Nant ati i osod tân oer. Mewn dyddiau a fu, fyddai yma byth dân ond ar ddydd Dolig. Roedd y ddefod o osod y tân – pelenni papur, priciau bach twt a dim gormod o lo – yn gysur, a llwyddodd i'w thawelu. Daeth â phwcedaid o lo dros ben a choed i'w llosgi. Yn y dyfodol, addunedodd iddi'i hun, pan fyddai'r bywyd newydd yn dechrau, byddai tân yma'n aml, i estyn croeso, i ddod â bywyd yn ôl yn ei holl lawnder i ystafell oedd yn araf droi'n amgueddfa. Wrth fwrw'i golwg ar y platiau Abertawe a Nantgarw, cofiodd ei bod wedi addo un i Mrs Robaitsh, i gofio am ei thad. Y plât â'r border melyn anghyffredin a bwnsiad o flodau yn ei ganol – cennin pedr a rhosyn a chlychau glas. Calennig fyddai hwnnw bellach; âi hi ddim i gerdded i unlle eto heddiw. Tu allan, roedd cymylau'r nos wedi dechrau cronni'n barod a glasrew hyd y llwybrau a'r ffyrdd.

26

'Mae 'na rywun yn yr ardd.'

'Nac oes ddim.'

Throdd Nant mo'i chefn i edrych hyd yn oed. Roedd hi wedi codi oriau o flaen Nyrs Beti i gychwyn gwneud y pwdin fyddai'n ei phlesio, ar ôl i realiti ei dyled a'r alwad o'r banc ei chadw'n effro eto gefn nos. Rhoesai'r ffrwythau'n wlych yn y port a gylfiniad o frandi cyn mynd i'w gwely'r noson cynt ac roedden nhw wedi chwyddo'n dew yn y ddysgl. Y dasg nesa rŵan oedd pwyso'r blawd a'r sbeisys a'r siwgwr, a thorri wyau a'u curo.

Fel bob amser, roedd y mosiwns o fynd ati i hwylio bwyd yn ei sadio hi, yn cadw ei dwylo'n brysur a'i meddwl ar y dasg dan law. Roedd hwylio bwyd yn ffordd heb ei hail o gau pethau cas draw, am dipyn o leia, trwy orfod canolbwyntio ar gymysgu a chwipio a gogrwn, a chreu hyfrydbeth yn y fargen. Roedd hi'n gwybod hynny gyda'r gorau: felly roedd hi wedi byw dros y blynyddoedd oedd nawr yn cau tu ôl iddi.

Hen rysáit oedd hi'n ei ddilyn, yn llawysgrifen Nain Maud, mam ei thad, ac wedi'i lynu gyda selotêp oedd bellach wedi melynu tu mewn i glawr *Good Housekeeping Colour Cookery*. Mae'n siŵr bod Nain Maud wedi'i roi i Cathy ar ôl iddi hi briodi, i geisio'i hysbrydoli neu'i rhoi ar ben y ffordd, ond dynes pwdin siop, fel popeth arall siop, oedd ei mam. Yn sicr, doedd hi erioed wedi gwneud pwdin clwt na phwdin powlen, o ran hynny, ar Ddolig.

Felly roedd y pwdin hwn, neu'r rysáit o leia, wedi bod ynghwsg am ddeugain mlynedd tu mewn i'r llyfr a roddwyd i Cathy a Cynfal yn bresant priodas, nes i Nant ddod ar ei draws a'i atgyfodi.

'Y ffrog sy 'na. Ar y goeden? Cofio?'

'Dydw i ddim yn meddwl yr a' i allan yna i neud fy *keep fit* bora 'ma a rhywun diarth allan yna.'

'Does yna neb, siŵr. Ond dydi hi ddim ffit o oer i chi. Ydach chi ddim ffansi rhoi tro ar y jig-so? Mi ddo i i'ch nôl chi yn nes ymlaen i gael glasiad bach o'r portyn a blasu'r pwd' a gneud dymuniad.'

'Ond dim ond un dymuniad sy gen i yn fy mhen.' Doedd Nyrs Beti ddim am golli'i chyfle. Roedd hi ar yr un trywydd â'r noson cynt, ac fel ci ag asgwrn er bod ei rheswm, pe bai hi wedi gwrando arno, yn dweud wrthi nad oedd dim i'w ennill trwy ddygnu arni. 'A fyddwch chi 'm yn fodlon arno fo, 'mach i, felly waeth i mi heb â'i neud o.'

Atebodd Nant ddim. Roedd ganddi eitha syniad beth oedd y dymuniad hwnnw. Damiodd ei hun am wneud y camgymeriad o grybwyll hen arfer ofergoelus mor wirion â gwneud dymuniad, a thrwy wneud hynny droi'r sgwrs yn ôl i'r anghytundeb oedd yn eu gwahanu fel cleddyf.

'Wel, mi allwch ddymuno Nadolig Llawen i ni i gyd.'

'Ac mi wna i hynny,' meddai Nyrs Beti. Roedd hi wedi cychwyn trwodd i'r parlwr at ei jig-so, ond trodd yn ei hôl i wneud ei phwynt yn glir. 'Ond be ydw i haws a chitha'n benderfynol o gael dygnu 'mlaen efo'ch "cynllun" ar Ddolig. I mi mae o'n teimlo'n rong.'

'Ac i mi yn berffaith iawn. Ac mae o'n un cam arall ar y ffordd tuag at gyflawni fy nymuniad i . . .'

'O, Nant, peidiwch, peidiwch . . .'

'Mi gawsoch fyw fel roeddach chi isio, do Nyrs Beti? Dim dyn na neb arall i ddifetha'ch cynllunia chi, i fusnesu . . .'

'Na, dim ond fy mam yn deud wrtha i am beidio â gneud petha, gan gynnwys caru a phriodi!'

'Ac oeddach chi'n gweld hynny'n braf?'

Bu'n rhaid i Nyrs Beti eistedd i gael nerth i ateb. 'Mi wnaeth hi 'ngharcharu i mewn ffordd. Am drigain mlynedd, mewn parlwr. Diolch byth fod gen i fy ngwaith fel nyrs neu mi faswn i wedi drysu.'

'Ac felly . . .' Roedd tôn llais Nant yn dirion ond yn benderfynol. 'Peidiwch â gneud yr un peth i mi. Dewch efo fi. Ymunwch yn fy nghynllun i, i agor ein mynwent fach glên ac annwyl ein hunain . . .'

'Na. Dwi'n rhy hen i hynna.' Roedd penderfyniad yn y llais. 'Dwi'n tynnu am fy wyth deg chwech. Dwi'n rhy hen i dreulio gweddill fy mywyd yn claddu pobol . . .'

'Ond mae o'n profi eich bod chi'n fyw! Mae o'n bwysig. Yn ffordd o wella pobol. Y bobol sy ar ôl.'

Ymateb Nyrs Beti oedd cynnig gwyriad. Roedd o wedi bod yn ei meddwl ers dyddiau, yn troi a throsi ac yn gwrthod mynd i ffwrdd. Iddi hi, roedd o'n ateb delfrydol.

'Beth am . . ?'

'Beth am be?'

'Tŷ bwyta! Mi allwn ni neud te cynhebrwng i bobol . . . arbenigo mewn te cynhebrwng, hyd yn oed, ond lle bwyta bach difyr . . . Bistro!'

'Na, gormod o waith caled a fi fasa'n gorfod ei neud o i gyd. Be oeddach chi am neud fel cyfraniad at redeg y bistro 'ma felly, Nyrs Beti?'

Sythodd Nyrs Beti cyn ateb a dal ei phen yn jocós ar un ochr. 'Barmed, oeddwn i'n feddwl.'

'Barmed!' Dechreuodd Nant chwerthin yn aflywodraethus. 'Ond mi fasa gneud bwyd yn rhan o'r cynllun arall hefyd. Fy nghynllun i. Mi fasa pobol yn cael dod i aros, cael pryd o fwyd, dod i'r tŷ i eistedd o flaen y tân, eistedd efo'r corff . . .'

'Lyfli,' meddai Nyrs Beti'n gwta.

'Peidiwch â deud hynna fel'na. Rydach chi wedi gneud hynna yn y gorffennol, dwi'n siŵr, efo pobl y buoch chi'n 'u nyrsio.'

'Ga i'ch atgoffa chi, Nant, fy mod i wedi ymddeol ers chwarter canrif, ar ôl gweithio am ddeugain mlynadd, ac nad ydw i ddim yn bwriadu ailddechra . . .'

'Wel, ewch i chwilio am Sea Breezes arall, 'ta!'

Taflodd Nant y llwy bwdin ar lawr a martsio o'r gegin i'r lobi ac allan gyda chlep fyddarol ar ddrws y cefn wrth fynd. Safodd yno'n fyr ei gwynt a'i gwaed yn berwi. Roedd isio amynedd. Roedd isio mwy o amynedd nag oedd ganddi hi. Yn wir, roedd isio gras a blacin gwyn. Ac iddi beidio ag anghofio bod ganddi hi'r hawl, atgoffodd ei hun, gan fygu'r demtasiwn i stampio'i throed ar goncrit y cowt yn ei thempar, ac nad oedd hi ddim yn rhy hwyr o bell ffordd i dynnu llun Kyffin oddi ar y wal a mynd i chwilio am hotel i Nyrs Beti.

Pam roedd hen bobol mor styfnig, ffromodd, yn mynnu arfer yr hawl ola 'na roedden nhw wedi dal eu gafael ynddi mor dynn, yr hawl i wrthod cydweithredu ac i wrthod cydymddwyn? Yr hawl i ddweud 'na'. Yn y bôn, roedd synnwyr yn dweud wrthi nad oedd dim angen gofyn y cwestiwn yna iddi'i hun o gwbl. Ond o'i ofyn, ffeindiodd ei bod hi'n gwybod yr ateb. Wrth gwrs ei bod hi'n gwybod. Fel y Suffragettes gynt, fel carcharorion y Maze yn Derry, a Bobby Sands y cynta ohonyn nhw, ac fel carcharorion cydwybod yn Rwsia dan y Comiwnyddion – Irina Ratushinskaya a'i thebyg – yr ateb oedd mai honno oedd yr hawl ola oedd gan ddyn ar ôl, a'r unig un dan rai amgylchiadau. Yr hawl sylfaenol i wrthod. Ei defnyddio mewn protest roedd Nyrs Beti hefyd, achos dyna'i hunig arf.

Cododd Nant ei phen i edrych ar y ffrog i geisio gwthio'r ffrae o'i meddwl. Byddai gweld y wisg eto'n gysur, a'i gwynder yn ei thawelu. Byddai fel cael ei hatgoffa bod ei hangel gwarcheidiol yn dal gerllaw iddi.

Ond sylwodd yn syth, pan edrychodd, mai Nyrs Beti oedd yn iawn wedi'r cwbl. Nid y ffrog roedd hi wedi'i gweld drwy'r ffenest gynnau. Wrth ei hochor, a'i chefn ati yn syllu i lawr tua'r ardd fawr, roedd yna ddyn yn sefyll mewn côt dywyll a'i ysgwyddau wedi codi'n uchel, at ei glustiau bron, rhag yr heth. Mae'n rhaid nad oedd o wedi'i chlywed hi'n dod allan gynnau, neu mi fyddai wedi troi a dod i'w chyfarch neu'i heglu hi odd'no.

Llyncodd Nant ei phoer cyn cerdded draw ato. Wyddai hi ddim pwy oedd o, ond pwy bynnag oedd o, roedd hi'n barod i'w wynebu.

Mae'n rhaid ei fod wedi clywed sŵn ei thraed ar y barrug wrth iddi nesu, achos trodd ar ei sawdl. Gwenodd cystal ag y gallai rhywun oedd wedi rhynnu allan ar dywydd mor oer, rhoi ei ffeil o dan ei gesail ac estyn ei law. Dyn gweddol ifanc oedd o, ei wallt wedi'i dorri'n ddidostur o gwta, rownd ei geg wedi dechrau glasu a'i lygaid yn dyfrio. Chyfeiriodd o ddim o gwbwl at y wisg briodasol am geubren y goeden, fel petai hynny'r peth mwya naturiol erioed. Er, roedd o wedi gwneud nodyn cynnil iddo fo'i hun at pan âi'n ôl i'r swyddfa ar ôl yr ŵyl. '*Headcase*?'

'Robin Jones. Cownsil.'

'Cownsil?'

'Gobeithio nad ydach chi ddim yn meindio. Galwad answyddogol.' Pwyntiodd at y drws cefn. 'O'n i ar y ffor' i introdiwsio fy hun.'

Plethodd Nant ei breichiau i'w gwarchod ei hun rhag yr oerni a chynnig 'Nant Owen' digon cwta.

'Dim yn licio, dach chi'n gwbod, tarfu ar bobol cyn Dolig a bob dim, ond wedi cael cŵyn oeddan ni, dach chi'n gweld, ac wedyn oeddan ni'n gorfod infestigetio fo.' Roedd o cyn glenied ag y gallai fo fod. 'Ac yn lle sgwennu rhyw hen lythyr, ella fasa'n mynd ar goll yn post yn ganol yr hen gardia 'na, roeddwn i'n meddwl y baswn i'n galw draw, cael sgwrs bach efo chi, 'de.'

'Cŵyn am be?' Roedd hi'n rhy oer i hel dail.

'Wel, dipyn bach yn ddelicet a deud y gwir 'de, Musus Owen, ond wedi cael complênt oeddan ni eich bod chi'n mynd i agor lle i gladdu 'ych hun yma . . . *eco-cemetery*, felly, ac wedyn . . .'

'Mynwant werdd?'

'Ia, 'na chi, fynwant.'

'Pwy gwynodd?'

'O, sori, Mrs Owen, ond fedra i ddim deud wrthoch chi, cofiwch. Cownsil polisi.' Gwenodd yn ymddiheurgar.

'Peidiwch â phoeni, mae gen i syniad go dda.'

'Jest, y peth ydi, efo rhywbath fel'na, bod yn rhaid mynd drwy'r cama priodol 'lly, dach chi'n gwbod – caniatâd cynllunio, a tsiecio *access* efo Priffyrdd a ballu.'

'Wela i.'

Trodd Robin Jones a dechrau cerdded wysg ei ochr bron, i lawr drwy'r ardd i gyfeiriad y cae, gan ddal i siarad efo hi wrth fynd. Roedd yn disgwyl iddi'i ddilyn.

'Chi bia'r cae, ia?'

'Ia.'

'Fanno, ia, oeddach chi'n pasad agor y fynwant . . ?'

'Ella.'

'O'n i'n gweld y coed.' Pwyntiodd at y coed masarn, y criafol a'r derw a'r llwyfen. Ysgydwodd ei ben yn ddifrifol. 'Debyg y basa 'na T.P.O. ar rheina, dach chi'n gweld.'

'Be ydi T.P.O. pan mae o adra?'

'*Tree Protection Order*. Gorchymyn gwarchod. Felly, beryg na fasach chi ddim yn cael 'u torri nhw i lawr.'

'Faswn i ddim isio'u torri nhw.'

'O, 'na chi. Iawn. Ac wedyn mae 'na lot o reola efo dyfrffyrdd, *waterways*, 'te. Hynny ydi'r prif beth rîli. Mi fydd isio contactio Asiantaeth yr Amgylchedd. Rhag ofn i ddŵr gael 'i lygru. Toes 'na ddim afon, nac oes, na ffos na dim byd fel'na? Gweld bod 'na ddefaid . . .'

'Tanc dŵr, yn y pen pella wrth y giât. Croeso i chi fynd i weld.'

'Dim bod gin y Cyngor, in theori felly, ddim byd yn erbyn datblygiada newydd, yn enwedig os ydyn nhw'n systeinybyl, dach chi'n gwbod, ac yn syportio bioamrywiaeth . . .'

'Dwi'n gweld.'

'A dyna fo, a dweud y gwir. Y prif betha. Heblaw am wrthwynebiad lleol.' Erbyn hyn roedden nhw wedi cyrraedd y clawdd yn y gwaelod. Safai'r ddau yng nghysgod y coed mawr di-ddail, yr haul gwantan yn treiddio drwy'r canghennau, ac yn cnesu'r mymryn lleia ar dopiau'u pennau nhw.

Rhoddodd Robin Jones ei law yn barchus ar y clawdd a throi at Nant. 'A dyna i chi hwn wedyn, mae hwn yn ffiffti, ella'n gant oed. Fydd hwn, 'swn i'n feddwl, yn *protected*. Yn yr ystyr na chewch chi ddim dŵad â jac codi baw yma a'i chwalu fo i gyd i lawr.' Heb ddisgwyl am ateb a heb iddi hithau gynnig yr un, trodd y swyddog a syllu ar y cae glas a'r merinos yn pori'n braf. 'Sbot neis hefyd, dydi. Tawel, 'de. *Peaceful*.' Gwenodd yn hael ar Nant. 'Gewch chi 'nghladdu fi yma!'

'Â phleser, Mr Jones,' meddai hithau a gwenu'n ôl.

27

Erbyn iddi gael cefn Robin Jones, y Swyddog Cynllunio, roedd y banciau wedi hen gau ac felly doedd dim byd i Nant ei wneud ond codi'r llwy oddi ar lawr y gegin, ei rhedeg o dan y tap ac ailafael yn y pwdin. Wrth i'r amser gerdded fe'i câi'n gynyddol anodd gwrando, neu beidio â gwrando, am sŵn slipas pinc fflwffyd Nyrs Beti'n shyfflo trwadd ati drwy'r cyntedd i ymddiheuro, neu i geisio cysur neu i foddi ffrae y bore mewn tebotaid o de. Ond dim ond tawelwch glywodd hi, ac ambell un o'r peli lliw yn disgyn o'r goeden ar y carped gyda phlop bach tawel, henffasiwn.

Aeth yr oriau heibio. Rhoddodd yr hen beiriant chwarae casetiau ymlaen – hwnnw a ddaethai'n ôl adra efo hi pan oedd ei thad yn sâl a hithau'n treulio hanner ei hamser yma. Un o hen dapiau ei thad oedd o: 'Crying! Waiting! Hoping!' Codai rhythm y gân 'Heartbeat' gynnwrf dawnsio mawr yn ei thraed. A dyma hi'n cofio am ei thad un pnawn yn rhoi record o gân arall gan Buddy Holly, 'Peggy Sue', i fynd ar ei stereogram newydd ac yn ei llusgo hi wedyn ar hanner tuth rownd y bwrdd yma ac i'r cyntedd ac yn ôl mewn rhywbeth rhwng walts wallgo a thango. Hogan ysgol tua phymtheg oed oedd hi'r adeg hynny, achos cofiai'i bod yn gwisgo'i hiwnifform a bod ganddi ddwy blethen yn fflio. Roedd hwnnw'n atgof da. Roedd o'n atgof gwir hefyd, ac yn atgof o gyffwrdd. Roedd o'n atgof mewn cnawd.

Tra oedd y pwdin yn berwi, roedd Nant wedi penderfynu cymysgu tipyn o stwffin i blesio Nyrs Beti, er y byddai tamaid o ginio wedi bod yn gallach syniad. Doedd dim gwahaniaeth, mewn gwirionedd, nad oedd pobl eraill yn bwyta stwffin efo ham. Wedi'r cwbl, roedd yna bobl yn rhoi saws mintys ar borc a chig eidion, a phobl eraill yn rhoi *salad cream* a sôs coch ar bopeth ond hufen iâ. Roedd ganddi ddigon o fara sych oherwydd roedd hi'n prynu gormod bob gafael iddyn nhw ill dwy. Gratiodd hanner torth a malu nionyn yn fân iddo, yna ychwanegu pupur a halen a thalpyn o fenyn. Doedd dim hanes o'r saets roedd hi wedi'i brynu yn y dre y diwrnod cynt, ar y topiau cypyrddau nac yn y ffrij. Nyrs Beti oedd wedi cadw'r bagiad hwnnw o neges. Wrth gwrs, roedd yn bosib fod y saets wedi disgyn allan ar lawr y tacsi. Penderfynodd Nant lyncu'i balchder a mynd i ofyn lle'r oedd o. Byddai cymodi dros fwnsiad o saets gystal ag unrhyw gymodi.

Ond pan aeth Nant drwodd i'r parlwr mawr at y goeden a'r tân oer, doedd dim hanes o Nyrs Beti yno. Aeth i fyny i'r llofft rhag ofn ei bod wedi mynd i orwedd ar ei gwely, neu i mewn iddo hyd yn oed. Ond doedd hi ddim yno chwaith. Rhoddodd ei phen rownd drysau'r llofftydd eraill rhag ofn – llofft ei rhieni, ei hen lofft hi'i hun a'r llofft sbâr. Eto, dim hanes o heb. Dringo i fyny wedyn i lofft y tŵr, er nad oedd Nyrs Beti wedi mentro cyn uched yr un waith. Yno chwaith, doedd dim hanes ohoni.

Daeth yn ei hôl i lawr i'r landin a mynd i'r llofft roedden nhw'n ei rhannu ill dwy, er mwyn gwneud yn siŵr bod y cês bach twt yn dal yno ar ben y wardrob. Ac mi roedd o. Llifodd rhyddhad drosti wrth ei weld. Edrychodd wedyn a sylweddoli fod ei phethau i gyd yno: treiners dan y gadair, bag ymolchi, pacedi tabledi, coban a brwsh gwallt. Roedd popeth yn dal yma.

Felly lle'r oedd hi ei hun? Aeth Nant yn ei hôl i lawr i ailddechrau chwilio. Na, doedd hi ddim wedi dod yn ei hôl i'r parlwr mawr. Aeth drwodd i'r syrjyri. Yno, roedd yr arch yn dal ar y gwely uchel lle'r oedd Ed wedi'i gosod y diwrnod y bu'n bwyta tsips efo Nyrs Beti ar ôl danfon y ddwy'n ôl o Gyndyn. Gafaelodd Nant ynddi a'i gosod ar lawr a chynnig cic iddi. Diawledigrwydd Ed, meddyliodd, oedd wedi gwneud iddo osod yr arch yn fan'na o bob man. Byddai wedi bod yn iawn ar lawr. Ond roedd y cono wedi dewis ei le.

Lawer gwaith yn ystod y misoedd y buon nhw ill dau yn canlyn, pan fyddai ei thad wedi mynd allan i bysgota neu i'r clwb cinio neu am gêm o golff efo Iestyn, roedd Ed a hithau wedi caru ar y gwely cul yma. Roedd yna oriad yn y drws, oedd yn handi, a fyddai ei mam byth yn dod ar gyfyl y lle. Bu'r stafell fach yma'n seintwar i Ed a hithau ar un adeg pan oedden nhw'n dod i adnabod ei gilydd. Y tabŵ mawr yr adeg hynny oedd gadael i genod ysgol fynd â'u cariadon i'r llofft a chau'r drws, ond doedden nhw ddim yn torri'r rheol honno wrth ddod yma. Roedd Nant wedi clywed Nain Maud, mam ei thad, yn pregethu yn erbyn hynny wrth Cathy lawer gwaith, er na fyddai Cathy'n cymryd llawer o sylw. Byddai'n dôn gron hefyd gan Anti Pat yr oedd ei merch hi ac Iestyn, Bethan, ryw ddwy flynedd yn hŷn na Nant. Yn y diwedd doedd eu rhwystro nhw rhag mynd â'u cariadon i'r llofft a chau'r drws ddim wedi rhwystro'r un o'r ddwy rhag beichiogi yn eu harddegau. I Nant, nid damwain oedd hynny yn gymaint â pheidio â chynllunio fel arall, a gadael i'r peth ddigwydd, ond roedd y ffaith fod Bethan Richards o bawb wedi mynd i ddisgwyl cyn priodi wedi gwneud gwaith siarad mawr i bobl y dre, a neb yn fwy felly na ffrindiau ei mam. Priodi fu ei hanes – priodas fer, flin – a'i hachos ysgariad hi oedd un o'r rhai anoddaf y bu'n rhaid i'w thad ei gymryd yn ystod ei oes waith.

A phetai Nant wedi bod yn onest â hi'i hun ar y pryd, ac Ed yn fwy felly na hi, roedd rhyw ias ychwanegol i'w chael o garu yn y stafell yma o bob man; yma lle'r oedd y bilsen yn dechrau cael ei rhoi allan fel mater o drefn bron i genod ifanc dibriod, ac yma hefyd lle'r oedd ei thad wedi gobeithio y byddai Nant yn dod rhyw ddiwrnod ar ôl iddi orffen ei chwrs Meddygaeth i gymryd ei le o fel meddyg teulu. A dyna pam fod gweld yr arch wedi'i sodro yna ar y gwely mor anodd iddi hi.

Dweud wrthi yr oedd Ed fod eu priodas nhw'n farw fel hoel. Roedd o hefyd yn dweud wrthi fod pob caru a fu rhyngddyn nhw ar hyd y blynyddoedd, y caru corfforol yna oedd wedi'i chadw hi'n fyw, wedi dod i ben.

Roedd o'n dweud y gwir.

Aeth Nant allan a chau'r drws ar ei hôl. Safodd yno gan ddal ei gafael yn y dwrn. Roedd hi'n gofyn amdani. Roedd hi'n ei haeddu. Ei dewis hi oedd hyn, a doedd ond disgwyl i Ed roi ambell beltan yn ôl.

A dyna pryd, wrth iddi sefyll yno'n benisel, y tarodd ei golwg ar ddrws hen stafell y nyrs. Doedd yna unlle arall ar ôl. Camodd draw ato a rhoi cnoc fach dyner cyn agor.

'Oes 'ma bobol?' Ddaeth dim ateb. Agorodd Nant y drws, a dyna ble'r oedd Nyrs Beti'n eistedd yn hen gorffyn bach tu ôl i'w hen ddesg ac un llaw yn agored ar y bwrdd o'i blaen.

'Mae'n oer yma i chi,' meddai Nant. 'Dowch ata i i'r gegin i eistadd wrth yr Aga. Mi gewch lasiad o'r gwin sinsir i'ch cnesu chi.'

Chododd Nyrs Beti mo'i phen.

'Dowch yn eich blaen.'

'Mae f'amser i drosodd, tydi? Pan oeddwn i'n fan'ma roeddwn i'n cyfri mewn cymdeithas. Ac roedd pawb yn fy nabod pan fyddwn i'n pasio ar fy meic, neu wedyn yn y Mini coch, ac yn codi llaw. Roedd yn haws i'r cleifion siarad efo fi nag efo'r doctoriaid 'na – pob parch i'ch tad. Roedd gen i gefndir coleg nyrsio ac yn gwybod am hen goelion gwlad. Ond unwaith mae rhywun yn riteirio, mae pob dim yn newid . . .'

'Ond cofiwch, rydach chi wedi riteirio ers chwarter canrif. Ella mai'r cartre 'na ym Mae Colwyn oedd y camgymeriad mwya. Symud i ffwrdd.'

Anwybyddodd Nyrs Beti'r sylw hwnnw. 'Ond fedra i ddim byw yma efo chi weddill fy nyddia a chitha am neud bywoliaeth o gladdu pobol . . . Fedra i ddim.'

'Ond mae o'n rhan o fywyd, Nyrs Beti, waeth faint ydi'ch oed chi na'ch amgylchiada chi. Ac nid dim ond hynna wna i, debyg.'

'Ond fedrwch chi ddim cael caffi *a* chladdfa. Pwy fasai isio dŵad i'ch caffi chi wedyn?'

Roedd yn rhaid i Nant chwerthin. 'Eich syniad chi

oedd hwnna. Ond rydach chi wedi edrach ymlaen at y Dolig 'ma, Nyrs Beti. Peidiwch â gadael i hyn ei ddifetha fo.' Daeth at yr hen wraig a rhoi ei braich gynnes am ei hysgwyddau. 'Mi wnawn ni gytuno i anghytuno am y tro, ac mi gawn ni siarad eto . . .'

'Ond fedar o ddim bod yn Ddolig tebyg i ddim . . . Mi fasa'n well i mi taswn i wedi aros yn Sea Breezes.'

'Ond doedd gynnoch chi mo'r dewis. Mi gawsoch chi gic-owt. Cofio?'

Edrychodd Nyrs Beti'n flin ar Nant. Un peth oedd rhannu'r wybodaeth honno efo hi, ond doedd hi erioed yn meddwl y byddai hi wedi ei thaflu'n ôl yn ei gwep wedyn chwaith. Roedd hynna'n beth hyll iawn i'w wneud, ac yn annheilwng ohoni.

'Mi ga i fflat yn y dre 'ma. Mae gynnyn nhw lefydd i henoed. Mi ddyweda i fy mod i'n ddigartra.'

'Wel, os deudwch chi hynny mi fyddwch yn deud celwydd. Mae gynnoch chi gartra. Yma.'

'Mae o fel gofyn i rywun f'oed i fyw mewn mortiwari.'

'Na, dydi o ddim, peidiwch â chyboli. Syniad ydi'r cyfan ar hyn o bryd hyd yma, beth bynnag. Ella na wnaiff o ddim gweithio allan.'

'Gobeithio wir na wnaiff o ddim.' Allai Nyrs Beti ddim gwrthod y cyfle i roi pinsiad yn ôl.

'Ond dydi pwdu na bod yn flin efo fi ddim yn mynd i neud i mi newid fy meddwl.' Er ei bod yn oer, ac ar ei phen ei hun, roedd Nant yn gadarn.

'Erbyn cofio, fel hyn y byddach chi'n hogan bach hefyd. Penstiff. Mi driodd eich tad bob ffordd eich cael chi i fynd i ffwrdd i'r ysgol. A faint y buoch chi yno? Chwech wythnos. Mi fasa wedi gneud byd o les i chi.'

'Na, mi fasa wedi rhoi mwy fyth o broblema a hang-yps i mi. Fel Owen.'

'Mae Owen yn iawn.'

'Ydi, o bell. Ond mae'i fywyd o'n rhacs. Mae o'n mynd i gael ysgariad . . .'

'Dim yr unig un, nac'di.'

'A mynd i fyw efo dyn arall. Mi fydd yn anodd i'r genod, ella, wrth iddyn nhw dyfu.'

Edrychodd Nyrs Beti yn hurt ar Nant am funud. Ond ddywedodd hi 'run gair.

'Mae o'n anhapus yn 'i waith. Mae o'n teimlo nad ydi o ddim yn perthyn yn unlla . . .'

'Owen druan.'

'Ia, Owen druan. Ond pan ddaeth o adra yma, dach chi'n cofio, a deud ei fod o isio ffeirio'i etifeddiaeth efo fi, mi ddeudish i "na" wrtho fynta hefyd. Doedd hynna ddim yn golygu nad oeddwn i'n meddwl y byd ohono fo. Na chwaith nad oeddwn ddim isio'i helpu fo. Dim ond nad oeddwn i'n mynd i neud be oedd o isio ar draul fy mywyd fy hun. Felly hefyd efo Ed, oedd am i mi werthu'r lle.'

'Mae brid mul ynoch chi, Nant.'

'Dwi'n cymryd hynna fel compliment.'

'Ond rhaid i chi wylio rhag cicio pawb oddi wrthach chi. Dyna ydi'r peryg, 'te.'

Roedd Nyrs Beti'n gwybod sut i nelu. Gyda'r geiriau yna, roedd hi wedi cyffwrdd man tyner y bu Nant yn ei amddiffyn hyd yn oed oddi wrthi hi ei hun. Roedd o'n rhy agos i'r gwir iddi allu peidio bwrw'i ôl. Gadawodd i'w braich ddisgyn wrth ei hochr ac wedyn ailshifftio a lapio'i breichiau am ei chorff rhynllyd hi ei hunan. Roedd hi'n rhy iasol i sefyllian yn fan'ma, ac roedd effaith gynhesol y port a gafodd gynnau'n prysur bylu. Cododd i fynd yn ei hôl i'r gegin gan adael y drws yn agored ar ei hôl.

Daliodd Nyrs Beti i eistedd wrth ei desg am amser hir, yn fersiwn fach grebachlyd ac ansicr o'r hen Nyrs Beti ddyddiau a fu.

Yn y gegin, aeth Nant ati i blicio'r tatws a moron at drannoeth yn beiriannol, er y byddai digon o amser i wneud hynny yn y bore. Doedd hi ddim ar fwriad mynd i gapel nac eglwys, a dim ond criw bach o bump fydden nhw at ginio. Roedd hi wedi bod yn meddwl bob yn ail â pheidio yn ystod y dydd tybed a ddylai hi ffonio Ed a gofyn iddo ddod atyn nhw am ginio, ond newidiodd ei meddwl yn derfynol gynnau ar ôl gweld ble'r oedd o wedi sodro'r arch yn y syrjyri.

Ac wrth gwrs, erbyn ystyried, fyddai o ddim ar ei ben ei hun. Byddai wedi cael ei wadd at Leri ei chwaer a'r teulu. Dros y blynyddoedd bu Leri a Nant yn ffrindiau, yn gwarchod i'w gilydd, yn cyd-swpera ac yn gwmni i'w gilydd mewn sêls dillad a sêls defaid. Ar ôl hyn, tybed a allen nhw ddal i fod yn ffrindiau, neu'n suful hyd yn oed efo'r naill a'r llall? Nes penelin na garddwrn oedd hi yn y diwedd, a byddai gweld ei brawd yn diodde'n beryg o galedu calon Leri yn ei herbyn. Wedi'r cyfan, doedd Ed heb wneud dim o'i le yng ngolwg Leri a gweddill y byd. Roedd o wedi aros yr un fath ag erioed – yr un Ed gwyllt, mympwyol, ffyddlon ag oedd o ugain mlynedd yn ôl. Hi Nant oedd wedi cerdded ymlaen, allan o'r darlun roedd pawb yn ei adnabod ohoni – gwraig fferm, mam, gwraig, merch Doctor Cynfal, hogan iawn – ac allan o'r ffrâm gan adael dim ond ei hamlinell ar ôl fel *cut-out* wedi dod yn fyw o'r diwedd.

Rhoddodd y gorau i'r plicio i wrando pan glywodd sŵn corn yn canu. Euros, meddyliodd, wedi dod efo'i ham a'i siampaen a'i hwyliau da i'n gwaredu ni i gyd. Ar un adeg, er na wyddai hi pam, roedd hi wedi cymryd y byddai Owen ac Euros yn dod efo'i gilydd ond, erbyn meddwl wedyn, doedd hynny ddim yn rhesymegol gydag un ohonyn nhw'n dod o Lundain a'r llall o Gaer. Sychodd ei dwylo ar y lliain sychu llestri agosaf a brysio drwy'r cyntedd yn llawn cyffro, yn edrych ymlaen, fel petai bybls y siampaen yn codi ynddi'n barod.

Roedd pwy bynnag oedd tu allan yn dal ei ddwrn yn daer ar y corn. Agorodd Nant y drws canol ac wedyn y drws ffrynt, ac wrth ddod yn nes at sŵn y peiriant sylweddolodd nad peiriant car cyffredin oedd o, ond sŵn injan dîsl fawr. Tryc Ed. Y Mazda. Agorodd Nant y drws. Roedd Ed yn sefyll wrth ymyl y tryc, yr injan yn dal i droi a'i law i mewn drwy'r ffenest ar y corn.

'Mae 'na gloch ar y drws ffrynt,' meddai Nant, 'a honno'n gweithio'n iawn. Dyma hi.' A phwyntiodd ati; hen gloch tsieni ac ymyl pres o'r pumdegau.

Unig ateb Ed oedd tynnu'i law oddi ar y corn. Chafodd Nant ddim gwên; doedd hi ddim yn disgwyl un, a chafodd yntau 'run chwaith. Ond gwyddai pam ei fod o yma.

'Mae'r pres gen i yn y llofft,' meddai hi. 'Anghofio wnes i rhwng bob dim.'

'Pa bres?'

'Dim wedi dŵad i holi am y pres wyt ti?'

Edrychodd yn amheus arni. 'Pa bres?' holodd eto.

Ond os nad oedd rhaid iddi, doedd Nant ddim am gychwyn i lawr y llwybr hwnnw heno. Byddai'n llwybr garw i'w droedio ac yn chwalu unrhyw obaith am hedd y Nadolig. Gallai dalu'r arian i mewn cynta peth dradwy, a chael ei hanner hi'n ôl gan Owen cyn hynny i helpu at y dolc.

'Wedi dŵad i ddeud Nadolig Llawen wyt ti, 'lly?' Roedd yn amhosib cadw'r coegni i gyd o'i llais. 'Rhaid i mi beidio ag anghofio diolch i ti am osod yr arch ar y gwely yn hen syrjyri Dad. Twtsh bach neis, Ed. Deud y cyfan oedd 'na i'w ddeud.'

'Chdi ddaeth â'r arch 'na i'r tŷ. Be ffwc oedd ots lle ro'n i'n 'i rhoi hi wedyn? Chdi chwalodd y briodas, a be oedd gynnon ni, nid fi.'

'Ond roedd hi wedi para ar dy delera di, drwy'r adag. Unwaith y doish i i f'oed . . .'

'Be mae hynna'n feddwl? Ti'n malu cachu rŵan!'

'Doedd hi ddim yn bosib iddi bara. Roedd o fath â thrio newid gwead rhywbath, trio newid ei gyfansoddiad o. 'Run fath â thrio troi rhyw frethyn yn sidan.'

'Mae brethyn yn well ar ffarm yng nghefn gwlad.'

'Ti'n gweld?'

'Dim chdi briodish i.'

'Ti'n iawn yn fan'na. Mi briodist ti ferch ddeunaw oed, alarus, feichiog oedd yn fethiant llwyr.'

'A roish i fywyd arall i ti.'

'Do, a blynyddoedd da.' Stopiodd Nant cyn dweud dim mwy. Be oeddan nhw haws â sefyll allan yma yn yr oerni'n ffraeo? Roedd hi wedi tynnu Nyrs Beti yn ei phen yn barod, ac ella bod honno wedi dweud calon y gwir pan ddywedodd hi wrth Nant y byddai hi'n gyrru pawb i ffwrdd ac mai ar ei phen ei hun fyddai hi ar ddiwedd hyn. Trodd i fynd yn ei hôl i'r tŷ.

'Doeddat ti ddim isio dim byd, felly? Jest galw heibio?'

'Na. Oeddwn.'

Roedd tôn ei lais o'n newid, yn fwy cyfaddawdus ac yn llai ymosodol. Rhoddodd ei law i mewn drwy ffenest y tryc eto, i ddiffodd y peiriant y tro hwn. A dyna pryd, wrth iddi ddilyn ei law, roedd hi'n ei nabod cystal â'i dwylo ei hun, y gwelodd Nant fod yna rywun yn eistedd yn sedd bella'r Mazda. Os eistedd hefyd. Roedd yna rywun wedi slympio yn y sedd, yn un sgrwnsh tywyll, di-siâp fel sach o datw. Roedd yn rhy fach i fod yn Peredur ac yn rhy gynnar iddo fod wedi cyrraedd y stad yna prun bynnag. Un da oedd o am ddal ei gwrw, fel am lawer peth arall.

''R hogan 'na oedd yn y garafán. Janey. Braint, be bynnag galwi di hi. Wedi smocio'i hun allan o'i phen. A duw a ŵyr be arall. Fedrwn i ddim mynd o'cw a'i gadael hi fel'na . . .'

'Lle ti'n mynd?'

'I Gefn Llanfair. Dechra godro fory. Codi am bump. Wedi cael lle i aros yno – rhyw dai allan wedi'u troi'n fwthyn.'

'Dos â hi at ei nain.'

'Dwi wedi bod yno. Yn y Fic gesh i afael ynddi yn y diwadd. Mi wrthododd 'i chymryd hi.'

'A be ti isio i mi neud? Dydi hi ddim yn gyfrifoldab i mi.'

'Nac'di, dwi'n gwybod, nac i mi go iawn. Ond tasat ti ddim ond yn rhoi to uwch 'i phen hi am ryw dridia, nes 'i bod hi wedi dod ati'i hun, ac wedyn mi gysyllta i efo'r Gwasanaetha Cymdeithasol. Dwi ddim yn mynd â hi i hostel heno fath â rhyw blydi Iesu Grist. Sgynni hi ddim stwff arni; dwi wedi taflu'r blydi lot. 'Mond sigaréts, ac mi fedri ddiodda'r rheini siawns.'

'Ond mae Nyrs Beti yma. Ac mae Owen ac Euros ar eu ffordd.'

'Fydd hi yn y lle gora felly, bydd.' Roedd y wên mor gynnil fel mai prin roedd hi'n pasio fel gwên. 'Gen ti ddoctor, a dwy – dau – dwy nyrs!'

'Cau hi, Ed!'

'Ella nad oes arnat ti ddim byd iddi hi, ond 'swn i'n deud fod arnat ti uffar o lot i mi. A dwi ddim yn sôn am bres, beth bynnag ydi'r rheini sy gen ti yn y llofft. Felly dwi'n gofyn hyn fel ffafr swyddogol; dim ffafr chwaith. Rhoid rhywbath yn ôl.'

'O.'

'Presant Dolig, 'ta.'

'Iawn.'

'Helpa fi i'w chario hi.'

Heb oedi, ella rhag ofn i Nant newid ei meddwl, aeth Ed at ddrws pella'r pic-yp a'i agor. Roedd ei freichiau yno'n barod i ddal y ferch wrth iddi sigo ar ei hochor. Daeth Nant draw ato i ddal ei thraed wrth i Ed roi ei ddwylo dan geseiliau Braint i'w chario. *Winklepickers* oedd am ei thraed, heb ddim sanau, a phâr o jîns siabi amdani. Rhyngddynt, cariodd y ddau hi i'r tŷ a'i gosod i orwedd ar y soffa hir yn y parlwr ffrynt. Trwy'r cwbwl, chyffrôdd y ferch ddim; roedd hi cyn drymed ac mor llonydd â chorff.

Ond er bod dau ohonyn nhw wedi'i chario, doedd fawr ddim ohoni. Gallai Nant deimlo esgyrn ei 'sennau wrth iddi roi llaw odani i'w gwneud yn fwy cyfforddus. Gallai glywed aroglau melys y sbliffs arni. Agorodd ei llygad ddim unwaith, ac roedd gwedd angau arni.

'Mae hi'n ofnadwy o welw. Ti yn meddwl y basa'n well mynd â hi i'r ysbyty? *Casualty*?'

'Dwi wedi bod â hi sawl gwaith dros y misoedd

dwetha 'ma pan mae hi fel'ma. Maen nhw wedi laru 'ngweld i. Maen nhw'n 'i rhoi hi mewn gwely, rhoi drip iddi weithia, ac ar ôl iddi ddŵad ati'i hun, brecwast a phregath a lifft adra mewn ambiwlans. Felly na. Nac'dw.'

Edrychodd Nant yn graff arno, heb gael ei hargyhoeddi. Roedd o'n dweud y gwir, doedd hi ddim yn amau hynny, ond oedd yr hogan wedi bod cyn waethed â hyn bob un o'r troeon hynny? Roedd Nant yn sicr ei bod hi'n deneuach na'r tro y gwelodd hi yn y garafán pan adroddodd hi hanes gwerthu'i henw i'r artist honno, rhywbeth Harper-Donnington. Doedd yna ddim bron ohoni. Roedd ganddi friwiau o gwmpas ei cheg, hen grachod annwyd anghynnes yn rhedeg, a phantiau mawr duon o dan ei llygaid.

Roedd hi'n bryd i Ed fynd.

'Mi a' i 'ta.'

Ond wrth iddo basio Nant i fynd am y drws allan, arafodd a gafael ynddi'n annisgwyl o'r ochr – nid mewn anwes gyfeillgar, ond gwasgu â holl wytnwch ei freichiau. A'i wyneb yn gorffwys yn ysgafn ar ei gwddw hi, o dan ei gwallt hi, yn ei synhwyro hi. Roedd yna fagned tu mewn iddi yn ei dynnu o ati a'i ddal yno. Safodd Ed yno'n gwbl lonydd, yn dal y funud yn dynn. A daeth rhyw sŵn ohono rhwng bloedd a chri, sŵn nad oedd Nant wedi'i glywed ond unwaith o'r blaen yn yr ugain mlynedd y bu hi'n cysgu yn yr un gwely ag o. A hynny ar y noson y collodd hi'r ail fabi.

Trodd hithau ac agor ei breichiau iddo am un tro eto, led y pen, heb unrhyw amodau.

28

'Nyrs Beti?

Dim ateb.

'Nyrs Beti, dwi angen eich help chi.'

Ar ôl i Ed fynd, wrth i'r nos iasol gau am y tŷ, roedd Nant wedi eistedd ar lawr, ei chefn ar ochor y soffa a'i phen ar ei phengliniau'n gwrando ar y ferch yn anadlu. Bu yno am sbel, nes ei bod wedi cyffio a'i chluniau'n binnau bach i gyd. Weithiau byddai Janey'n dal ei gwynt yn hir, fel pe bai hi wedi anghofio anadlu neu wedi tynnu ei hanadl olaf. A byddai Nant yn deffro o'i syrthni hi ei hun bob tro y digwyddai hynny ac yn troi a rhoi proc iddi yn ei hochr ddi-gnawd. Ac er bod y pwniad yn ddigon i wneud i'r hogan neidio, ac ailddechrau anadlu, agorodd hi mo'i llygaid unwaith, ac roedd pob cwsg yn drymach wedyn na'r un o'i flaen. Roedd fel petai hi'n disgyn i lawr o inclein i inclein i dwll dwfn o gwsg.

'Nyrs Beti. Plîs.'

Erbyn hyn, roedd oriau lawer wedi mynd heibio ers y ffrae; cariai sŵn y rafins o'r dre tua'r tŷ ar dawelwch y nos, ac roedd yr oerni'n gafael y tu mewn a'r tu allan fel ei gilydd. Daliai Nyrs Beti i eistedd wrth ei desg, a dim ond ei hystyfnigrwydd hi ei hun yn ei chadw hi yno. Roedd hi wedi eistedd yno drwy'r awydd am ginio a swper, am win sinsir ac am faddeuant. Clywsai Ed a Nant yn dod i'r tŷ, a chlywed y waedd. Dychrynodd honno hi a gwneud iddi deimlo ei bod allan o'i dyfnder, ac ar dir preifat nad oedd hawl ganddi fod yn agos ato. Bu bron iddi godi i gau'r drws bryd hynny, rhag ofn iddyn nhw fynd i ffraeo ac i weiddi, neu i garu. Wnaeth hi ddim chwaith rhag gwneud twrw efo'r dwrn. Chlywodd hi ddim ar ôl hynny nes iddi glywed sŵn esgidiau trwm Ed, a'r drws ffrynt yn cau'n derfynol. Ar ôl iddo fynd, ac i sŵn ei dryc bellhau, daeth distawrwydd yn ôl i'r hen dŷ ac ailddechreuodd Nyrs Beti ar ei gwylnos.

Ond nawr roedd y llais yna, llais Nant, yn mynnu'i llusgo'n ôl o'r düwch at oleuni a chynhesrwydd a the a mins pei. Roedd hi'n sefyll yn y drws, a golau'r cyntedd yn ei hamlinellu.

'Nyrs Beti. Dwi'n mynd i roi'r gola ymlaen rŵan, peidiwch â dychryn. Panad i chi, ylwch.'

Edrychodd Nyrs Beti ar y baned yn gynta ac wedyn ar y fins pei siop, ond bersawrus a del, dan ei phowdwr gwyn o eisin. Gosododd Nant nhw i lawr o'i blaen. Roedd llaw Nyrs Beti'n crynu wrth estyn am y te. Ond oerni a hirbryd oedd hynny, nid nerfusrwydd. Byddai'n altro efo pob cegaid.

'Mae 'ma hogan. Drwadd.' Aeth Nant yn ei blaen i esbonio. 'Yr un oedd yn y garafán yng Nghyndyn. Cysgu mae hi. Wedi bod yn yfad ac yn smocio rhywbath, neu wedi cymryd rhyw stwff. Ed ddaeth â hi yma.'

'Waeth i chi heb â gofyn i mi helpu. Doedd yna ddim byd fel'na pan oeddwn i'n nyrsio.'

'Wel, oedd yn rhyw lefydd, debyg, ond nid yn y dre 'ma. Ond roedd 'na fodca, toedd, siŵr.'

'Oedd hwnnw 'te.'

'Dwi ddim yn gwbod a ddylwn i ffonio am gyngor neu ambiwlans. Dwi ddim yn licio'i golwg hi.'

'Rhoswch i mi yfad y te 'ma.'

Ac ymhen dim o dro, a dim ond hanner cwpanaid o de a hanner mins pei, roedd Nyrs Beti'n ymgryfhau ac yn sythu, ac yn siŵr o'i phethau fel ers talwm. O'r diwedd, ac ar ôl cymryd a chymryd, yn de a thendars a phrydau ac ymgeledd, roedd y cyfle wedi dod i Nyrs Beti gael talu am ei lle. Roedd y te'n gwneud mwy na'i chynhesu hi; roedd o'n ei lystïo hi.

'Ella y basa'n syniad i mi roi matsien yn y tân,' cynigiodd Nant wrth ei gwylio, 'achos . . .'

'Wel, basa debyg. A blanced ysgafn drosti ac agor cil y ffenast. Dim ond digon i gael y mymryn lleia o awyr iach.'

'Ond mae'n rhewi.'

'Gora'n y byd.'

Amheuai Nant ddoethineb hynny, coel gwlad neu gredo metrons y pedwardegau neu beidio, ond roedd hi'n fwy na pharod i ufuddhau 'run fath. Aeth i'r gegin i nôl bocs matsys ac yna ar ei hunion i'r parlwr. Wrth basio stafell Nyrs Beti gallai ei chlywed yn slyrpian ei the'n frysiog, yn union fel petai hi'n ei yfed o soser.

Gwyddai Nant cyn iddi gyrraedd y stafell fod yr hogan wedi chwydu, oherwydd roedd yr oglau'n ei chwfwr yn y drws. Roedd hi wedi troi drosodd tra bu Nant odd'no nes ei bod yn wynebu cefn y soffa, ac wedi cyfogi i mewn iddi. Rhuthrodd Nant ati a'i thynnu'n ôl; clywsai fwy nag un stori dros y blynyddoedd am feddwon yn boddi neu'n tagu yn eu chwd eu hunain.

'Ti'n iawn?' Roedd gwallt ac wyneb y ferch yn un slafan o gyfog drewllyd, lympiog.

Atebodd hi ddim. Roedd hi'n dal i gyfogi, ond nad oedd fawr ddim ar ôl i ddod i fyny.

'Nyrs Beti, brysiwch.'

'Ych.' Gorweddodd yr hogan yn ei hôl a chau ei llygaid.

'Coda. Fedri di gerddad?'

Yr unig ateb a gafodd Nant oedd i'r ferch ysgwyd ei phen o'r naill ochr i'r llall a bygwth colapsio'n ôl i ganol y budreddi.

'Be sy wedi digwydd?' Daeth llais Nyrs Beti o'r drws.

'Mae hi wedi bod yn sâl, fel y gwelwch chi. Lwcus na fygodd hi ddim ynddo fo.'

'Diod o ddŵr oer iddi hi, Nant. A dŵr cynnas a sebon a chadach i'w molchi hi. Reit handi.'

Prysurodd Nant i'r gegin a dod â'r dŵr yfed yn gyntaf. Daeth â brat i Nyrs Beti hefyd, a'i ddal o'i blaen iddi gamu iddo.

'Mi adawa i'r soffa i chi,' meddai Nyrs Beti dwtsh yn bwysig, gan droi i Nant gael cau llinynnau'r brat. 'Awn ni â hi i fyny pan fydd hi wedi sefydlogi; mi fydd yn haws i chi'i hymgeleddu hi wedyn.'

'Edrach 'mlaen,' meddai Nant yn gynnil, ond roedd Nyrs Beti wedi ymgolli gormod i werthfawrogi unrhyw goegni. Am y tro, roedd yr ymddeoliad ar ben.

Felly aeth Nant i nôl dysgl. Tywalltodd ddŵr o big y tecell ar yr Aga iddo a chwilio am liain wedyn.

Tra oedd hi odd'no roedd Nyrs Beti wedi llwyddo rhywsut i gael yr hogan i gadair gyfforddus a dyna lle'r eisteddai yr un fath â merch bapur wedi'i phastio'n fflat ar y dodrefnyn. Ar fraich y gadair eisteddai Nyrs Beti gan ddal gwydraid o ddŵr wrth ei gwefusau. Ond doedd dim osgo yfed ar ei chlaf.

'Be ydi'i henw hi, ddeutsoch chi, Nant?'

'Wel, dydach chi ddim yn cofio'r stori amdani'n gwerthu'i henw ac yn cymryd enw'r artist honno? Braint oedd ei henw bedydd hi, ond am wn i mai Jane ydi hi rŵan. Ne' Janey.'

'Janey, ydach chi'n 'y nglywad i? Cymrwch lymad bach o ddŵr.'

Trodd yn ôl at Nant ac ysgwyd ei phen.

'Mi driwn ni ei gneud hi'n fwy cyfforddus gynta. 'S gynnoch chi byjamas neu goban gaiff hi fenthyg?'

'Oes.'

'A rhyw gôt wau i'w chadw hi'n gynnas? A sana cynnas.'

'Iawn.'

Wrth fynd i fyny i'r llofft, cafodd Nant ei hun yn meddwl be wnâi hi petai gofal Nyrs Beti ddim yn ddigon. Gynnau yn y gegin roedd hi wedi ceisio tecstio Euros ac Owen, ond roedd ffôn y ddau wedi'u diffodd. Duw a ŵyr pryd y cyrhaedden nhw fory.

Sut ar y ddaear y câi hi rywun i ddod allan ati neu wrth law i gynnig cyngor, hyd yn oed, ar ŵyl fel hyn? Roedd o'n gwestiwn na fu'n rhaid iddi'i ofyn iddi'i hun erioed o'r blaen yn y tŷ yma, ac roedd yn ei gwneud yn nerfus. Roedd hi'n barod, ar un ystyr, am farwolaeth – ond nid am salwch.

Wrth droi i fynd i'w llofft ei hun i chwilio am byjamas a sanau a chardigan, clywodd y ferch yn ailddechrau cyfogi drachefn i lawr yn y parlwr, ac yn tuchan a chwyno dros y tŷ. Trodd ar ei sawdl a mynd ar ei hunion yn ôl i lawr. Roedd hi'n rhy fuan eto am byjamas glân.

'Be ydach chi wedi'i gymryd? Fedrwch chi ddeud wrtha i?'

Nyrs Beti oedd yn gofyn. Ond roedd o'n gymaint ag y gallai'r hogan ei wneud i gymryd ei gwynt, heb sôn am siarad. Am y tro roedd y pwcs chwydu hwnnw wedyn wedi mynd heibio eto ac roedd y distawrwydd ar ei ôl yn un anniddig am ei bod yn edrych yn salach ac yn fwy gwelw ar ôl pob pwl. Roedd pob un yn cymryd mwy allan ohoni na'r un o'i flaen. Caeodd ei llygaid i atal mwy o gwestiynau.

Aeth Nant drwodd i wagio'r ddysgl a'i golchi'n barod at y tro nesa. Roedd yn rhaid gwneud hynny rhag ofn iddi hithau fynd yn sâl yn yr oglau. Tra oedd hi yn y gegin, diffoddodd y gwres dan y pwdin. Câi orffen berwi yn y bore – os byddai gan unrhyw un stumog ato yn y fath ddrewdod.

Agorodd y ffenest uwchben y sinc i gael awyr iach a chlirio'r angar, a gweld y ffrog wen yn yr ardd. Dyna'r tro cynta iddi ei gweld ers oriau lawer a chafodd effaith dangnefeddus arni. Roedd fel gweld rhywun roedd hi'n ei adnabod, ond yn rhy bell i allu siarad efo hi. Dim ond adnabod ei ffurf hi, er ei bod a'i chefn ati, a'i hwyneb tua thraw. A gwybod ei bod hi yna.

Ond fyddai hi ddim mor hardd â hynna am yn hir. Pan ddeuai'r glaw, y niwl a thywydd tamp, byddai hi'n breuo ac yn duo, ac o dipyn i beth fe âi'r ffrog a'r bisgwydden yn un. Byddai natur yn ei meddiannu hi.

Penderfynodd Nant fynd allan at y ffrog am dipyn. Gwisgodd hen gôt fawr ei thad, ac allan â hi i'r oerni di-oglau. O dan ei thraed, roedd y gwelltglas barugog yn crensian ac yn bigau gwyn. Yn lle mynd ar ei hunion at y wisg, cerddodd Nant yn ei blaen i waelod yr ardd yn gynta; dim ond ei greddf oedd yn ei harwain ar ôl pasio heibio terfyn yr ardd wreiddiol, drwy'r tywyllwch cynyddol i lawr o dan y derw a'r criafol a'r coed masarn a'r llwyfen at y clawdd lle bu hi'n sefyll rai oriau ynghynt yng nghwmni'r Swyddog Cynllunio. Trodd yn ôl i wynebu'r tŷ wedyn, a'r ardd fach a'r ffrog wen, a gorfod dal arni'i hun rhag codi'i llaw a chwifio.

Y gwaelodion pellaf yma oedd y tir neb rhwng yr ardd a'r cae, rhwng y dof a'r gwyllt, rhwng tŷ a fferm. Waeth beth roedd Robin Jones, nad oedd yn deall dim oll am gloddiau, wedi'i ddweud, un o'r pethau cyntaf y byddai Nant yn eu gwneud ar ôl y Calan fyddai torri bwlch yn y clawdd. Fe wnâi hynny â'i dwylo noeth ei hun os byddai rhaid, ac agor adwy, ac yna gosod giât bach yma – un â styllod coed digon pell oddi wrth ei gilydd ynddi fel y gallech chi weld trwyddyn nhw. Gweld o'r ardd i'r cae, ac o'r cae i'r ardd. Dod â'r ddau fyd yn nes at ei gilydd. Agor ffenest ddiogel a goleuedig. Ac ar ôl amser llawer rhy hir o gynnal y clawdd a'i godi'n uwch, chwalu bwlch digon llydan ynddo i greu agoriad clir a rhoi cyfle i gymod ddigwydd.

Yr ochr bella i'r clawdd, gorweddai'r defaid merino efo'i gilydd yn cnoi'u cil ac yn syllu arni. Byddai'r rhain yn mynd yn y sêl, meddyliodd, cyn diwedd y mis, a byddai cnwd gwahanol wedyn yn araf gartrefu yma. Neu efallai y byddai hi'n penderfynu eu cadw, mor ddel a gwirion ag yr oedden nhw, i gadw'r borfa rhag codi'n rhy uchel ac i'w hatgoffa am ddyddiau sêl a sioe.

'Nant. Nant!'

Nyrs Beti oedd yn gweiddi o bellafoedd y drws cefn. Fedrai hi mo'i gweld hi yma, wrth gwrs, yn llercian o dan y coed mawr. Fyddai ganddi ddim syniad lle'r oedd hi. Roedd hi wedi mynd yn un â'r ardd. Ond roedd llais Nyrs Beti'n dal i grefu'n gynyddol daer, a doedd o mo'r amser i fod yn chwarae cuddio. Trodd Nant ei chefn ar y defaid a'r clawdd ac ailgychwyn yn ôl yn araf ddigon. Cerddodd dow dow heibio'r coed afalau a gellyg tuag at y ffrog briodas, ac yna golau'r drws cefn a llais Nyrs Beti a phanig wedi cnoi rownd ei ymylon o.

'Nant, brysiwch! Mae hi'n cyfogi gwaed!'

Dechreuodd redeg. Ai hyn roedd hi wedi bod yn ei ofni? Rhyw greisis fel hyn oedd tu hwnt iddyn nhw ill dwy? Roedd y pellter o'r ardd at y cowt a'r drws cefn yn teimlo'n hirach na choridor unrhyw ysbyty yn y wlad. Wrth frysio ar ei hyd, ceisiai Nant gofio beth fyddai ei thad a'i brawd yn arfer ei ddweud am chwydu hyd at waed. Ond yn ei byw ni allai hi gofio dim. Allai hi ddim cofio dim byd am chwydu, mewn gwirionedd, heb sôn am chwydu gwaed. Rhaid ei fod islaw sylw, yn ei gyffredinedd drewllyd.

'Faint o waed?'

Roedd hi bron â chyrraedd y drws cefn. Mewn hanes a storïau a ffilmiau roedd poeri a chyfogi gwaed yn perthyn, nid yn ei pharlwr ffrynt hi.

Roedd yr hogan ar ei phedwar, a Nyrs Beti wedi gosod hen bapurau newydd ar lawr iddi chwydu arnyn nhw, ac i arbed y carped. Wrth i bwl arall ddŵad cododd ei chefn a'i hysgwyddau yn yr ymdrech i wagio'i stumog unwaith ac am byth. Erbyn hyn roedd hi'n lliw anghynnes rhywle rhwng llwyd golau a gwyrdd. Gwyrodd Nant i roi ei llaw ar ei thalcen gan feddwl y byddai hi'n boeth. Ond doedd hi ddim. Roedd hi'n glaear ac yn damp fel neidr. Bob hyn a hyn, roedd ei phengliniau'n bygwth rhoi odani.

Rhwng y teip a'r lluniau du a gwyn a'r croesair yn y papur newydd, llifai'r gwaed. Stribedi troellog fel edeuon coch yn cydiad yn ei gilydd rhwng beil oedd yn fawr mwy erbyn hyn na bybls o boer llysnafeddog. Ond o mor falch oedd Nant o weld mai dyna'r cyfan oedd o, ac nid y clympiau sgarlad llifeiriog roedd hi wedi'u hofni.

'Dwi wedi ffonio'r doctor. Gynna.'

Cododd Nant ei phen yn syn.

'Be? Pa ddoctor?'

'Wel y doctor 'na y buon ni'n ei weld y diwrnod o'r blaen.'

'Gwyn Price? Dydach chi ddim wedi'i ffonio fo adra? Lle cawsoch chi'r rhif?'

'Yn llyfr ffôn eich tad . . . yn y cwpwrdd bach yn y cyntedd. Be arall wnawn i?'

'Ond i be gwnaethoch chi hynna? Pam na fasach chi wedi gofyn i mi?'

'Am nad oeddach chi yma. Ac y basach chi wedi deud na.'

'Ond mae'r dyddia pan oedd rhywun yn medru ffonio am alwad gyda'r nos wedi hen hen basio, Nyrs Beti. Ac mae hi'n noswyl Dolig.'

'Mae o ar 'i ffordd yma, beth bynnag.'

'Dach chi ar fai. Mae'r gwaetha drosodd, dwi'n siŵr.'

'A be wyddoch chi?' Roedd min ar lais Nyrs Beti. 'Isio claddu ydach chi. Mi fasa'n rheitiach i chi dynnu'r cyfyrs 'na oddi ar y soffa cyn iddo fo gyrraedd, a'u rhoi nhw'n wlych. A fy helpu fi i roi'r hogan druan yma'n ôl ar y gadair a llian o'i blaen na pasio barn ar fy *medical opinion* i.'

Ddywedodd Nant 'run gair wedyn, dim ond mynd ati i dynnu'r cyfyrs. Byddai'n rhaid gwneud hynny'n o fuan beth bynnag neu byddai'r holl sglyfaethdra wedi treiddio i grombil y soffa a byddai'n drewi dros byth. Daliodd Nyrs Beti ati.

'A be tasa hi'n cymryd tro at y gwaetha? Ganol nos? Does gen i ddim byd i'w thrin hi, dim drip na dim. A does yna ddim car i fynd â hi i'r ysbyty. Mae'i phyls hi'n ara. Mi alla arestio unrhyw funud. Gwatsiwch hi,' llefodd yn sydyn gan ruthro i drio ei dal. 'Mae hi'n bygwth mynd ar ei hochor.'

A dyna pryd y siaradodd yr hogan yn glir ac yn eglur am y tro cyntaf, ond gan anadlu'n llafurus rhwng pob gair. Roedd Nyrs Beti ar ei gliniau'n gwneud ei gorau i'w chynnal.

'Dwi'n mynd i farw.'

Gollyngodd Nant y cyfyrs a brysio ati.

'Nac wyt ti, siŵr. Mi ddaw y doctor rŵan. Mi fyddi di'n iawn.'

'Dwi'n darfod. Dwi wedi gwerthu pwy ydw i . . . a rŵan dwi'm 'n gwbod pwy ydw i a dwi'n neb. Dwi 'di bod yn marw'n ara bach ers misoedd.'

Edrychodd Nant i fyw llygaid Nyrs Beti. 'Dyna be ddeudodd hi'r tro dwaetha yn y garafán.'

'Wela i mo'r flwyddyn nesa. Fydda i wedi mynd.'

Gorweddodd wedyn yn hollol lipa ar lawr yn ymyl y papur newydd chwydlyd. Cododd Nyrs Beti ei phen yn dyner a'i roi o ar ei glin hi. Roedd hi'n debyg iawn i ŵyn bach y byddai Ed yn eu cario i'r tŷ weithiau pan fyddai hi'n edrych yn ddu iawn arnyn nhw.

'Ti'n saff yn fan'ma efo ni,' cysurodd hi. 'Mi edrychwn ni ar d'ôl di.'

Canodd cloch y drws. Roedd y doctor wedi cyrraedd. Nant aeth i agor, ac roedd yn falch iawn o'i weld. Safai yn y drws fel hogyn mewn trowsus chwaraeon a helmed feicio ar ei ben, côt gerdded drwchus a'i stwff mewn bag cefn yn ei law. Roedd ei feic rasio'n pwyso'n erbyn y portsh.

'Dwi'n ofnadwy o sori fod Nyrs Beti wedi dy styrbio di,' meddai Nant gan agor y drws led y pen iddo fo gael dod i mewn, 'heno o bob noson. Ond mae hi'n reit sâl.'

'Dim Nyrs Beti?'

'Naci, yr hogan. Janey. Braint oedd hi, 'te. Roedd hi'n gweithio yn y Co-op ers talwm. Ti'n 'i nabod hi? Ffordd hyn.'

Arweiniodd Nant y ffordd i'r parlwr. Yng nghanol llanast yr oriau diwethaf edrychai'r goeden Nadolig yn gyfan gwbwl allan o le. Edrychai'n bathetig, mewn gwirionedd. Ond edrychodd Gwyn Price ddim o'i gwmpas o gwbwl ar y llestri Abertawe a Nantgarw, na'r goeden Nadolig, na'r pentwr cyfyrs drewllyd ar lawr o flaen y tân, na'r Kyffin uwchben y lle tân. Aeth ar ei union at y ferch.

Unwaith y dechreuodd o siarad efo hi, roedd yn amlwg ei fod o'n ei hadnabod hi'n iawn, ac wedi arfer ei thrin.

'Be gym'rist ti y tro yma?'

'Dim byd,' meddai'r ferch a throi ei phen draw. 'Dwi'm 'di cymryd dim byd.'

'Be ti 'di bod yn yfad, 'ta? Dim y fodca 'na ti'n 'i gael gan Jac Alc? Y stwff ffiaidd 'na? Lot ohono fo?'

Nodiodd yr hogan.

'Dwi wedi deud wrthat ti am hwnna o'r blaen. Duw a ŵyr lle mae o'n cael 'i neud a sut. *Lethal.*'

'Dim yfad i fyw oeddwn i, eniwe, ond yfad i farw.'

Chyffrôdd Gwyn Price ddim wrth glywed hyn. Trodd at Nyrs Beti a gofyn, 'Ydach chi wedi rhoi rhywbath iddi? Wedi cymryd 'i phresiyr hi?'

'Heb roi dim ond dŵr iddi, ond fedar hi gadw dim i lawr. Doedd gen i ddim byd at gymryd y presiyr.'

Pasiodd y doctor y taclau iddi o'r bag.

'Gwnewch chi hynny, ac mi ro inna bigiad iddi i stopio'r cyfogi. Wyt ti bod yn smocio'r stwff 'na eto?'

'Dim crac. 'M licio fo.'

'Wel, mae'n dda gen i glywad. Ond y llall sy'n chwalu dy ben di. Yr hash.'

'Mae hi'n deud ei bod hi'n mynd i farw,' meddai Nant yn dawel, 'am 'i bod hi wedi gwerthu'i henw i ryw artist. Mae hi'n deud nad ydi hi ddim yn bod.'

Rhoddodd Gwyn Price ei wyneb yn agos at wyneb yr hogan a deud yn araf ond yn glir.

'Paranoia ydi hynna. Mae'r stwff yna'n dy neud di'n seicotig. Yn dy ben di mae'r petha 'ma i gyd wedi digwydd, ac maen nhw wedi creu hafog ar dy gorff di.'

Ysgydwodd ei ben wrth gymryd ei phŷls, a thynnu'r croen o dan ei llygaid i lawr i weld faint o waed oedd ynddi. Estynnodd chwistrell o'i fag, ei dal i fyny i'r golau a gwthio mymryn i fyny nes gweld yr hylif ynddi'n sgwyrtio cyn plygu i roi pigiad iddi yn ei chlun. Roedd wyneb yr hogan yn dangos pan aeth y bin i mewn; doedd ganddi ddim cnawd i'w harbed. 'Ti ddim yn mynd yn ôl i'r garafán 'na, gobeithio?'

'Na.' Roedd Nyrs Beti'n awyddus iawn i ddod i'r adwy. 'Mae hi'n aros efo ni, tydi Nant? Mi edrychwn ni ar 'i hôl hi.'

Estynnodd Gwyn Price becynnau bach gwyn o'i fag a'u pasio i Nant.

'Dŵr am ben un o'r rheina,' meddai. 'Driwn ni un rŵan ac un yn nes ymlaen ar ôl iddi stopio chwydu a dechra sobri. Halen a siwgr i'r corff.' Trodd yn ôl at y ferch. 'Rwyt ti wedi bod yn lwcus. Petait ti wedi cael dy adael ar dy ben dy hun, mi allsat ti fod wedi mygu, neu foddi yn dy chwd dy hun. Tasat ti allan, mi fasat ti wedi rhewi i farwolaeth. Petha fel'na sy'n lladd.'

'Sori.'

'Mi awn ni â chdi i dy wely rŵan.'

'Ond mae o'n siŵr o ddigwydd yn y diwadd,' mynnai'r ferch yn styfnig. 'Dyna ydi 'nghosb i.'

'Marw? Am werthu dy enw?' gofynnodd Gwyn Price. 'Faint o arian gest ti amdano fo?'

'Deg mil. Dwi'm wedi'i wario fo i gyd . . .'

'Deng mil o bunna? Ti'n gwbod dy fod ti'n werth mwy na hynna!'

Roedd straen yr holl gyfogi a'r siarad wedyn wedi llethu'r ferch; roedd hi'n mynd yn ôl i gysgu ac yn bygwth troi a rowlio oddi ar lin Nyrs Beti. Tarai Gwyn Price ei boch yn ysgafn i drio'i chadw'n effro nes deuai Nant yn ôl efo'r ddiod. Ond roedd cwsg yn agor ei safn mawr i'w llarpio.

Plygodd Gwyn Price i'w chodi yn ei freichiau.

'Arweiniwch y ffordd, Nyrs Beti,' meddai. 'Gwely ydi'r lle gora iddi rŵan.'

'Dim ysbyty?'

Ysgydwodd Gwyn Price ei ben. 'Geith hi well

gofal yma. A dwi'n meddwl fod y creisis drosodd. Er y bydd angen cadw golwg am rai oria. Mi arhosa i efo chi am dipyn.'

'Diolch.'

'A dwi'n rhoi arnach chi wedyn i'w nyrsio hi. Gobeithio mai heno y mae hi wedi taro'r gwaelod ac y bydd o'n drobwynt. Mae 'na well siawns iddi droi'r gornal yn fan'ma efo chi'ch dwy nag yn unman arall. Mi fydd hi angan cwmni. Sgwrsio. Cysgu hynny licith hi. Ond faswn i ddim yn 'i gadael hi'n hir ar 'i phen ei hun. A dim alcohol, iawn?'

'Iawn, doctor.'

'Ewch â'i ffôn hi rhag iddi gael 'i themtio i ffonio am fwy o stwff. Fydd y pwshar ddim yn gwbod lle mae hi ac felly mi fydd gwell cyfla.'

'Reit-o, doctor,' meddai Nyrs Beti gan godi i arwain y ffordd i'r llofft. 'Nant,' galwodd cyn iddyn nhw gychwyn, 'paned i'r doctor erbyn y daw o i lawr, os gwnewch chi.'

Ond cyn i Nant gael cyfle i roi mwy o ddŵr yn y tecell hyd yn oed, roedd Gwyn Price wedi ymddangos yn nrws y gegin a'r ferch yn ei freichiau. Roedd o'n gwenu'n hoffus arni. Oedd, roedd y creisis drosodd, am heno beth bynnag.

'Gan nad ydw i'n gorfod bod yn Santa Clos heno, a gan nad ydw i'n dreifio a neb adra'n disgwyl amdana i, dwi'n meddwl y basa'n well gen i wisgi bach.'

'Ond dydan ni ddim yn gwbod lle'r oedd Dad yn cadw'i wisgi,' ymddiheurodd Nant. 'Gwin sinsir? Port?'

'Yn y cwpwrdd seidbord yn y parlwr bach yma,' atebodd yntau, gan amneidio i gyfeiriad y cwpwrdd efo'i droed. 'Mi gawson ni beth y tro dwetha y bûm i'n edrych am dy dad. Malt. Gystal ffisig â'r un erbyn hynny, roeddwn i'n meddwl.'

'Mi estynna i'r gwydra.'

'Dim i mi, galon. Dwi *on duty*, ylwch.'

'Dau wydryn felly.'

Ac ar hynny roedd y *troupe* rhyfedd – Gwyn Price yn ei gêr beicio a'i stethosgop yn dal am ei wddw, a Braint fregus a llipa ond byw yn ei freichiau a Nyrs Beti a'i brest allan yn bwysig er ei bod yn gwisgo'i slipas fflwfflyd pinc – yn cychwyn yn araf i fyny'r grisiau llydan i hen lofft Nant, gan ei gadael hi yno'n syn wrth ddrws y gegin yn eu gwylio nhw.

A Nadolig Llawen, meddyliodd hi gan droi i fynd i estyn y wisgi, pan ddaw o; rŵan, ella, y cawn ni Nadolig lled lawen. Drewllyd a phlaen, ond llawen.

29

Bron nad oedd o fel cael babi newydd yn y tŷ.

Ar ôl cario'r ferch i fyny i'w gwely roedd Gwyn Price wedi aros yn y Glyn yn ddigon hir i wneud yn siŵr bod ei chyflwr hi wedi sefydlogi a'i bod allan o beryg. Yn ystod yr amser hwnnw, a Nyrs Beti ar ddyletswydd, roedd o wedi yfed dau wydraid o wisgi a dŵr ac wedi bwyta'r caws a thomatos ar dost efo pupur du a tsilis a baratôdd Nant iddo, ac wedi adfer ei wres at y daith adra. Erbyn hynny roedd pỳls y claf yn normal a'r pwysau gwaed wedi altro, a fu yna ddim mwy o chwydu. Roedd hi wedi medru yfed tipyn o'r ddiod anghynnes llawn halen a maethynnau roedd Nyrs Beti'n ei hwrjio iddi, er tynnu stumiau a rhegi a gwthio'r gwydryn i ffwrdd efo'i llaw. Gyda phob awr a âi heibio roedd hi'n sobri i'w seiliau. Ac roedd effaith yr *hash home grown* anhygoel o rywle ym mhen draw Môn, y bu hi'n byw o un smôc ohono i'r llall ers wythnosau, yn dechrau pylu.

Roedd Nant a Nyrs Beti rhyngddyn nhw wedi llwyddo i'w gwisgo mewn pyjamas pinc a phiws smotiog ac wedi medru golchi'r caglau gwaetha o'i gwallt. Yn hen wely Nant, mor denau fel nad oedd ei siâp i'w weld bron o dan y cwilt, ac yn rhy llwyd a bregus i edrych fel hi'i hun, roedd hi'n adlais gwan o hogan arall fu yno flynyddoedd yn ôl oedd hefyd wedi dechrau gofyn iddi hi'i hun pwy oedd hi.

'Mi ddyla fod yn iawn rŵan,' oedd geiriau Gwyn Price pan ddaeth i fyny i gael un cip olaf arni. Roedd ei helmed ganddo yn ei law yn barod i'w gwisgo ar gyfer y reid oer adra. 'Ffoniwch fi os byddwch chi'n poeni. Ac mi alwa i heibio pan fydda i'n pasio. Ryw ben bora fory. Naci – bora heddiw!'

'Diolch i chi, Doctor,' meddai Nyrs Beti. 'Dan ni'n fawr yn eich dyled i chi, tydan Nant?'

'Ydan,' cytunodd Nant.

'Dim ond wedi'i thynnu hi'n ôl o ymyl y dibyn ydw i. O hyn ymlaen y bydd y gwaith calad yn dechra.'

'Twt,' wfftiodd Nyrs Beti. 'Mi fyddwn ni rêl bois.'

'Mae'r Gwasanaetha Cymdeithasol yna, cofia,' meddai Gwyn Price wrth Nant, 'a'r nain, fel ag y mae hi. Ella daw honno at 'i choed ar ôl clywad am heno.'

'Ac mi ddaw Owen rywbryd fory, ac Euros . . .'

'Euros?'

'Fo fuo'n nyrsio Doctor Cynfal. Ella byddan nhw yma am ychydig ddyddia.' Er bod Nyrs Beti yn y llofft, yn eistedd wrth y gwely, ac yn reit bell o ben y landin lle'r oedd y ddau arall, roedd hi'n dal i allu cyrraedd i mewn i'r sgwrs. 'Dach chi'n gweld, mi fyddwn ni'n iawn. Ond croeso i chi alw, cofiwch.'

'Diolch, Nyrs Beti.'

Gwenodd Gwyn Price wên arall wahanol na welodd Nyrs Beti, gwên i'w rhannu efo Nant, cyn troi a chychwyn i lawr y grisiau.

'A chofiwch eich bag, 'te, Doctor.'

'Dolig Llawen i chi'ch tair.'

Ar ôl iddo fynd, roedd y nos yn hir.

Newidiodd Nyrs Beti a Nant i'w dillad nos yn syth wedyn. Ac ar ôl i Nant fynd i lawr i ddiffodd y goleuadau, rhoi cyfyr y soffa'n wlych, cloi drws y cefn a'r drws ffrynt a gwneud cwpanaid o de, daeth yn ei hôl i fyny ac aeth y ddwy i'r gwely. Gadawyd drws y llofft yn llydan agored. Erbyn hyn roedd y tŷ wedi oeri drwyddo gan fod Nant wedi gostwng gwres yr Aga a'r tân yn y parlwr wedi diffodd. Roedd y llofftydd yn rhynllyd. Llwyddodd Nant i orwedd gyda'i thrwyn o dan y dillad ac un glust allan rhag ofn y byddai Janey'n cael pwl arall cyn iddi wawrio.

Roedd y chwistrelliad wedi gwneud ei waith, ac ni fu dim mwy o chwydu yn ystod y nos. Ond ymhen dipyn, wrth i Nant ei chlywed ei hun ar fin llithro i gwsg dechreuodd y ferch weiddi dros y tŷ. Neidiodd Nyrs Beti drwyddi a cheisio codi i fynd ati, ond rhoddodd Nant ei braich allan i'w hatal a mynd ei hun. Gallai glywed ei thraed yn fferru gyda phob cam rhwng y ddwy lofft. Cyn iddi gyrraedd at yr hogan, gallai ei gweld hi'n ymladd â'r dillad gwely a'i breichiau'n ymrwyfo ar y cwilt.

Aeth ati a gafael yn ei dwylo.

Doedd dim posib deall be roedd hi'n ddweud. Doedd y sŵn ddim yn swnio fel geiriau ond fel synau cynnar, cyntefig. Nid gweiddi rhywun mewn poen corfforol oedd o chwaith. Codai'r bloeddiadau oedd yn fwy fel brefiadau o rywle anghyrraedd y tu mewn iddi hi. Ar ôl yr holl chwydu a chyfogi, roedd fel pe bai hi rŵan yn ceisio gwthio rhywbeth arall o'i chyfansoddiad. Trwy'i chwsg, trwy'i hun, roedd hi am garthu'r erthyl. Roedd hi'n ymladd i wthio'r ymhonwraig ddiarth 'na oedd wedi bod yn ceisio cartrefu yn ei chorff a'i chalon ers misoedd allan yn glir ac yn derfynol. Roedd hi'n cachu'r ddynas arall honno oedd wedi cymryd ei henw, wedi cymryd pwy oedd hi, ac wedi bod ar fin ei difa, allan o'i chyfansoddiad.

Ar ôl y cyfogi corfforol, daeth amser y carthu ysbrydol. Roedd hi'n gwneud lle i Braint ddod yn ôl.

Eisteddodd Nant efo hi nes ei bod wedi tawelu, ac wedi ailafael yn ei chwsg. Bryd hynny, rhoddodd ei breichiau tenau'n ôl o dan y dillad i'w chadw'n gynnes. Arhosodd am ychydig funudau i sicrhau ei bod wedi setlo cyn mynd yn ôl i'w gwely ei hun. Roedd hi wedi corffio drwyddi tra bu hi'n eistedd gyda Janey, a thrafferthodd hi ddim tynnu'i chôt godi wrth ddisgyn yn ôl i'r gwely. Byddai'n dda iddi wrth ei chynhesrwydd. Tynnodd y dillad i fyny at ei chlustiau a'i sgrwnsho'i hun yn belen i drio adfer gwres ei chorff. Roedd ei thraed fel dau glap o rew. Rhwbiodd nhw yn ei gilydd i geisio'u cynhesu, ond prin y gallai eu teimlo – dim ond y fferau.

Yn dechrau hepian roedd hi pan ailddechreuodd y gweiddi. Y tro yma, roedd Nyrs Beti'n cysgu'n rhy drwm i glywed. Cododd Nant drachefn. Estynnodd am bâr o sanau a slipas oedd o dan y gadair ger y gwely a stopio hanner y ffordd ar draws y landin i estyn hen gôt godi i'w thad oedd ar ben un o'r bagiau duon yn barod i fynd i Oxfam. Roedd honno'n hen ac yn feddal ac yn ffeind amdani. Fyddai hi ddim yn mynd yn ei hôl i'r bag du. Ynddi, edrychai Nant fel twrch daear bach tew.

Cymerodd fwy o amser i dawelu'r ferch yr ail dro. Er bod llygaid yr hogan ynghau, a'i bod yn cysgu i bob golwg, eto roedd hi fel pe bai hi'n synhwyro presenoldeb a chyffyrddiad Nant. Ar ôl ei thawelu ar ddiwedd pob pwl, nes ei bod i bob golwg yn huno'n dawel, fel y byddai Nant yn codi i fynd yn ôl i'w gwely ei hun byddai'r gweiddi'n ailddechrau. Deffrowyd Nyrs Beti o dipyn i beth gan y twrw a daeth hithau drwadd i weld beth oedd yn mynd ymlaen.

'Mae hi angen cwmni, dwi'n meddwl,' meddai Nant. 'Be wnawn ni efo hi?'

'Dowch â hi atan ni,' meddai Nyrs Beti. 'Fedrwch chi 'i chario hi?'

'Ydach chi'n fodlon?'

'Wel, o leia mi gawn ni gysgu wedyn.'

'Iawn, 'ta, mi dria i 'i chodi hi.'

Roedd Nant wedi edmygu Gwyn Price yn gynharach wrth ei weld yn cario'r ferch i fyny'r grisiau ac wedi'i weld yn dipyn o gawr. Ond erbyn gweld, doedd hi ddim cymaint â hynna o gamp ac roedd hi'n ysgafnach nag aml lwyth roedd hi wedi'u cario yn ystod ei dyddiau fel gwraig fferm. Ymlaciodd y ferch yn hamog anweledig ei breichiau. Cariodd Nant hi drwodd a'i gosod yn ofalus yn ei hochr hi i'r gwely. Swatiodd hi'n glyd o dan y dillad.

'Mi gysga i yn y llofft arall,' meddai hi. 'Does dim lle i dair ohonan ni. Dowch, Nyrs Beti bach, i mewn â chi, neu mi fydd yn Ddolig heb i chi gael fawr ddim cwsg.'

'Dyna chi 'ta, galon.'

Dim cynt na bod Nyrs Beti wedi dringo i mewn i'r gwely nag yr oedd y ferch wedi troi a lapio'i chorff eiddil yn dynn amdani. Swatio wedyn yn glòs ynddi a chrŵnio'n dawel fodlon. Ac a'i llygaid ynghau, cynigiai gusanau swnllyd, gwerthfawrogol dros wyneb a gwddw Nyrs Beti. Pwy bynnag oedd hi i fod, roedd yn cael croeso mawr! Wrth iddi eu gadael ill dwy i fynd trwodd i geisio ailgynhesu'i hen wely yn y llofft arall, deuai synau rhyfedd i glustiau Nant: rhochian rhythmig y ferch oedd wedi plymio ar ei hunion i gwsg dwfn, gwastad a giglan bach hapus Nyrs Beti.

Er iddi gau'r drws yn sownd, methodd Nant yn lân â chael gafael yn ei chwsg. Gwely hogan fu hwn, gwely plentyn a llances yn ei harddegau, ond erbyn hyn roedd hi wedi hen dyfu allan ohono. Doedd dim dichon iddi'i gosod ei hun yn gyfforddus ynddo. Roedd yn rhy feddal iddi. Yn y diwedd, ar ôl cysgu blêr a thameidiog, yn fore ond yn dal ymhell ar ôl i'r rhan fwyaf o blant y dre godi, cododd hithau a mynd ar ei hunion i lawr i godi gwres yr Aga a tharo'r tecell i ferwi. Am y tro cynta iddi sylwi, ers iddi ddod yn ôl yma, neidiodd y gath ddiarth i fyny ar sil y ffenest a dechrau cerdded yn ôl ac ymlaen arni, a'i chynffon i fyny, gan syllu'n ymbilgar.

'O'r gora, 'ta,' ildiodd Nant gan gychwyn am y drws cefn, 'am un waith, am ei bod hi'n Ddolig ac yn oer, mi gei di ddŵad i'r gegin am dipyn.'

Pan agorodd hi'r drws dyna lle'r oedd ei phresant Nadolig hi – llyg bach crwn, melfed, marw a'i goesau i fyny.

'Diolch, pws,' meddai hi. 'Meddylgar iawn.'

Cafodd y gath lefrith mewn soser a hithau fygaid mawr iawn o de. Fel arfer, ar Ddolig, byddai hi'n rhoi twrci nobl yn y popty tua'r adeg yma, ac erbyn i Ed a Peredur ddod i'r tŷ ar ôl gorffen porthi, byddai ei aroglau persawrus yn llenwi'r gegin. A dyma hi heddiw, a dim math o ffowlyn i'w rostio, dim anrhegion i neb eu hagor a dim cardiau i'w chyfarch. Roedd hi fel petai wedi bod ar daith drwy dir neb, neu dros gefnfor, a neb o'i thylwyth na'i ffrindiau na'i chymdogion gynt, heblaw am Nyrs Beti, yn gwybod ble i gael gafael arni na pha enw i'w roi ar y cerdyn. Hi oedd yna, dim ond y hi, a'r sawl oedd yn cyd-deithio efo hi. Ond ymhen amser, byddai daear gadarn eto o dan ei thraed a hithau'n gallu ymestyn allan. Byddai eto wleddoedd.

Canodd y ffôn.

'Nadolig Llawen!'

'Owen, lle'r wyt ti? Ti wedi cychwyn?'

'Cychwyn? Do, diolch byth, ers oria. Mi ddeffrodd y genod acw tua hanner awr wedi dau! Dwi'n siŵr fod Mali wedi gosod cloc larwm o dan 'i gobennydd.'

'Dwi'n dy gofio di'n gneud hynna!'

'Wel erbyn iddyn nhw agor pob dim, y beics a'r chwaraewr DVD a Playstation 4 a phob dim, doedd hi'n dal yn ddim ond hanner awr wedi tri. Felly, ar ôl iddyn nhw setlo ar y soffa efo'r ffilm Disney ddiweddara a Selection Box, mi gychwynnes i.'

'A lle wyt ti rŵan?'

'Ddaeth hi i fwrw eira ar y ffor' – ar yr M40. Elli di ddychmygu! Dim erydr eira wrth gwrs! Ond dwi wedi cyrraedd glan, fel y bydda Nain yn deud. Be maen nhw'n addo ffor'cw?'

'Dim syniad.'

Ers iddi ddod yma, doedd Nant ddim wedi prynu papur newydd na gwylio na gwrando newyddion na rhagolygon tywydd ar deledu na radio. Hi na Nyrs Beti. Ond allen nhw ddim dal i fyw felly. Cyn bo hir, byddai'n rhaid iddyn nhw ailymuno â'r byd go-iawn.

'Yn lle Euros ydw i rŵan yng Nghaer. Gynno fo fflat yn y tŷ lle mae o'n nyrsio. Fuo'n rhaid i mi adael y car a chael lifft mewn 4 x 4.'

'Be wnewch chi? Ddowch chi?'

'Na. Mae'r lonydd yn rhy ddrwg.' Newidiodd tôn ei lais yn sydyn o un llawn pryder i ewfforia. 'Dan ni'n yfed *Buck's fizz*!'

'O,' meddai Nant 'Waw! Ond be am ginio? Roedd Euros wedi gaddo dod â ham i Nyrs Beti.'

'O, rydan ni'n siŵr o ddŵad draw rywbryd. Ar ôl i'r eira glirio . . .'

'Ond Owen,' meddai hi wedyn, yn ceisio celu'i siom, 'dwi'n gwbod nad oes gen ti ddim help am yr eira, ond roedd gynnon ni drefniada ar gyfer heddiw, ti'n cofio? Heddiw roeddwn i wedi gobeithio chwalu llwch Dad, ar ôl cinio . . .'

Ochneidiodd Owen yn ofalus.

'Rydan ni wedi bod trwy ddigon. A newydd fod mae'r cynhebrwng . . . Beth am aros am dipyn . . . tan y gwanwyn neu rywbeth?'

Ddywedodd Nant 'run gair. Wyddai hi ddim sut i ddechrau dweud. Rywsut, roedd yn anodd dod o hyd i'r geiriau priodol i esbonio bod y chwalu hwnnw'n rhan o seremoni gyfrin, estynedig iddi hi, a honno i fod i gael ei chwblhau heddiw. Claddu sgerbwd babi bach Watkins, ac i'w ganlyn ei hiraeth hi ei hun am y ddau a gollodd, cyflwyno ffrog briodas ei mam i'r elfennau a'i gollwng hi o'i chaethiwed, a chwalu llwch ei thad ar ben y clawdd rhwng yr hen ardd a'r ardd newydd. Cyfannu.

'Nant, wyt ti yna?'

'Ydw, dwi yma.'

'Gwranda.' Roedd o'n mynd i fod yn fawrfrydig, yn frawd llawer iawn mwy na'i chwaer fach. Gallai fforddio bod felly erbyn hyn. Ers iddo fynd yn ôl i Lundain, a chael pellter rhyngddo a'r Glyn, roedd wedi codi uwchlaw brics a mortar ei hen gartre i dir uwch, ac i hafan ddiogel ond anghyffwrdd. Nid Nant oedd yr unig un oedd wedi bod ar daith.

Ac wedyn, roedd effaith y *Buck's fizz* ar ôl siwrna anodd drwy eira'r nos yn ei godi'n uwch fyth.

'Gwna di fel ti isio. Dyna wnei di beth bynnag. Fydda i ddim o gwmpas i edliw dim i ti.'

'Be wyt ti'n ddeud wrtha i rŵan, Owen?'

'Fel y galla i fyw heb y Glyn. Byw heb fod yno.'

'Wel, dwi'n falch o glywad hynna. Ti wedi ffeindio rhywla, felly?'

'Naddo, dim eto. Be sy wedi newid ydi'r ffordd dwi'n gweld petha, sti. Ar ôl bod acw, ar ôl tyrchu yn y seler 'na . . . ac wedyn yr holl daflenni gan werthwyr tai . . . mi wnes i sylweddoli echnos pan oeddwn i'n cysgu i mewn yn yr ysbyty – ar ddyletswydd . . .'

'Ti'n dal i neud hynna?'

'Argyfwng. A haws na chysgu adra. A dyma fi'n sylweddoli yn fan'no, mewn gwely y mae ella chwech neu saith o bobl na wn i pwy ydyn nhw'n cysgu ynddo fo bob wythnos, mai'r lle pwysica ydi calon y person dwi'n ei garu.'

'Calon y person ti'n ei garu?'

'Dyna lle dwi isio bod, Nant, yr unig le sy'n cyfri i mi. Calon y dyn dwi'n 'i garu.'

'David. Yr homeopathydd.'

'Ia.'

'Ti'n swnio'n saff o dy betha. Ac os wyt ti'n hapus . . .'

'Dim yn hapus, Nant. Dydi hapus ddim yn 'i gyfleu o.'

'Ti ddim yn hapus?'

'Dwi'n hollol berlewygus o ecstatig y rhan fwya o'r amser!'

Roedd gwên yn llais Nant wrth iddi ofyn: 'Faint o'r *Buck's fizz* yna ti wedi'i yfed?'

'Ac felly dydi'r petha eraill ddim chwarter mor bwysig . . . fel faint gostith yr ysgariad . . . lle bydda i'n byw . . . 'y ngwaith i. Mi ddaw y petha yna i'w lle, gobeithio.'

'Dwi'n falch drostat ti.' Allai hi ddim peidio bod; roedd ei lawenydd yn ei rhyddhau hithau. 'Gawn ni siarad pan wela i di.'

'Does 'na ddim byd arall o unrhyw bwys i'w ddeud.'

'Mae'n rhaid i mi fynd rŵan, Owen.'

'Gawn ni'r ham pan ddown ni. A'r stilton a'r gwinoedd a'r ceirios mewn brandi. Cinio Calan!'

'Cinio Calan amdani, 'ta!'

Ac ar hynny roedd o wedi mynd, a'i the hi'n oer a'r gath yn edrych yn ymholgar arni.

'Paid â sbio arna i fel'na,' meddai Nant.

Cododd wedyn wrth gael ei thynnu eto draw at y ffenest. Ar wawrio roedd hi a'r awyr yn drom a llwyd. A gwelodd ei bod wedi dechrau pluo yno hefyd. Sidanblu mân, mân.

Thrafferthodd hi ddim efo côt – fyddai arni hi mo'i hangen. Byr o dro fyddai hi na fyddai'n ôl yng nghynhesrwydd ei chegin.

Ond cyn hynny, roedd ganddi dasg i'w chyflawni – y dasg a fyddai'n rhoi'r drydedd ongl yn y triongl neu'n cau'r cylch yn grwn; doedd hi ddim yn siŵr prun. Y cwbl wyddai hi oedd mai nawr oedd yr amser, fel y gallai hi wedyn gamu ymlaen. Aeth drwodd i'r parlwr canol ac estyn yr wrn lwydlas oedd yn dal llwch ei thad oddi ar y silff ben tân. Ac ar ei hunion allan drwy'r lobi yn y cefn ac i'r ardd gan adael y drws yn agored o'i hôl. Dilynodd y gath hi – o hirbell.

Roedd eira wedi dechrau aros ar ben y llwyni ac ar y lawnt a'r llwybrau; cofnodai hwnnw ei thaith fesul cam a cham i lawr drwy'r cowt, heibio'r goeden ddropsan oedd yn nodi bedd babi bach Watkins, heibio ffrog briodas ei mam oedd wedi ymdoddi i'r darlun fel pe bai wedi bod yno erioed, ac yn ei blaen i'r ardd newydd a'i choed mwy, tywyllach. Wrth iddi nesu at y clawdd trodd Nant a gweld bod yr hen ardd fach bropor, a gardd o gariad fwy ei mam, a gardd wyllt ei thad, y cyfan wedi dod ynghyd o'r diwedd o dan y dŵfe gwyn.

Pan gyrhaeddodd hi'r clawdd, oedd ar hyn o bryd yn derfyn, ond a fyddai'n fuan yn ymagor ar daith arall, cododd y caead ac estyn y llwch lond ei dyrnau i'w sgeintio. Roedd hi wedi dyfalu mai lludw ysgafn fyddai o, a hwnnw'n chwyrlïo fel y plu o'i chwmpas. Ond na, tywodach llwydaidd oedd lond yr wrn, a syrthiodd ar ei union drwy'i bysedd i'r llawr a thrwy'r gwynder at y gwellt a'r pridd. Gadawodd ei amlinell am funud cyn i'r eira ei guddio. Wedyn, doedd dim o'i ôl.

Twll y gaeaf oedd hi heddiw. Y dyddiau duon bach fu'r rhain, nes i'r annisgwyl ddod heddiw ar fore'r Nadolig i newid popeth ac i ddangos goleuni newydd. Ond roedd yna rai pethau, er hynny, na fyddai'n newid. O dan ei thraed, gyda godre'r clawdd o dan y coed mawr ac o'r golwg dan yr eira roedd lili wen fach a blannodd ei thad yn yr hydref olaf cyn iddo fynd i fethu. Cyn sicred â dim, roedd hi yno. Yn fuan, byddai'n ymwthio allan a'r ymyl gwyrdd o gylch y petalau'n arwydd o'r gwanwyn oedd i ddilyn. A chyn bo hir byddai'r lili honno a'i phen allan ac yn dawnsio yn y gwynt, yn gryfach na'r un gaeaf ac yn dweud wrthi ei bod hi adra.

Diolchiadau

Diolch i bawb a fu'n gefn i mi wrth sgwennu'r nofel hon. Hoffwn ddiolch i Wendy Pratt, rheolwraig mynwent werdd Tarn Moor ger Skipton yn Swydd Efrog am ei chroeso un diwrnod rhynllyd o oer yn Chwefror 2005 ac am rannu ei storïau a'i phrofiadau â mi. Diolch am y comisiwn (a gododd gymaint o fraw arnaf!), ac am gefnogaeth ffyddlon y Cyngor Llyfrau. Diolch i Len ac Elwyn Williams am eu gwybodaeth am arddio, Gwyneth am ei chyngor am nyrsio, i'r Parchedig Ddr D. Ben Rees a'm mam yng nghyfraith, Mrs Rowena Williams, am wybodaeth ac atgofion am Lerpwl. Diolch i'm cydweithwyr yn *a-pedwar* am ganiatáu nid un ond dau gyfnod sabothol i mi o fewn blwyddyn! Diolch hefyd i Bethan Mair, Gwasg Gomer am ei phraffter a'i chefnogaeth gyson. A diolch arbennig i'r bobl oedd yna i wrando trwy bob creisis 'awdurol', yn arbennig Emily, Margaret, Casia a Geraint.

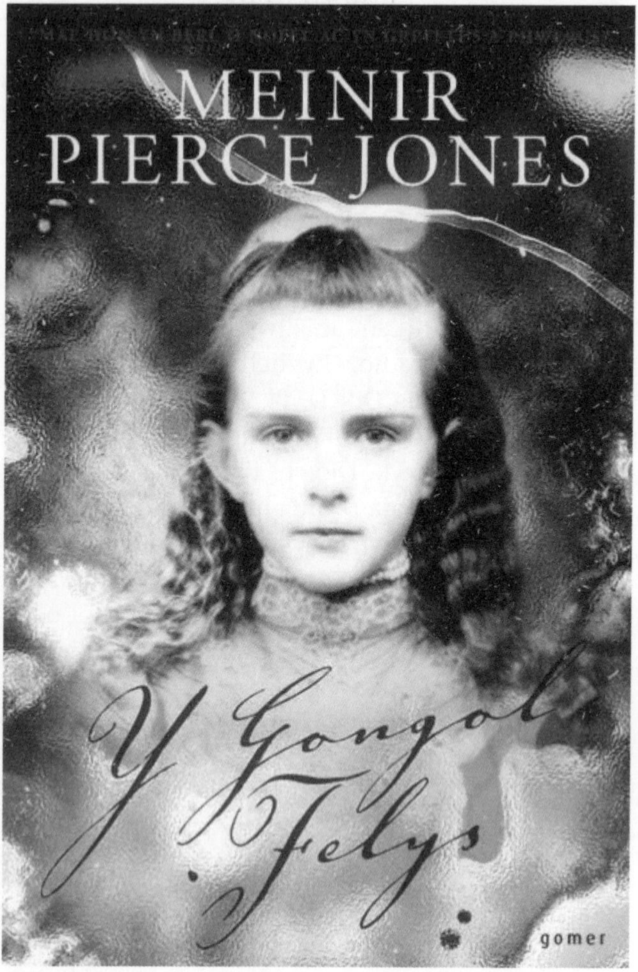
MEINIR
PIERCE JONES
Y Gongol Felys
gomer

. . . fi fy hun yw'r unig un a ŵyr bopeth a ddigwyddodd yma yn y Gongol Felys yng ngwanwyn 1912 . . .

Mae gan Edith Morwenna Williams lawer iawn i'w adrodd am yr hyn ddigwyddodd iddi hi a'i theulu ar fferm y Gongol Felys adeg y Pasg, 1912. Mae *mystery* yn beth mawr gan Edith, oherwydd does dim llawer ohono yn y bywyd digynnwrf y mae hi a'i chwaer a'i brawd a'i modryb yn ei fyw yn eu cartref gwledig yng ngogledd Cymru. Mae hi'n gwybod am y byd, fel plentyn pob capten llong, ond ŵyr hi ddim cymaint am fyw. Ac mae Edith yn crefu am gyffro, am ryw antur i ddod a thorri'n donnau dros wastadrwydd ei bywyd, bywyd sydd fel y llyn ar ddiwrnod rhewllyd. Ond pan ddaw'r dirgelwch, daw â llawer gormod yn ei sgil.

ISBN 1 84323 522 6 £6.99